九龍紅磡

鶴園東街4號

恒藝珠寶大廈二樓

商務印書館(香港)有限公司

顧客服務部收

商務印書館 ⑥ 讀者回饋咭

請細填寫下列各項資料，傳真至 2764 2418，以便寄上本館門市優惠券，憑券前往商務
印書館本港各大門市購書，可獲折扣優惠。

所購本館出版之書籍：

購書地點：

通訊地址：

電話：　　　　　　　　　　　　　　　姓名：

電郵：　　　　　　　　　　　　　　　傳真：

您是否想透過電郵收到商務文化月訊？　1□是　2□否

性別：　1□男　2□女

年齡：　1□15歲以下　2□15-24歲　3□25-34歲　4□35-44歲　5□45-54歲
　　　　6□55-64歲　7□65歲或以上

學歷：　1□小學或以下　2□中學　3□預科　4□大專　5□研究院

每月家庭總收入：（只適用於有子女人士）
　　　　1□HK$6,000以下　2□HK$6,000-9,999　3□HK$10,000-14,999
　　　　4□HK$15,000-24,999　5□HK$25,000-34,999　6□HK$35,000或以上

子女人數（只適用於有子女人士）：　1□1-2個　2□3-4個　3□5個或以上

子女年齡（可多於一個選擇）1□12歲以下　2□12-17歲　3□17歲或以上

職業：　1□僱主　2□經理級　3□專業人士　4□白領　5□藍領　6□教師
　　　　7□學生　8□主婦　9□其他

最多前往的書店：

每月往書店次數：　1□1次或以下　2□2-4次　3□5-7次　4□8次或以上

每月購書量：　1□1本或以下　2□2-4本　3□5-7本　4□8本或以上

每月購書消費：　1□HK$50以下　2□HK$50-199　3□HK$200-499
　　　　4□HK$500-999　5□HK$1,000或以上

您從哪裏得知本書？　1□書店　2□報章或雜誌廣告　3□電台　4□電視　5□書評介紹
　　　　6□親友介紹　7□商務文化網站　8□其他（請註明：　　　　　　　）

您有否進行過網上買書？　1□有　2□否

您有否瀏覽過商務文化網站（網址：http://www.commercialpress.com.hk）？　1□有　2□否

您希望本公司能加強出版的書籍：
1□辭書　2□外語書籍　3□文學語言　4□歷史文化　5□自然科學　6□社會科學
7□醫學衛生　8□財經書籍　9□管理書籍　10□兒童書籍　11□流行書
12□其他（請註明：　　　　　　　）

您對本書內容的意見：

根據個人資料〔私隱〕條例，讀者有權查閱及更改其個人資料。讀者如須查閱或更改個人
資料，請來函本館〔信封上請註明「讀者回饋咭更改個人資料」〕。

敦煌

石窟全集

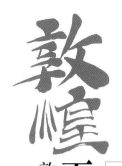

敦煌石窟全集 23

敦煌研究院主編

科學技術畫卷

本卷主編 王進玉

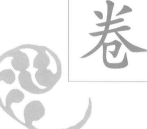

商務印書館

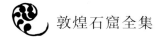

敦煌石窟全集

主編單位 …………… 敦煌研究院

主　　編 …………… 段文杰

副 主 編 …………… 樊錦詩 (常務)

編著委員會 (按姓氏筆畫排序)
主　　任 …………… 段文杰　樊錦詩 (常務)
委　　員 …………… 吳　健　施萍婷　馬　德　梁尉英　趙聲良

出版顧問 …………… 金沖及　宋木文　張文彬　劉　杲　謝辰生
　　　　　　　　　　羅哲文　王去非　金維諾　周紹良　馬世長

出版委員會
主　　任 …………… 彭卿雲　沈　竹　劉　煒 (常務)
委　　員 …………… 樊錦詩　龍文善　黃文昆　田　村
總 攝 影 …………… 吳　健
藝術監督 …………… 田　村

科　學　技　術　畫　卷

主　　編 …………… 王進玉

攝　　影 …………… 余生吉
綫　　圖 …………… 趙俊榮

封面題字 …………… 徐祖蕃

出 版 人 …………… 陳萬雄
策　　劃 …………… 張倩儀
責任編輯 …………… 陳元階
設　　計 …………… 呂敬人
出　　版 …………… 商務印書館 (香港) 有限公司
　　　　　　　　　　香港筲箕灣耀興道 3 號東滙廣場 8 樓
　　　　　　　　　　http://www.commercialpress.com.hk
製　　版 …………… 中華商務彩色印刷有限公司
　　　　　　　　　　香港新界大埔汀麗路 36 號中華商務印刷大廈
印　　刷 …………… 中華商務彩色印刷有限公司
　　　　　　　　　　香港新界大埔汀麗路 36 號中華商務印刷大廈
版　　次 …………… 2001 年 10 月第 1 版第 1 次印刷
　　　　　　　　　　© 2001 商務印書館 (香港) 有限公司
　　　　　　　　　　ISBN 962 07 5295 3

All inquiries should be directed to:
The Commercial Press (Hong Kong) Ltd.
8/F., Eastern Central Plaza, No.3 Yiu Hing Road, Shau Kei Wan, Hong Kong

前　言
敦煌石窟——古代科學技術畫廊

　　敦煌是漢武帝（公元前140～前87年在位）時建立的河西四郡之一，是古絲綢之路上的重鎮。這一西北各遊牧部族生息馳騁的場所，中原王朝管理後，大興水利、發展農耕，敦煌的科學技術得到長足進步。絲綢之路的暢通，中西方商旅、外國使臣，以及眾多僧侶往來不絕，使敦煌成為中西貿易、文化交流的中轉站，敦煌得以吸收希臘、羅馬、波斯、小亞細亞以及印度等國家和地區的文化精華。隨着時間的推移，敦煌逐漸形成以中原文化為主體，與西域以至歐洲各民族文化互相滲透為特色的古代科學技術。

　　敦煌壁畫作為跨越千年、綿延不斷的歷史畫卷，不僅反映了中國一千多年各民族文化和藝術的發展，也反映了中國及敦煌地區科學技術的進步。敦煌壁畫的內容，都是宣傳佛教思想的，然而它們畢竟是當時藝術匠師所繪製的，匠師們描繪佛的世界時，不管採用怎樣的虛構或誇張手法，最終總是要根據自己對生活的理解，以當時的社會現實為依據；總是在直接或間接地反映着社會現實，使抽象的佛教經典在具像的壁畫創作過程中，打上時代和民族的烙印。正是在這創作中，科技和生產的內容在壁畫中得以凸顯。如果僅僅把敦煌壁畫當作古代藝術的寶貴遺產，是非常不全面的，敦煌壁畫的存在，已遠遠超出藝術遺產的範疇，還具有科學技術史的重要研究價值，堪稱古代科技畫廊。

　　敦煌壁畫包含以下科學技術與生產內容：（一）與生產生活密切相關的度量衡器和天文曆算的形象。北涼至元代壁畫中不同型制的天平和提繫桿秤是考察衡量器發展史的極好材料；壁畫中有不少日天、月天與諸星等天文圖像，特別是莫高窟第61窟、五個廟石窟第1窟中的二十八宿和黃道十二宮，是天文學的珍貴資料；榆林窟第35窟熾盛光佛中的天象圖以兩宮代表十二宮的形式在同類題材中是獨創。（二）80多幅"農作圖"反映了魏晉南北朝至元代近千年的農業生產情況，描繪出農業生產從種到收的十多種生產活動；壁畫有20多種農業工具，有些彌足珍貴，如盛唐第445窟的曲轅犁、五代第454窟的播種三腳耬等；榆林窟第3窟西夏千手觀音經變中的釀酒裝置，據考證為燒酒蒸餾裝置，它們都反映着各個時代生產技術的進步。（三）敦煌壁畫所繪大量的陶瓷、玻璃、琉璃器物等，反映出當時對化學工藝的熟練掌握。在金屬冶煉方面，西夏時出現了用木風箱鼓風熔冶的壁畫，表明中國使用風箱冶煉比歐洲至少早五六百年。（四）敦煌石窟還是一座顏料標本寶庫，保存着北涼至元、清等10餘個朝代一千多年間的大量彩繪藝術顏料，反映了中國古代礦物應用、顏料化學及冶煉技術的高度發展，是研究中國乃至世界古代顏料的重要資料。而對敦煌顏料科學的研究，也一直是敦煌學、科技史、文物考古、美術等多學科學者關注的焦點。（五）敦煌的百工技藝充分體現了敦煌的地方特色，壁畫中的紡車、織機和絲綢、棉、麻、毛織品等，不僅顯示出古代紡織技藝的高超，也反映了絲綢之路上絲綢貿易的繁榮。（六）在100多個洞窟中還有大量環境保護、衛生保健、疾病診治等方面的形象資料，其中唐代壁畫的揩齒、刷牙圖是中國最古的口腔衛生方面的繪畫。

　　毫無疑問，數量浩繁、規模巨大、精美卓絕的敦煌壁畫、塑像，加上在莫高窟發現的50000多卷文獻，展現着從公元4世紀至14世紀1000多年生動的社會場景，鑄成一部包羅萬象的"大百科全書"，而其中的科學技術部分更是內容豐富、價值珍貴。這一切為科學技術史的研究，包括對各民族科學技術史的研究，提供了豐富的圖像及文化典籍資料，實是"牆壁上的博物館"。本卷所擷取的，僅僅是這龐大"博物館"當中的鳳毛麟角而已。

目　錄

度量衡器和天文曆算

　　數學是自然科學的基礎，古代數學在農業生產如治理水利、丈量土地及製造工具等活動中產生和發展。在此基礎上，度量衡器隨之產生。農業生產的發展，也促進天文曆法的研究。自西漢開發敦煌以來，有關度量衡器和天文曆算的科學知識就在這一地區應用，並不斷發展。

　　敦煌漢簡和藏經洞遺書中有古代數學史料，其中包括算書、算經、算表等手抄本，以及與之密切相關的計量、衡量方面的史料。敦煌北朝壁畫"尸毗王本生"故事畫中的提繫桿秤，保存了早期不等臂秤的遺風，它是中國魏晉南北朝時期廣泛應用提繫桿秤的重要圖像資料。唐、宋、西夏時期壁畫中近 20 幅天平真實地反映了歷代天平的造型和特點。

　　在豐富多彩的敦煌科技畫中，不少畫面與天文學有關，其中有天象圖、星象圖、二十八宿和黃道十二宮等。敦煌石窟壁畫、絹畫"熾盛光佛"中出現的五星、七曜、九曜、二十八宿、黃道十二宮等，是探尋古代中西天文學交流的珍貴資料。

　　敦煌遺書中還有不少天文曆法的材料，如曆日就有 40 餘種，其中不少是當地自編的；敦煌翟氏家族編的曆日在當地應用長達兩個世紀。載入史籍、繪於壁畫的翟奉達博士，不僅官高位顯，而且是一位集天文術算、文學書法於一身的曆學大家。

第一節 敦煌壁畫的度量衡器

度量衡工具的發明及制度的確立在人類歷史上具有重要意義。秦朝開始在全國推行統一的度量衡，西漢建立河西四郡時，度量衡制度被帶到河西四郡之一的敦煌。敦煌出土了西漢時戍卒記錄糧食收入的漢簡，如敦273簡："右入糜二百五十三石九斗二升"、敦256簡："右凡出粮麥十一斛三斗士吏姜曾夕從玉門所稟"等，表明西漢時敦煌就已使用石、斗、升、斛等量器。敦煌藏經洞保存了近20件數學文獻，其內容實用而廣泛，涉及田畝、堤壩的度量、測量和計數的問題，在科學史、文化史上具有重大價值。 在敦煌壁畫中，度量衡工具如尺、斗、秤等都有充分的反映。

尺子在中國歷史悠久，主要有木工尺、衣工尺兩類。木工尺為木工所用尺子，又稱魯班尺。中國建築業自漢代以來自成體系，其用材、結構均有一定標準，所以它的尺度是基本穩定的，木工尺一尺約合 31.1 厘米。敦煌壁畫中描繪了木工用矩尺的圖形，如西魏第 285 窟東坡繪伏羲、女媧所持之物就有矩尺和墨斗，這兩種工具還出現在唐、五代、北宋時期壁畫阿修羅的手中。隋代第302窟"福田經變"建塔場面中，塔下一人指揮施工，手中拿的也是矩尺。

裁縫所用尺子稱衣工尺，亦稱裁尺，主要用於量布與裁衣，自成系統。民間所用裁尺的尺度在早期各地並不統一，當時官府向農民徵收一定的布帛作為官稅，官府為此定出了一種通用尺度，以它作為量度布帛的標準，所以民間所用裁尺受此影響，逐漸與通用尺度接近。朝廷裁製官服所用尺度，因與禮制有關，不能隨意更動，基本採用另一種尺度，稱為小尺。古時敦煌裁尺的使用比較廣泛，文物中有不少尺子的資料，如敦煌遺書記載"辛巳年二月十日盧博士付生絹一匹，長、裁衣尺量得三丈四尺，幅一尺七寸三"，文中就提到裁衣尺及其單位：丈、尺、寸。敦煌出土的兩把北涼骨尺，則很真實地記錄了當時的尺度標準。

古時量器有很多種，敦煌壁畫中出現較多用於量糧食的量器，如升、斗、斛等，這些量器都是木製的。在敦煌壁畫"彌勒經變"農作圖中有使用升、斗、斛將糧食裝袋、歸倉的畫面。如盛唐第445窟的農作圖，描繪地主莊園的生產場景，在揚淨的糧堆上放着斗、斛等器具。壁畫的描繪和敦煌遺書記錄的地主收糧、入倉、量數記帳的文獻一致。中唐第231窟北壁的農作圖，一婦女雙手端簸箕揚簸糧食，地上放一木斗。中唐第202窟打場、揚場、裝袋、拉運場面中，兩婦女裝糧袋前的四方形量器，應是木斗或木升。榆林窟西夏第3窟千手千眼觀音中的木斗形象最清楚。

敦煌古代酒作坊不少，量器也被廣

泛應用於酒的計量上。敦煌遺書記載了古代酒的計量單位。例如現藏敦煌研究院的一件宋代乾德二年（公元964年）所立的歸義軍衙門酒帳和續卷為我們提供了不見於歷代律曆志或禮樂志的容量計量單位：甕、角、斛、升、合。更為難得的是，由於酒帳及續卷共有213筆賬目，使我們得出了這些計量單位的"進位"。

一甕＝六斛。這種逢六進一的計量比較特殊。1斛＝10升，1升＝10合，1角＝15升。

敦煌壁畫還為我們留下公元4世紀以來從天平到提繫桿秤等衡器的形象資料。中國古代衡器的發展，大體上經過天平•環權──衡秤•秤錘──桿秤•秤砣等三個階段。考古材料證明，天平的使用極早；至遲在春秋戰國時期出現衡秤及不等臂秤。三國時，天平的提紐漸漸從中點偏移，並在衡桿上刻斤、兩數，形成提繫桿秤的雛形；不等臂秤經過逐步革新，大約在公元5、6世紀的南北朝，出現今天所見的提繫桿秤。提繫桿秤是用鈎子把秤桿吊起來，鈎子兩旁的兩個力臂長短不等，要稱的東西掛在力臂短的一邊，然後再把壓秤物──秤砣，沿着力臂長的一邊移動，直到兩邊平衡為止，長力臂上標有重量，它是現代衡器產生和發展的基礎，也是現代秤的雛形。敦煌、新疆石窟壁畫以及1949

年以來出土的一些北朝鐵秤砣表明，魏晉、南北朝時期，提繫桿秤已經得到廣泛應用。

在十餘幅"尸毗王本生"故事畫的稱肉場面中，使用的秤是天平。這些天平都用秤架固定，兩邊設置秤盤，用砝碼調節平衡。在第98窟北壁"華嚴經變"，華嚴河裏的小圓圈圖案中也繪有天平。第61窟甬道及肅北五個廟石窟第1窟的熾盛光佛反映古天文學的"黃道十二宮"畫面中，繪有"天平宮"的圖形，它們和新疆吐魯番出土的唐代星占術圖寫本殘卷的"天平宮"相似，只是新疆的底座是十字交叉形的。類似的"天平宮"形象還見於全國各地發現的黃道十二宮文物中，但造型有所差異。

敦煌壁畫中較早出現提繫桿秤使用情形的見於北涼第275窟，其北壁繪有提繫桿秤，秤的一個盤中放着鴿子，另一個盤中坐着尸毗王。北魏第254窟北壁"尸毗王本生"故事畫繪有稱肉場面，畫中提繫桿秤的單繫提紐幾乎在衡桿中央。在河南焦作發現的北魏時期窖藏銅器中有桿秤，其造型與敦煌壁畫北朝桿秤相同。唐時壁畫也出現了大量天平的形象，如中唐第237窟、晚唐第85窟、五代第98窟等的壁畫中，都繪了天平。這反映了北朝以來天平、桿秤同時並用的生活現實。

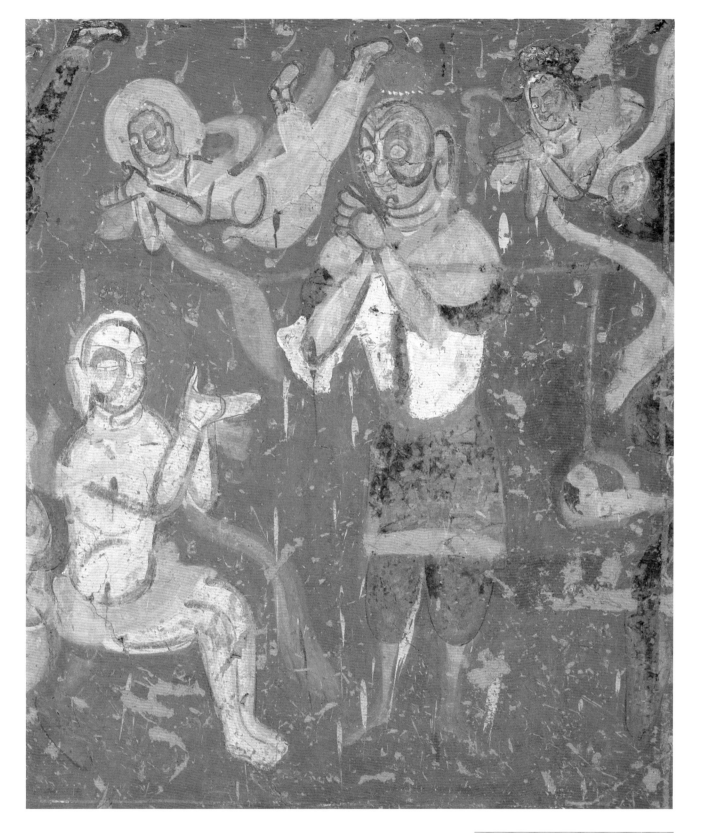

1 提繫桿秤

掌衡者所用的是提繫桿秤,秤的兩邊各
垂一秤盤;一秤盤中放着鴿子,另一秤
盤中坐着尸毗王。

北涼 莫 275 北壁

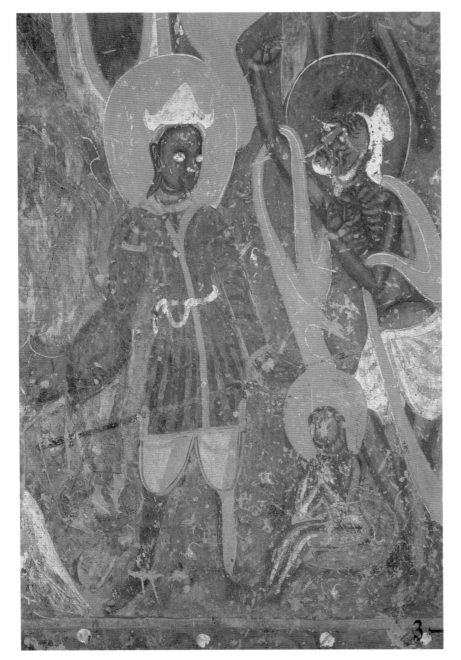

2 不等臂桿秤

掌衡者執秤，秤盤上分別為鴿子和尸毗王。桿秤的單繫提紐幾乎在衡桿中央。秤盤懸掛在衡桿重臂上離臂端較遠、離衡桿中央較近的位置，可見戰國時期不等臂秤的遺風。掌衡者右側為長者。

北魏 莫254 北壁

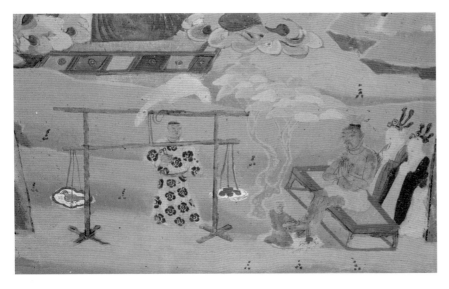

3 十字交叉座天平

坐在凳上的為尸毗王，他的前面有一十字交叉座天平，天平旁有掌秤人。天平的一邊是鴿子，另一邊放着四塊肉。鴿重肉輕，秤桿傾斜着。秤的橫桿上立一鷹，體型極大，正眈眈注視着秤盤上的肉。尸毗王只穿短褲，雙手合十，目視遠方，身後站立兩王妃。一人持刀正割着尸毗王的腿，地上積一灘血。天平中的肉即是從尸毗王腿上割下來的。

晚唐 莫85 東坡

4 用橫桿固定的天平

天平架下有橫桿固定秤架，一人用兩手
平衡秤盤。

五代 莫 61 南壁

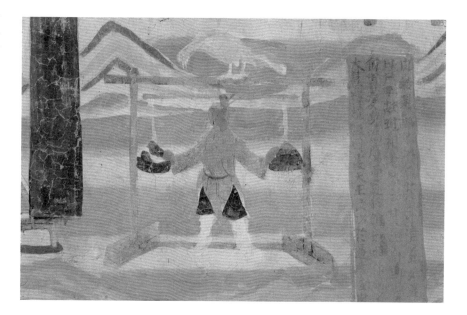

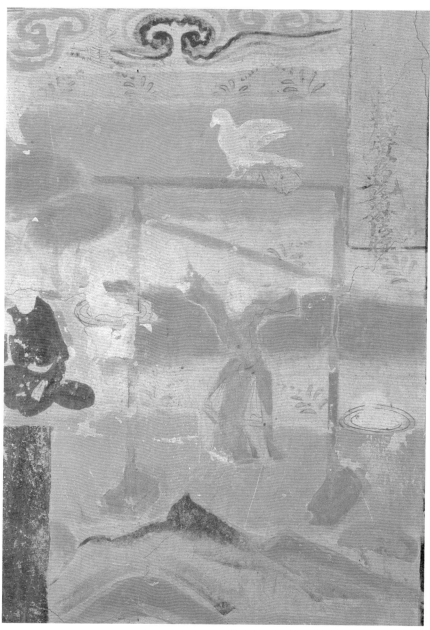

5 天平

衡桿兩端挽秤盤，一人兩手舉起以平衡
秤盤。

五代 莫 98 南壁

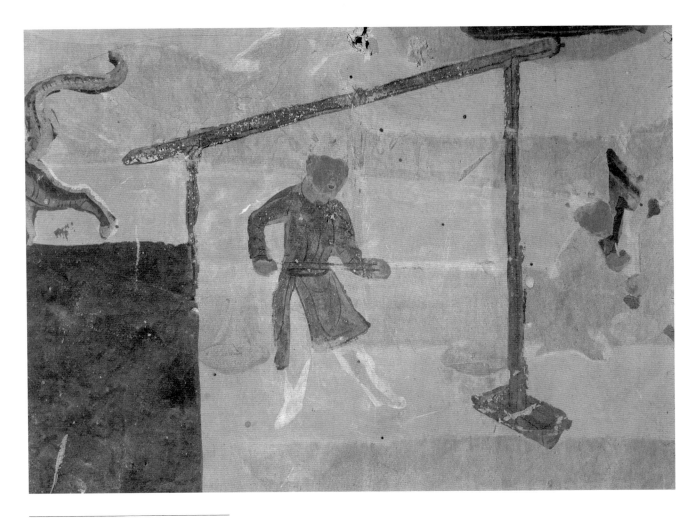

6 掌衡者操縱秤桿

衡桿兩端挽秤盤，一邊為鴿子，一邊為
肉，一人雙手操縱秤桿。

五代 莫 454 南壁

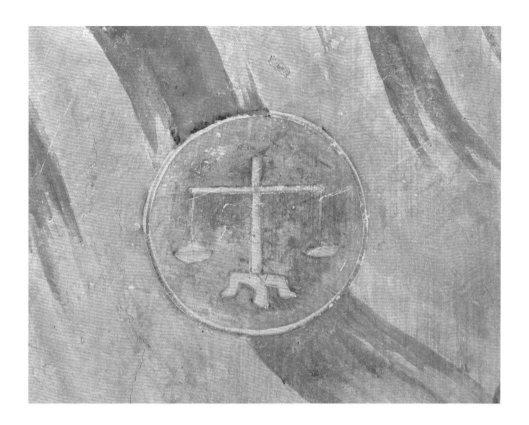

7 星圖中的天平

在反映古天文學的黃道十二宮畫面中，繪有天平宮的圖形。天平衡桿兩頭下垂秤盤，三足座架上的豎桿固定在衡桿中央。

五代 莫 61 甬道北壁

8 骨尺

骨尺已殘，殘長7.2厘米，寬1.5厘米，厚0.1厘米；正面以寸為單位進行等分，每寸上下刻兩個圓圈，五寸處刻三個圓圈，一端有孔。

西晉 敦煌市西晉墓出土 敦煌博物館藏

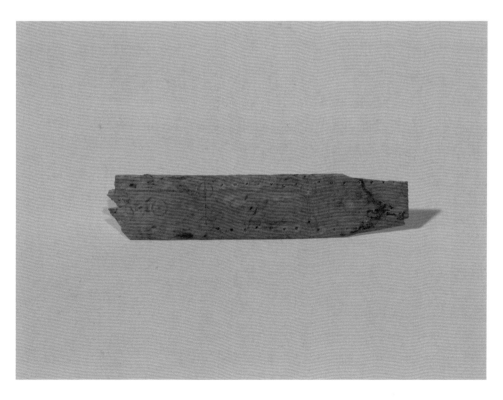

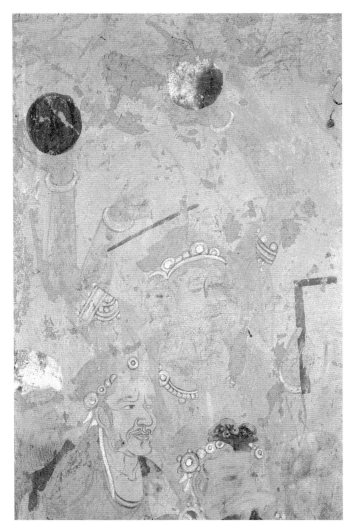

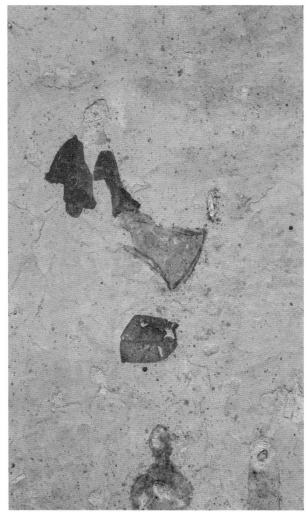

9 阿修羅執尺

四臂阿修羅一手前舉矩尺,另一手持墨斗;再有兩手分舉日、月。阿修羅是印度神話中的惡神,也是天龍八部之一,他有990隻手,拿着各種器物。

初唐 莫 220 東壁南側

10 木斗

一婦女雙手端簸箕揚簸糧食,地上放一木斗。

中唐 莫 231 北壁

第二節　中西天文學的融合

在豐富多彩的敦煌畫中，不少畫面與天文學有關，如天象圖、星象圖、二十八宿和黃道十二宮等。在畫面中表現天象星宿是中國繪畫的傳統，早在春秋戰國時期的建築物頂部，就畫着天象以示天體和各種神靈鬼怪，漢代以來，這種題材也出現在甘肅河西地區。酒泉丁家閘魏晉墓室頂繪有東王公、西王母、日輪和月輪。高台縣駱駝城魏晉墓畫像磚上，所繪伏羲手擎日輪中有一隻飛翔的金烏，女媧手攀月輪中有一隻蟾蜍，四周雲朵飄飄，它們象徵着太陽與月亮；墓中也繪了東王公和西王母。

在敦煌壁畫中，日、月、星、空等天象圖出現較多。唐代第321窟的"寶雨經變"是為宣揚武則天繪製的，天空為彩雲組成的長河，長河中兩隻大手一手持日，一手持月，巧妙地組成武后之名"曌"的圖形。五代的榆林窟第32窟東北頂角繪"南無日光明如來"，一手托日輪；東南頂角的大白圈內繪"南無月光明如來"，一手托月輪，月是一月牙內畫一白圓球。

"北斗七星"古人認識較早，在壁畫中表現較多。幾十幅"維摩詰經變"的各國王子場面中，所繪帝王多着日月紋服，戴七星冠冕；就連以供養人身份出現的于闐國王，也是頭戴冕旒，上飾北斗七星。第98窟于闐國王的冠冕上所繪為兩幅北斗七星。第98窟、454窟的于闐國王衣服上也繪有星象。法國吉美博物館收藏有敦煌藏經洞五代絹畫"被帽地藏菩薩十王圖"，圖中冥府諸王中的第一位戴七星冠，穿星象龍紋服，其紋式由三、五、七星象相聯者較多。左右兩側均為星象圍繞龍紋。這種星象龍紋服在敦煌壁畫、遺畫中不多見。

1944年發現了敦煌藏經洞所保存的紫微垣星圖文書。這卷文書為《唐人寫地志》殘卷，背面為紫微垣星圖，其後有《占雲氣書》一卷，推測是一整幅星圖的最後部分。紫微垣星圖的畫法是將紫微垣諸星畫在直徑分別為26和13厘米的兩個同心圓內。此圖觀測地點的地理緯度約為北緯35°，相當於西安，洛陽等地仰視觀星空時的情形。此圖反映出唐時天文學研究的成果。

在古代中國和國外的天文學體系中，比較重要的分別是二十八宿體系和黃道十二宮體系，這兩個東西方不同的天文學體系，起了相似的作用，並互有交流。它們在敦煌壁畫中都有非常形象的描繪。

"二十八宿"體系源自中國，它是中國古代勞動人民獨特的創造，從劃分到命名，以及選用的距星等都有明顯的中國特色。古代天文學著作《步天歌》把星空分成"三垣二十八宿"共31個部分，它成為古代星空劃分的標準方法，沿用約一千年。二十八宿在中國古代天文學文學中佔有重要的地位，所有恆星的觀察都以它為基礎，特殊天象的出現也以它作為記錄方位的依據。星圖和渾象以二十八宿為基本要素，制定曆法也需要二十八宿。這種情況直到明末西方天文學大舉輸入中國才發生變化，現代天文學在中國出現後二十八宿體系最後被廢棄。

所謂三垣是：紫微垣、太微垣、天市垣。

二十八宿分別為：

東方七宿：角、亢、氐、房、心、尾、箕；

北方七宿：斗、牛、女、虛、危、室、壁；

西方七宿：奎、婁、胃、昴、畢、觜、參；

南方七宿：井、鬼、柳、星、張、翼、軫。

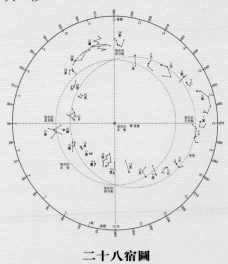

二十八宿圖

唐代以來，隨着密宗的發展，熾盛光佛及二十八宿、九曜的崇拜盛行起來。熾盛光佛和諸星與文殊菩薩的關係極為密切，《佛說熾盛光大威消災吉祥陀羅尼經》就是佛向文殊菩薩和各天眾宣講的。《大聖妙吉祥菩薩說除災教令法輪》對祈禱方法進行了規定，須先作一壇，中心書一代表熾盛光佛的陀羅尼字，字的後面畫熾盛光佛頂，旁邊畫文殊菩薩等八大菩薩，其外畫九執大天主及大梵天等，外畫十二宮及二十八宿。據畫史記載，最早繪熾盛光佛的是吳道子，在皇家所藏他的93幅畫作中，就有一幅熾盛光佛像。五代宋初的名畫家楊元真、高益、孫知微等人所作的熾盛光佛畫都很出名，而且提到"二十八宿"、"九曜"等。

敦煌保存至今的熾盛光佛畫大都是唐代以來的，榆林窟第35窟有一幅繪有七曜的熾盛光佛，畫中榜題有"火星"、"水星"、"太白星"等諸星題名。日、月合五星稱為七曜，七曜再加羅睺與計都，便成了九曜，九曜也稱九執。最新研究認為，該畫繪於唐代。保存在日本大阪市立美術館的"五星及二十八宿神形圖"，為絹本設色，前畫五星，後畫二十八宿，每一星宿都以奇異的神形畫出，並在旁邊以篆書寫出該星宿的祭祀方法。卷末鈐"宣和殿璽"藏印，題記隸書："奉義郎隴州別駕集賢院待制仍太史梁令瓚上"。梁令瓚為蜀人，唐開元年間（公元713～741年）任集賢院待詔率府兵曹參軍。他曾與僧一行共同設計渾天儀，此圖反映了他在天文學上的貢獻。英國博物館所藏敦煌藏經洞出土的一絹畫，它的題材便是熾盛光佛，畫中圍繞熾盛光佛的五個神分別代表五星，即手持花果的東方歲星、手持兵器的南方熒惑星、彈弦奏樂的西方太白星、執紙筆的北方辰星、執錫仗的中宮土宿星等。上有紀年題記："弟子張淮興畫表慶神，乾寧四年（公元897年）正月八日，熾盛光佛並五星"。另外，法國所藏敦煌藏經洞一紙畫，內容及畫風與前者基本一致，應屬同一時期的作品。此圖在左上、右上和左下三個角分別繪有三個憤怒相的面具，上部的兩個面具中分別繪有兩個蛇頭和九個蛇頭，應為羅睺與計都。榆林窟第35窟熾盛光佛圖下部也畫有兩個面具，應為羅睺與計都。重慶大足北山第39號龕、西湖煙霞洞內俱刻有金輪熾盛光佛像，北山第39號龕龕外南側有五代十國時前蜀乾德四年（公元922年）鐫造"大威德熾盛光佛，並九曜共一龕……"的題記。到宋時，熾盛光佛和二十八宿仍很流行，北山第169號龕就有宋代雕刻的熾盛光佛、諸星及二十八宿。

據調查，熾盛光佛及諸星題材，在中國少數民族地區曾廣泛流傳，西北的新疆、甘肅、寧夏，西南的四川、雲南，以及古代遼、金轄下地區都有留存，內容大同小異。

黃道十二宮體系與二十八宿作用相似，是西方所用的另一個天文學體系。黃道是地球上的人看太陽於一年內在恆星之間所走的視路徑。為表示太陽在黃道上的位置，黃道被分為十二部分，稱黃道十二宮。黃道十二宮用位於黃道中的星座命名，它們分別是：白羊、金牛、陰陽（一作雙子）、巨蟹、獅子、室女（一作雙女）、天秤、天蠍、人馬、摩羯、寶瓶、雙魚十二宮。黃道十二宮體系源於巴比倫，完成於希臘，並由希臘傳入印度，隨着佛教傳入中國，最早見於隋代所譯的佛經中。

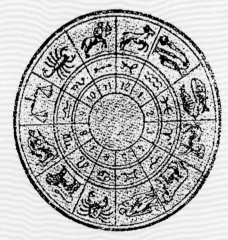

黃道十二宮

第61窟兩鋪熾盛光佛圖均在上部畫出十二宮，每一宮作一圓圈，在圓內畫出代表此宮的形象。南壁現存九座，從東至西為：金牛、室女、白羊、摩羯、天平、雙子、巨蟹、天蠍、雙魚宮。北壁存九座，從西至東為：獅子、寶瓶、金牛、人馬、摩羯、室女、天平、天蠍、白羊宮。南北兩壁合起來，十二宮中每一宮都有了。

榆林窟第35窟前室唐代所繪熾盛光佛，佛上部背光兩側分別繪一個類似黃道十二宮的圓圈，而在熾盛光佛畫面中，無論五星、七曜、九曜等諸星都不畫在圓形圖案中；並且，這兩個圓形圖案中一個畫一騎馬的漢裝男子，另一個畫一漢裝宮女，這種形象與現已知的黃道十二宮的人馬宮和室女宮極為相似。這種以兩宮代表十二宮的形式在中外此類材料中無疑是一大獨創。下部繪兩個面具，應為羅睺與計都。它們是梵曆九星中的兩星，舊時星命家以為它們均主災咎。畫中幾個小榜題中還有"火星"、"水星"、"太白星"等諸星題名。黃道十二宮在新疆、甘肅、寧夏等均有發現，說明這一體系是沿絲綢之路傳入中國的。其後，黃道十二宮圖形在中國流傳時間較長，從唐至清各朝都有；流傳範圍較廣，至今在十餘個省都有發現。收藏在柏林印度藝術博物館的一吐魯番殘卷，正面抄白文《文選》，當為唐人所寫。北面有晚於《文選》寫本的白描畫卷，施淡彩，從右向左連續繪製，可以辨出有五星與黃道十二宮的圖像。

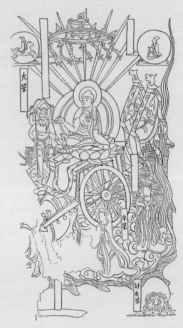

榆林窟第35窟熾盛光佛及諸星線圖

隨着絲綢之路的開通和中西方文化的交流，二十八宿體系和黃道十二宮體系以中西合璧的形式出現。第61窟甬道兩壁係後代重繪，其中南壁繪熾盛光佛一鋪，北壁繪熾盛光佛、諸星、天宮、樂女及助緣僧等。在熾盛光佛兩旁和後面有九曜神像；南北壁天空中都有二十八宿神像和黃道十二宮圖形。關於這幅畫的繪製年代，雖然有西夏和元代兩種不同看法，但它的藍本仍有可能早到西夏或宋代。這幅畫中黃道十二宮的圖形和畫法已中國化。五個廟石窟第1窟熾盛光佛上方繪黃道十二宮及二十八宿神像。黃道十二宮圖形與第61窟甬道的相似，年代也差不多，只個別圖形有繁簡差別。這兩幅畫也與寧夏賀蘭縣宏偉塔出土的兩幅絹畫熾盛光佛圖形相似。出土於新疆吐魯番，原物被盜到國外的一件絹畫殘件，內容是星占術的圖，殘留有二十八宿的軫、角、亢、氐、房、心、尾 7 宿和黃道十二宮的雙女宮、天平宮、天蠍宮 3 宮，而且黃道十二宮的圖形已經中國化。從字體觀察當為唐朝初中期（公元 7～8 世紀）寫本，它表明了當時中西天文學的融合。俄羅斯聖·彼得堡國立愛而米塔什博物館等機構所藏中國甘肅黑水城遺物中，有 20 餘件反映西夏行星神祇崇拜的繪畫作品，其內容極為豐富。在這些繪畫作品中，以熾盛光佛為中心，圍繞十一曜，黃道十二宮、二十八宿等題材的卷軸畫就多達七幅，它們是西夏盛行行星崇拜習俗的必然產物。與敦煌壁畫相比較，可以看出這些絹畫的人物造型和藝術風格與敦煌壁畫有相似的地方，也有不同之處，但都深受中原漢族文化傳統的影響。

反映中西方天文學交流史實的天象圖、星象圖還有西魏第 285 窟，窟中繪四匹馬從左右兩個方向拉車輪的日天、月天和諸星等形象，它們與中國新疆庫車石窟、克孜爾千佛洞以及阿富汗巴米揚石窟東大窟頂中央畫的日天形象等相似。該窟窟頂的內容除佛教的摩尼寶珠、飛天等外，大都是中國神話傳說和三教合一的複合圖像，均屬天象內容。北魏第 249 窟北、南坡的東王公、西王母及其四坡天象圖也屬此類內容。這種天象圖在新疆古龜茲石窟中也大量出現。薩珊波斯或粟特人的太陽崇拜和光明崇拜，也影響着隋唐以前洞窟壁畫的內容與風格，如隋第 244 窟所繪之毗那夜迦有日月型頭飾，隋第 420 窟、初唐第 401 窟的菩薩像均有日月型頭冠；初唐第 57 窟兩身菩薩的寶冠頂上有一個日月寶珠；初唐第 322 窟藥師佛身旁侍立日光菩薩和月光菩薩，她們頭戴日月寶冠，寶冠上有三幅日月型圖案；隋代洞窟中出現大量的聯珠紋。這些裝飾都反映了太陽崇拜或來自密特拉（Mithra）的光明崇拜。

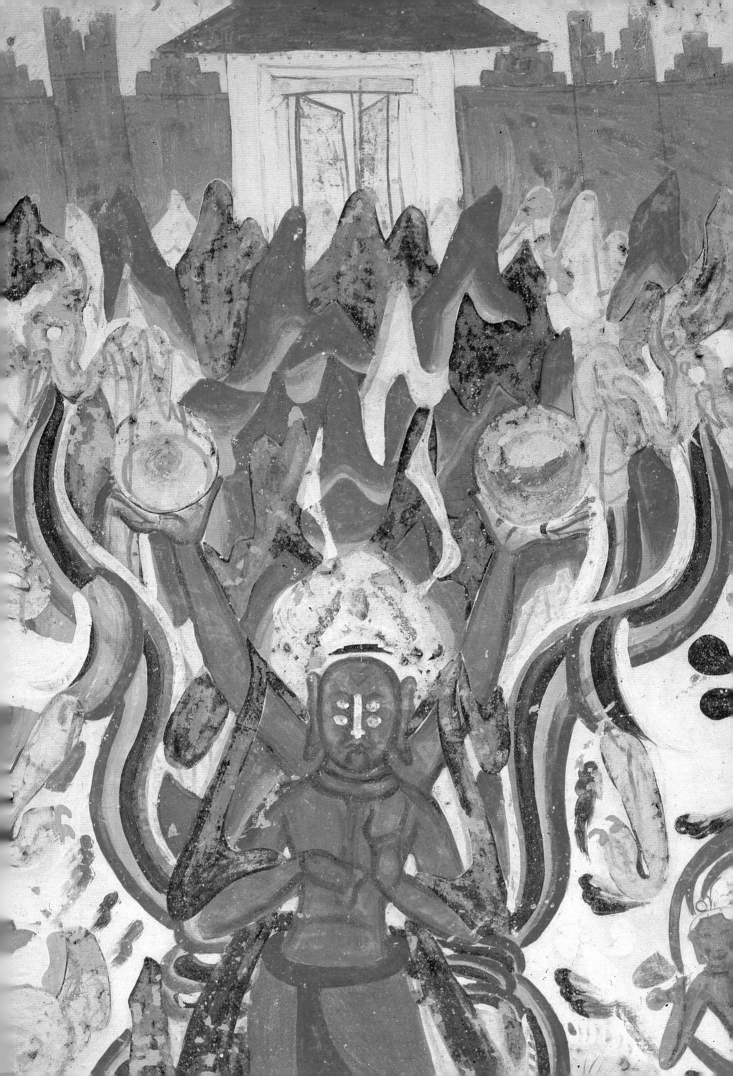

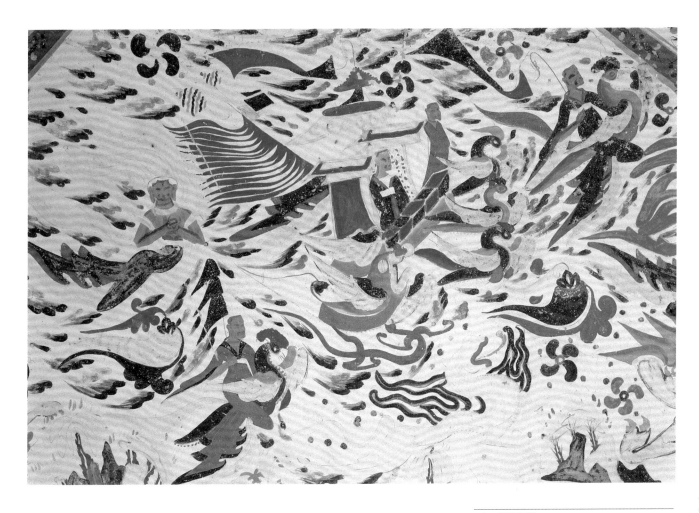

12 西王母

西王母為中國古代傳説中天上的神仙。
圖中的西王母身穿大袖長衫、頭梳高
髻，面容端正，乘四鳳駕車。西王母與
繪於北坡的東王公遙相對稱，意味着她
是東王公的配偶。

北魏　莫 249　南坡

11 手擎日月的阿修羅

阿修羅為佛教六道輪迴中之一道，又是
天龍八部護法之一。他赤身、四目、四
臂、雙足，能以巨手遮日月。圖中阿修
羅上舉兩臂，左手擎日，右手擎月。阿
修羅身後聳立着須彌山，以示阿修羅形
體高大“身過須彌”。須彌山腰有雙龍
護衛，山上巍峨的宮城是佛教所謂三十
三天的忉利天宮，是帝釋天所居。

北魏　莫 249　西坡

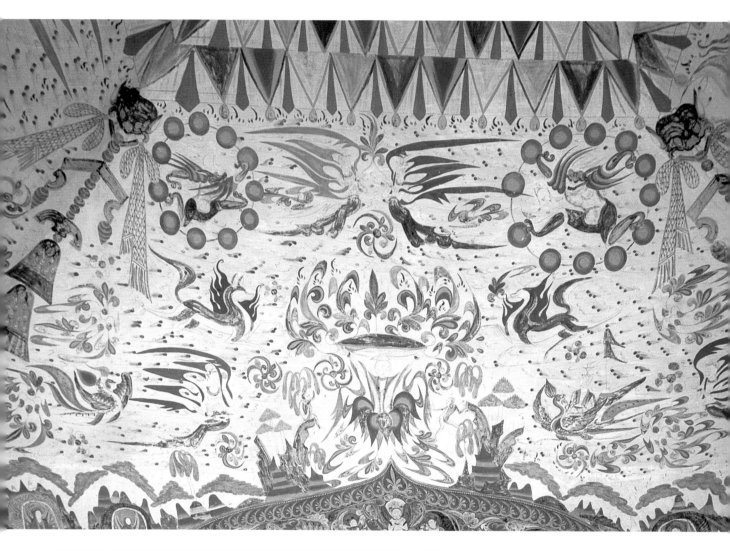

13　雷公、飛廉、雨師

洞窟之一角，上有雷公、飛廉、雨師，
四坡下部一周為禪修及山村動物。
雷公虎頭人身，臂生羽毛，張臂旋轉連
鼓，象徵雷鳴，造型剛勁有力。雷公是
中國傳說中的雷神，據東漢王充《論衡
‧雷虛篇》記述，"圖畫之工，圖雷之
狀，纍纍如連鼓之形；又圖一人，若力

士之容，謂之雷公"。
飛廉頭似鹿、背生翼，是中國神話傳說
中的風神。
雨師又稱為計蒙，其形象為豕首、人
身、鳥爪。他口噴雲霧，動則"飄風暴
雨"，是傳說中的司雨之神。
西魏　莫285　西南角

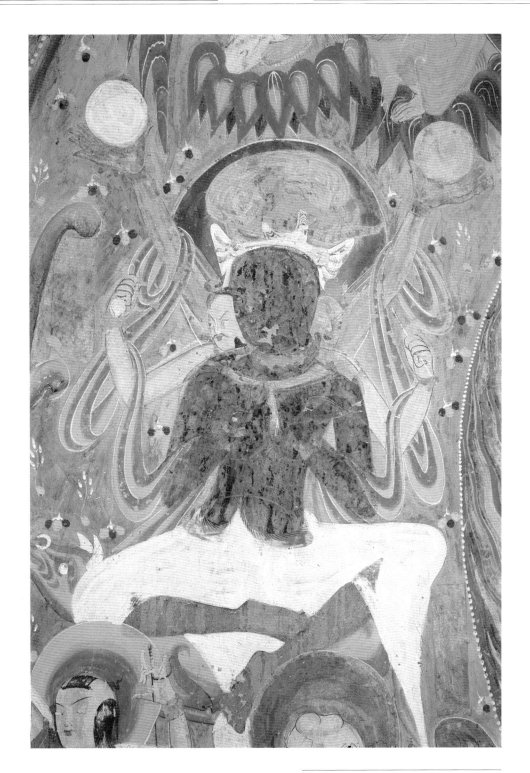

14 摩醯首羅天托日月

摩醯首羅天六臂,上二臂一手托日,一手托月。中間二臂,右手似握鈴,左手似握短矢。下二臂雙手置胸前,右手因變色持物不詳,左手似握弓。下身着白色獸皮裙,盤腿坐一牛背上。

西魏 莫285 中央大龕北側

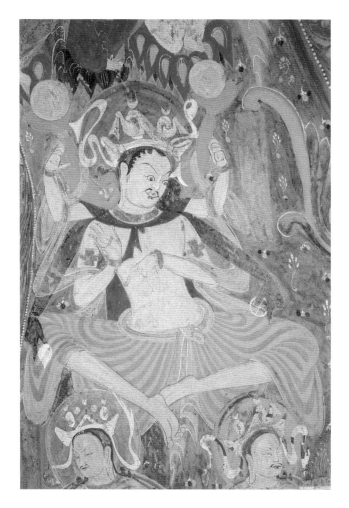

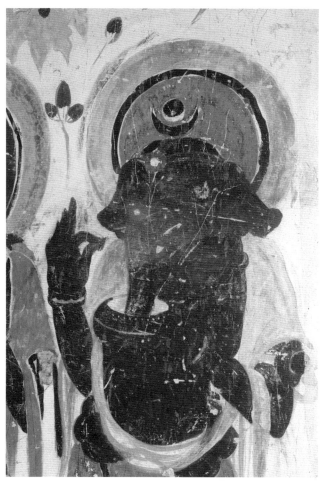

15 那羅延天托日月

那羅延天三頭八臂，上二臂高舉，雙手
托日月；次二臂上舉，雙手緊握；第三
雙臂為黑色，置膝上。

西魏 莫 285 中央佛龕南側

16 戴日月型頭飾的毗那夜迦

象頭人身的毗那夜迦有日月型頭飾，毗
那夜迦全部變色。毗那夜迦為障礙之
神，世事遇其則均不順利。

隋 莫 244 東壁北側

17 頭戴日月冠的菩薩

菩薩頂束大髻，曲髮披肩，戴三珠寶
冠，在寶珠上飾新月，月中托日。敦煌
早期壁畫中的菩薩多戴這種日月冠，它
與波斯薩珊王朝的王冠一樣，可見這種
冠乃是從人間帝王冠飾蛻變而來。

隋 莫 420 西壁南側中間

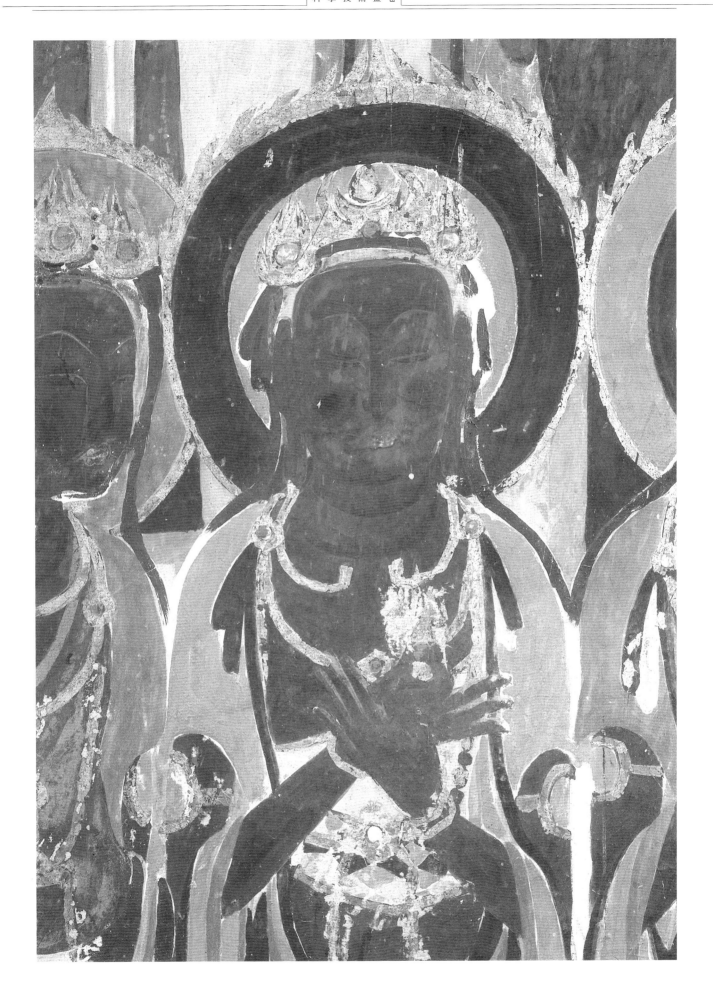

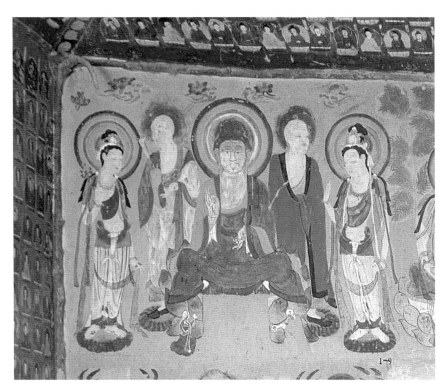

18　日月寶冠

藥師佛身旁侍立日光菩薩和月光菩薩，
她們頭戴三珠寶冠，每顆寶珠上飾新
月，月中托日。

菩薩上身半裸，斜披天衣，下着長裙。

初唐　莫 322　東壁南側

19　日想觀

此為一山水圖，遠處虛空，與地面相接
處有一落日，光芒四射。殿堂內一人，
結跏而坐，面對紅日，住心諦觀，是為
日想觀。

中唐　莫 217　北壁

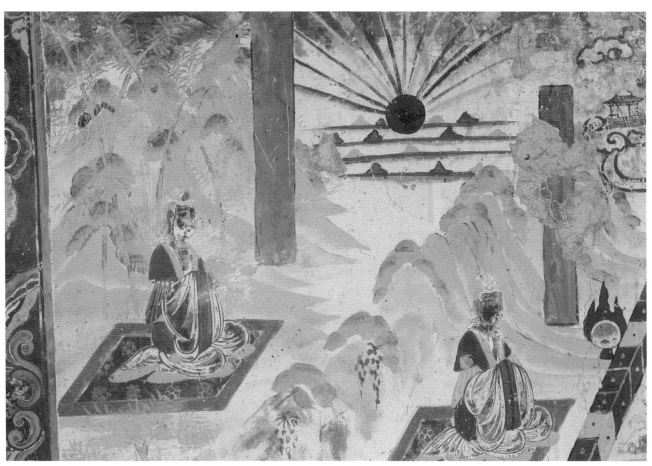

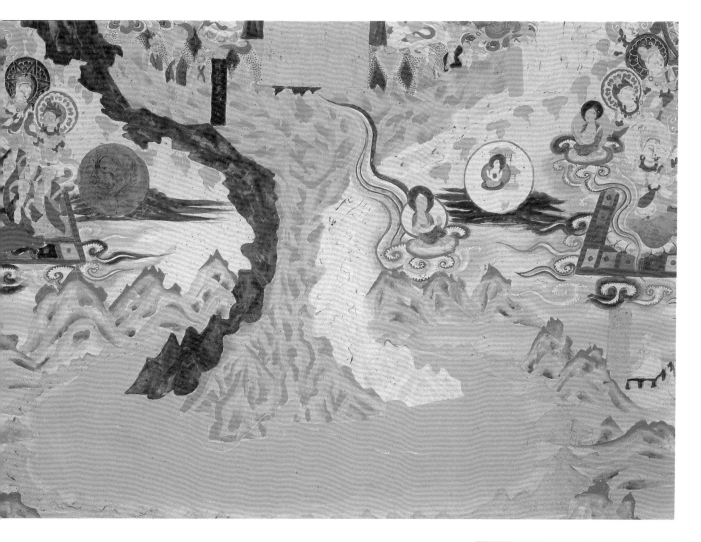

20 晚唐時的月天、日天

月亮繪在須彌山側，月輪內繪出月宮和
玉兔藥鉢，取材為中國神話玉兔搗藥。
月輪下寫意地繪着條狀的雲，雲托月，
月懸空。日與月亮相對稱，日輪內繪金
鳥，但非三足，其形若鳳。這也是中國
神話題材。

晚唐 莫 9 南坡

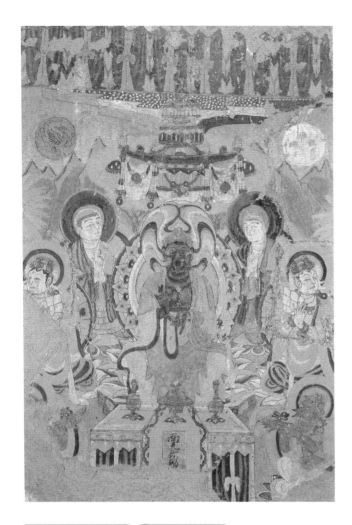

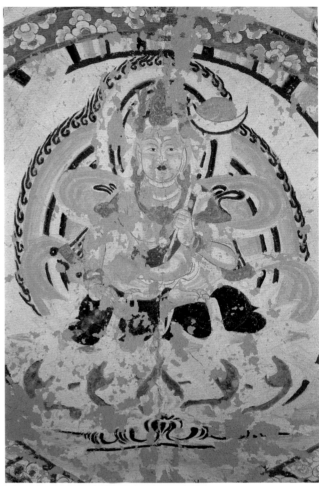

21 五代時的日天、月天

在佛的華蓋兩側上方繪山峰，山上雲中
繪日、月，日為三足烏，月為樹下玉
兔。

五代 榆 20 南壁

22 南無日光明如來

日光明如來趺坐蓮花座，一手托日輪。
榜題"南無日光如來"。畫的含義出自
《梵網經》，經義為盧舍那佛現身說戒
時，日月天即在上空出現。

五代 榆 32 東北角

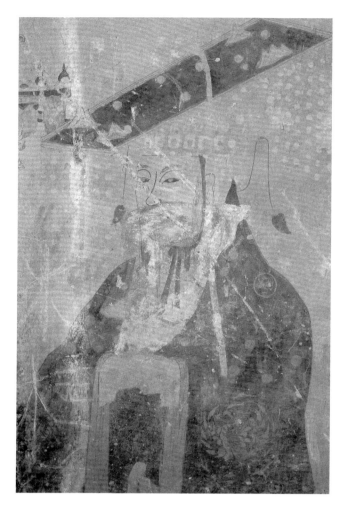

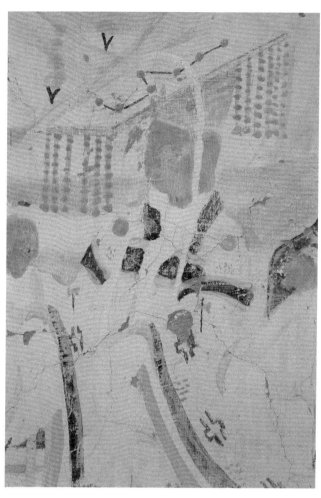

23 于闐國王七星冠

國王所戴冕旒板平而長，上飾北斗七星，衣服上繪星象，這與《宋史·輿服志》相符。國王為回鶻族人李聖天，受後晉石敬瑭冊封為"大寶于闐國王"，故他在畫像中着漢族帝王冠服。

五代 莫 454 東壁門南

24 北斗七星冠

帝王頭戴冕旒，上飾北斗七星；兩肩繪日月，衣服上繪星象。冕旒是中原帝王最尊貴的冠飾。

五代 榆 32 西壁

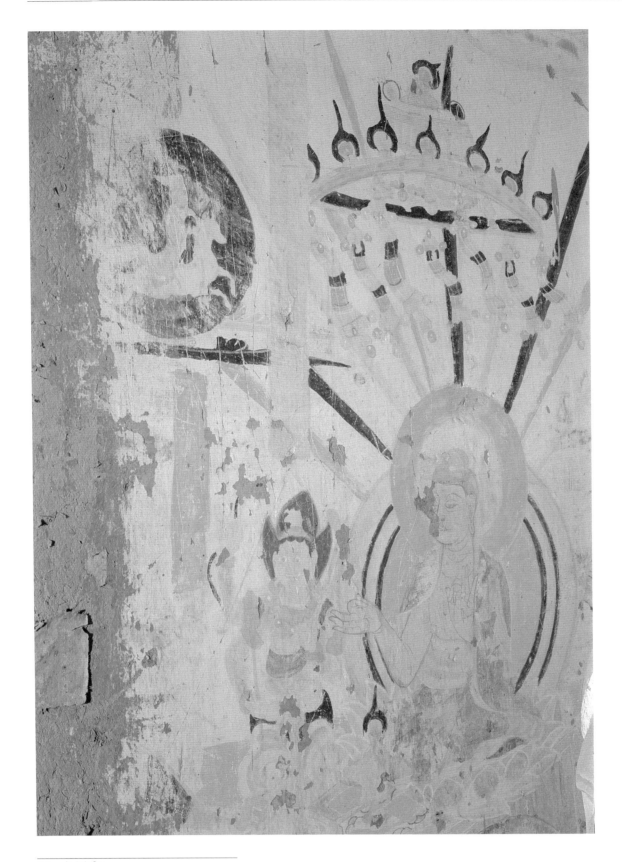

25　人馬宮

熾盛光佛上部繪一圓圈，圓圈內畫一騎
馬的漢裝男子，這是黃道十二宮中的人
馬宮。

晚唐　榆 35　前室西壁門北側

26 熾盛光佛與二十八宿

熾盛光佛手托金輪,結跏趺坐於蓮座
上。中間熾盛光佛兩側各繪14身神像,
是二十八宿;上方兩側各繪 6 個圓圈,
合起來是黃道十二宮,其圖形與莫高窟
第61窟甬道中的十二宮有着繁簡、衣飾
不同等差別。下面簇擁熾盛光佛的星神
因磨損嚴重,分不清是"五星""七
曜",還是"九曜"。

宋 五 1 東壁

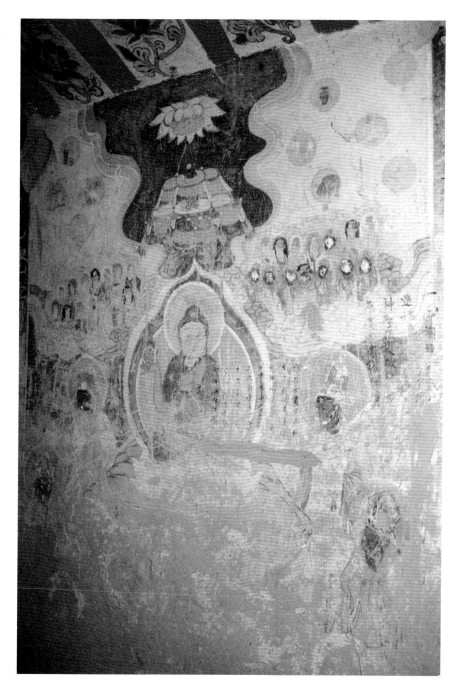

27 熾盛光佛與各星宿

第61窟甬道南北壁各有一幅熾盛光佛,
畫中描繪了二十八宿和黃道十二宮,及
手持花果的東方歲星、手執兵器的南方
熒惑星、彈弦奏樂的西方太白星、執紙
筆的北方辰星、執錫杖的中宮土宿星等
九曜星神,是研究古代天文學的珍貴資
料。此為北壁。天空中有二十八宿及黃
道十二宮。在熾盛光佛旁有殘存的九曜
神像,戴鳥形冠,抱琵琶的是太白星。

元 莫 61 甬道北壁

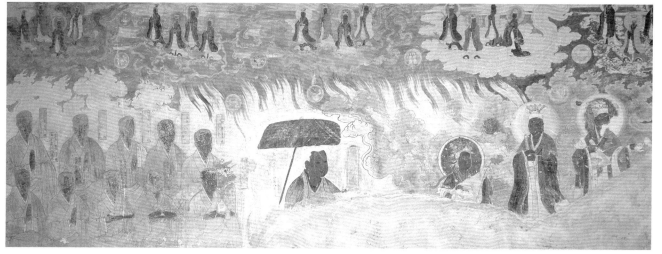

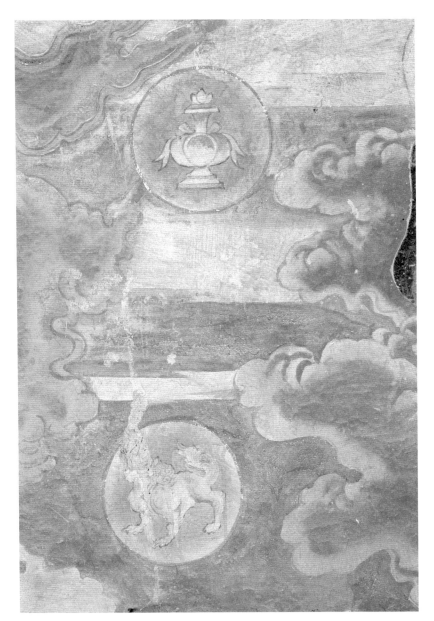

28 寶瓶、獅子宮

上為寶瓶宮，下為獅子宮。

元 莫61 甬道北壁

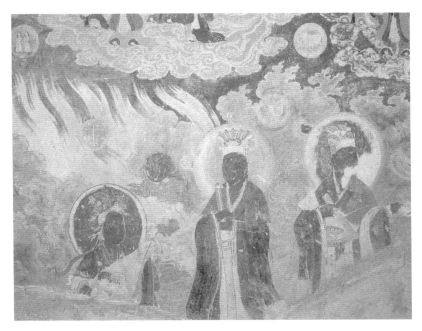

29 雙女宮、天平宮等

圖中左上角為雙女宮，彈琵琶的太白星
上部為天平宮；圖中還有天蠍、白羊宮
等。一男像雙手拿笏板。

元 莫61 甬道北壁

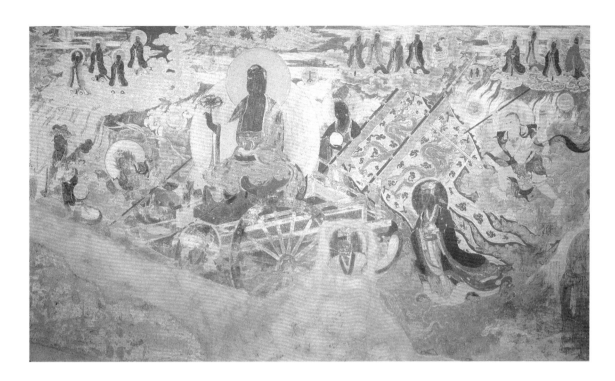

30 二十八宿及十二宮

熾盛光佛像上面的黃道十二宮圖形，從左至右可見室女、白羊、摩羯、天平、雙子、巨蟹、天蠍、雙魚宮。佛後是月神，手托月輪。二十八宿為四身一組。

元 莫61 甬道南壁

31 二十八宿及十二宮局部

圖中可見四天人形象代表的部分二十八宿，並有雙魚、天蠍、雙子、巨蟹四宮。其下為執槍、劍、索、人頭的羅睺。

元 莫61 甬道南壁

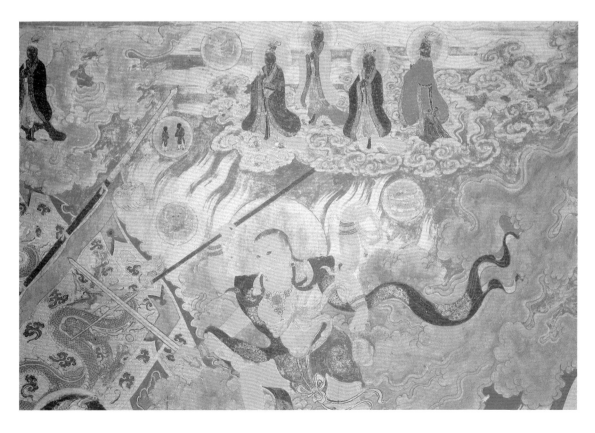

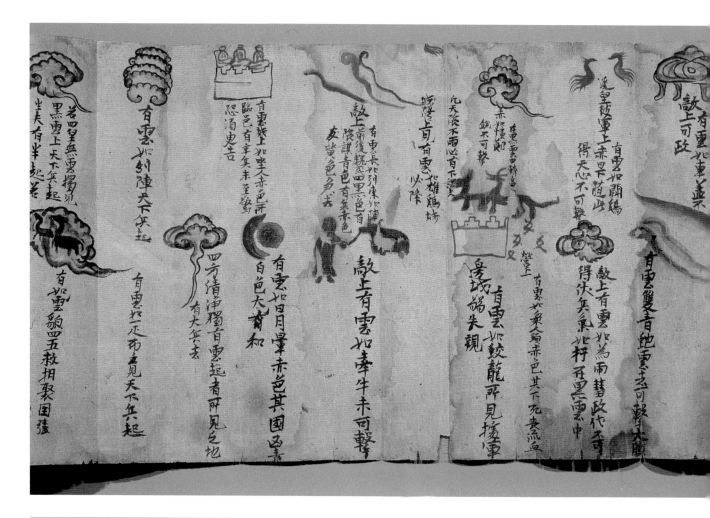

32 星圖中的占雲氣書

此為《占雲氣書》殘存的《觀雲章》、
《占氣章》兩章，有彩繪的雲氣圖形。
圖的下面附有作為說明的占辭。前面是
紫微垣星圖。

唐 敦煌藏經洞出土 敦煌博物館藏

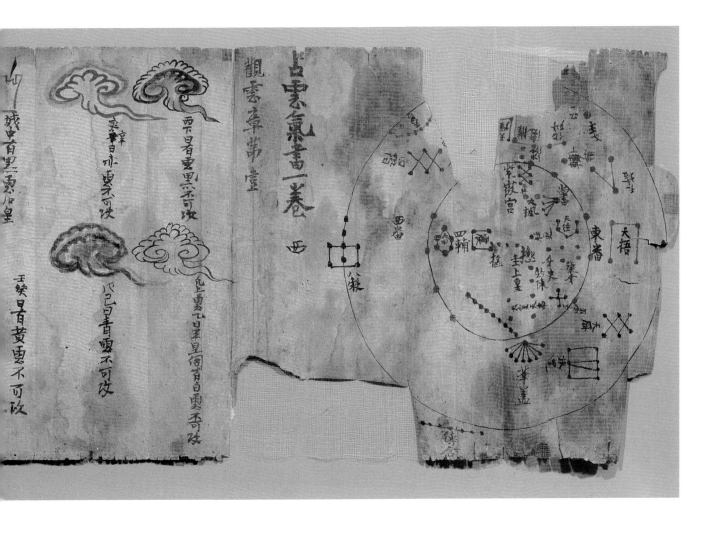

占雲氣書一卷

觀雲章第壹

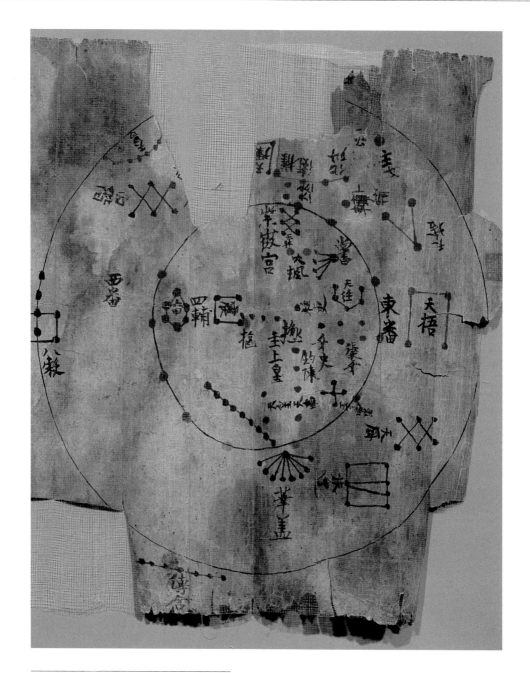

33 紫微垣星圖

上部有殘缺。星圖的內圓頂端自上而下
豎書"紫微宮"三字，明確標示是紫微
垣星圖。星圖的畫法是將紫微垣諸星畫
在直徑26和13厘米的兩個同心圓內。其
內圓由紫微垣的東蕃和西蕃拉接而成，
外圓為表示北極出地的恆顯圈。所畫諸
星的範圍較小，八谷畫在外圓上，而傳
舍畫在外圓之外。圖上石申星、巫咸星
用紅色，甘德星用黑色。由於圖中有西
蕃、東蕃這些標示方向的文字，故可推
知本圖為左西、右東、上南、下北。
唐　敦煌藏經洞出土　敦煌博物館藏

第三節　天文曆算學家翟奉達

據初步統計，敦煌遺書中與天文學有關的材料約有 15 萬字，其中以曆日為數最多。已知的曆日有 40 餘種，均比《會天曆》早，五代時期的翟奉達就是敦煌的曆學權威，其所編曆書豐富的內容為史學界所注目。

自古以來曆書都是由封建王朝組織編寫，並向全國頒發的。在唐德宗興元(公元 784 年)以前，敦煌地區所用一直是唐王朝的曆書。約在唐德宗貞元元年(公元 785 年)，吐蕃軍隊最後攻佔敦煌，敦煌同中原王朝的聯繫被割斷，象徵王權的中原曆書也無法頒行到這裏。吐蕃使用地支和十二生肖紀年，這既不符合漢人行之已久的用干支紀年、紀月、紀日的習慣，也無法滿足敦煌漢人日常生活的需要，於是敦煌地區開始自編曆書。60 餘年後，張議潮舉義成功，使敦煌回到唐王朝的懷抱，但民間仍繼續使用自編的曆書，敦煌自編曆書相沿成習。相對於封建王朝頒行的曆書來說，這些地方曆書常常被稱作"小曆"。藏經洞保存的曆書只有少數來自中原王朝和外地，大多是敦煌當地自編的五代時的曆學權威翟奉達，名再溫，字奉達。關於他的生平，敦煌壁畫題記和敦煌遺書中均有記載。其遠祖為漢丞相翟方進，後世子孫避亂徙居敦煌。1963 年，於第 98 窟前出土了天寶年間潯陽翟氏殘碑"翟家碑"，碑中自稱宗族源於潯

陽，"一支從官流沙，子孫因家，遂為敦煌人也"。第 220 窟是初建於唐代貞觀十六年(公元 642 年)的翟家窟，中晚唐、五代曾一再增修。該窟東壁窟門上方有貞觀十六年的造窟發願文，北壁壁畫下方也有同一紀年的題記。在該窟甬道北壁畫有一鋪"新樣"文殊變，下寫發願文一方。通壁下部畫男供養人像 1 排 7 身，依次記載翟奉達亡父翟信、亡兄翟溫子、施主翟奉達、弟翟溫政、宗叔翟神德、亡孫翟定子、亡兒翟善口的官銜、姓名等。甬道南壁帳門西側空白處，有翟奉達墨書題記6行撿家譜，這篇簡短的家譜說，其祖先在北周大成元年(公元 579 年)從江西潯陽遷移到今敦煌三危，在莫高窟"鐫龕"立像，從而揭示出翟家宗源、與該窟的關系及翟奉達在家族中的排行等歷史問題。翟奉達在當時具有數個官銜，五代後唐同光三年(公元 926 年)第 220 窟甬道壁畫中所記有三項：節度押衙、隨軍參謀、御史中丞；另外，五代第98窟西壁南起第18身供養人翟奉達的題記為，"節度押衙、行隨軍參謀、銀青光祿大夫、國子祭酒兼御史中丞、上柱國"。至後周顯德六年，翟奉達還是沙州經學博士，但已屆高齡。

翟奉達的最大貢獻是作為河西曆算學家，編撰了切合時代需要的曆日，自後唐同光四年至後周顯德六年(公元926

年~959年）的30多年裏，瓜、沙一帶所行曆日，皆出翟奉達之手。現存較早的是後唐《大唐同光四年□具注曆》，其次為後唐《天成三年戊子歲具注曆日》（天成三年即公元928年），此曆殘頁，黏於《逆刺占》卷首。《逆刺占》是一種根據時辰、方位及太陽位置進行占卜的書。以上兩件曆書中均題"隨軍參謀翟奉達撰"。五代後周《顯德三年丙辰歲具注曆日並序》，題為"登仕郎守州學博士翟奉達撰上"，此《顯德三年丙辰歲具注曆日並序》為五代後周顯德三年（公元956年）翟奉達編。原有紀年，首尾完整。序言有年九宮圖、年神方位、受歲日、雜忌日和人神等。月序記月大小、干月建支和天道行向。曆日雙欄書寫，上單月，下雙月。每日分三欄：（1）日期、干支、六甲納音和建除十二客；（2）弦、望、節氣、物候；（3）吉凶注。蜜日朱書注於當日頂端。它與同年中原曆相比，只是略有差別，正、二、三、十、十二月朔日各早一日，八月朔遲一日。

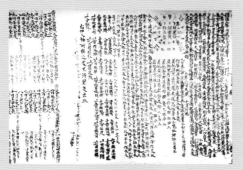

翟奉達所編曆書

可見翟奉達在天文曆算方面的高深造詣。五代後周《顯德六年己未歲具注曆並序》，保存有正月一日至三日，題"朝議郎、檢校尚書、工部員外行沙州經學博士兼殿中御史、賜緋魚袋翟奉達撰"。

古代曆書如何演進發展，唐代以前因實物太少而難尋覓其軌跡，敦煌曆日的問世，大大開闊了人們的眼界。敦煌曆日有繁簡兩種型制，它們的區別主要表現在內容的繁簡程度上。從出土秦漢簡牘看，那時的曆日內容都很簡單，到北魏時仍極簡略。吐魯番出土的《唐顯慶三年具注曆日》和《唐儀鳳四年具注曆日》內容比較豐富，但大體上也只是同敦煌發現的簡本曆日相仿。以唐末五代翟奉達所編敦煌繁本曆日為代表，其內容大大豐富起來，基本上奠定了宋至清代曆日的格局。敦煌曆日所存的繁簡兩種型制，恰好反映了古曆由簡到繁的演進過程。由此可見，敦煌曆日在中國曆法史上具有十分重要的地位。

翟奉達作為五代時期敦煌著名文人，除在天文曆法方面的貢獻之外，在史地、文學及書法方面也有一定的修養。在史地方面，敦煌藏經洞遺書中保存有他所撰《壽昌縣地境》一卷。文學方面，共發現他寫的詩六首。其中一首有詩句"三端俱全大丈夫，六藝堂堂世上無"，表達了翟奉達青年時期的學術修養與志向。書法方面，第220窟五代重繪甬道北壁壁畫中的發願文、7身供養人題名，甬道南壁帳門西側的檢家譜，都是他親筆所書。另外，天津藝術博物館藏古寫本的4532號、北京圖書館津字175號、北京圖書館岡字44號文書分別是翟奉達為其亡母馬氏追福的七齋功德經，上面都有翟奉達的親筆題記。

翟奉達的這些生平事跡充分說明，他不僅是一位科學家，同時也是一位精通學問的科技官員，他的實物遺存，是至今已知的古代敦煌名士之冠。

翟奉達家族在敦煌曆日的編制中也具有重要地位，翟奉達稍後，又有翟文進，或係翟奉達後人，亦曾參與編制曆日多種。從現存敦煌曆日來看，敦煌地區自編曆日一直延續到宋初，前後達兩個世紀之久，其中大多出自翟氏家族之手。翟氏家族堪稱敦煌曆學世家。

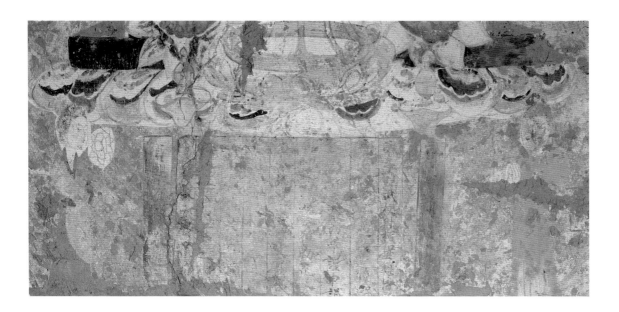

34 供養人及造窟題記

圖中有唐代貞觀十六年（公元642年）的
造窟發願文及供養人。該窟為貞觀年間
翟通父子所開的翟家窟。窟西龕下初唐
供養人北向第一身題名：“道公翟思遠
一心供養”。該窟說明了翟家在唐時的
情況。

初唐 莫 220 東壁窟門上方

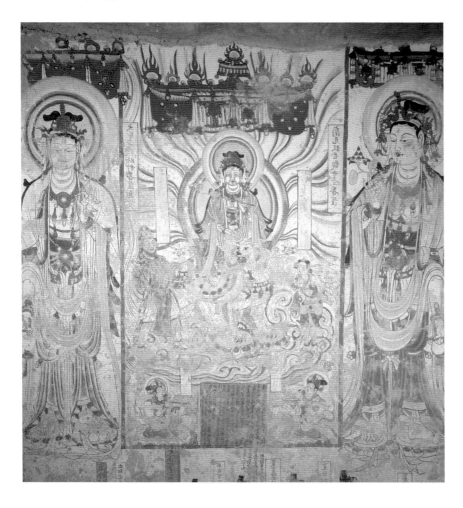

35 新樣文殊和發願文

圖上部為“新樣”文殊變，中部為發願
文一方。色彩可謂完好如新，整個色調
厚重、鮮艷、瑩潤，特別是文殊的馭者
于闐國王面部的暈染，色薄味厚，紅潤
光澤，所著的朱紅袍體現了絲織品細柔
光潔的質感。

所謂“新樣”是針對“舊樣”而言的。
“舊樣”的文殊菩薩是作為釋迦的脅侍
身份出現，和普賢菩薩、龕內的釋迦組
成三聖像。為文殊菩薩馭獅者是崑崙
奴。“新樣”文殊已非脅侍，馭獅者改
為于闐王。詳請參考本全集《佛教東傳
故事畫卷》。

五代 莫 220 甬道北壁

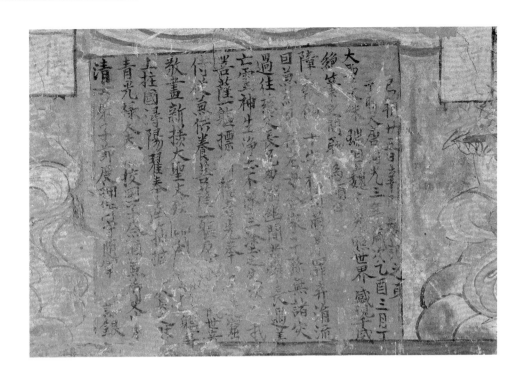

36 翟奉達書發願文

此為發願文，翟奉達於五代後唐同光三年（公元925年）親筆所書，共14行，題款為"清士弟子節度押衙守隨軍參謀、銀青光祿大夫、檢校國子祭酒兼御史中丞、上柱國，潯陽翟奉達"。

五代 莫220 甬道北壁

37 翟奉達家族供養像

供養像有七身，依次記載了翟奉達亡父翟信、亡兒翟溫子、施主翟奉達、弟翟溫政、宗叔翟神德、亡孫翟定子、亡兒翟善口的官銜、姓名等。翟奉達的供養畫像題記為："施主節度押衙隨軍參謀兼御史中丞翟奉達供養"。供養人題名為翟奉達親筆所書。

五代 莫220 甬道北壁

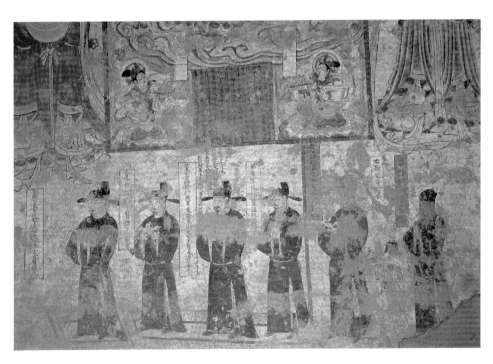

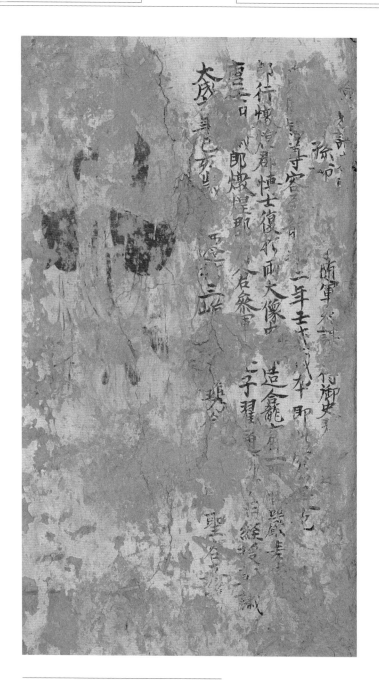

38 翟氏家族撿家譜

翟奉達墨書題記6行，文中第5、6行為：
"九代曾孫節□□□□隨軍參謀兼侍御
史翟奉達，撿家譜□□"。

初唐翟通開此窟後，翟家子孫不斷在此
窟增飾。晚唐時期，又於甬道南壁龕下
再畫翟家的男女供養人像。當中畫一白
描立佛與比丘。

五代 莫220 甬道南壁帳門西側

農牧業技術綿延千年

　　穿插在敦煌壁畫中的部分經變、屏風畫和故事畫中的農作圖，表現了大眾農耕和生活的內容。北朝至西夏各個時代壁畫中，有農作圖80多幅，大多出現於彌勒經變、法華經變中，尤以彌勒經變的"一種七收"畫面情節最多；佛傳故事、盧舍那佛、千手經變等壁畫中也有一些。這些壁畫反映的農事活動有挽牛犁地、牽牛、撒種、用耬犁播種、揚糞土、耱地、鋤草、持鐮收割、紮捆、人工挑運、持連枷打場、用杈、木鍁和簸箕揚場、用掃帚掠掃、牛車拉運、糧食裝袋和歸倉等。

　　生產工具在壁畫中也出現較多，如單轅直轅犁、雙轅直轅犁、曲轅犁、三腳耬犁、鐵鏵、牛衡、耙、六齒耙、扁擔、尖頭杈、四齒杈、六齒杈、鐵鍁、三腳凳、四腳凳、秤、斛、木斗、木升等。另外，在部分洞窟的華嚴經變中，組成華嚴河的小圓圈內，也畫出一些單獨的生產工具，共計有數十種。這些壁畫既記錄下西北地區常用的生產工具，也真實地記錄了當地新出現的先進工具，特別是盛唐第445窟繪製的曲轅犁，是中國農業科技史的珍貴資料。五代第72、454窟壁畫出現三幅三腳耬播種圖，充分證明三腳耬這種先進的播種工具適於敦煌地區的播種需要，所以得到長期使用。

　　隨着農耕的發展，與農作物緊密相關的加工業興起，敦煌壁畫描繪了當時從事糧食加工的硙戶、榨油的梁戶、釀酒的酒戶等。他們從事非農業生產，類似我們今天的各類專業戶。畜牧業的生產活動在壁畫中也有反映，壁畫中馬鐙、挽具及牲畜飼養等成為今天研究古代科技進步的珍貴資料。壁畫中還有許多描繪少數民族從事畜牧業生產活動的畫面。

第一節　完整的農耕史畫卷

　　北朝以來的農業生產活動及其勞動工具，在敦煌壁畫中反映得比較全面。一些比較先進的工具被廣泛應用在耕田整地、播種、中耕除草、收割及脫粒加工等方面。

　　犁耕的發展經歷了由二牛拉犁改為一牛拉犁，和由使用直轅犁改為曲轅犁的過程。敦煌壁畫對這一農業技術的進步有比較多的反映。漢代以來，牛耕已經普及，一牛挽拉耕地出現在漢代。山東騰縣宏道院東漢畫像石所繪牛耕圖，就是只用一牛挽拉的雙長轅犁。嘉峪關魏、晉墓的壁畫和畫像磚上也有二牛拉犁與一牛拉犁圖，可見當時河西地區這兩種耕作方式是很普遍的。敦煌各種農作圖中，描繪犁耕場面的有 60 多幅。最早的耕作圖繪於北周時期的第 290、296 窟中，它們也分別描繪了二牛拉犁和一牛拉犁這兩種耕作方式。由二牛改為一牛拉犁耕田說明犁具重量減輕，鏵更鋒利。嘉峪關魏晉墓壁畫和畫像磚的鏵頭，鏵的角度已變小，成銳角形狀，這樣耕種時就容易破土、劃溝、耕得更深，而且省力。犁鏵的這種改進，就可以改雙套牛為單套牛。第 290 窟單套牛所拉犁鏵的角度，比起嘉峪關牛耕圖的鏵頭來，角度更小，而和唐代耕作圖中的鏵頭相似。另外，壁畫中所描繪的單長轅和雙長轅與漢代及魏晉時期的牛耕圖相比，在犁的零部件上也有改進。壁畫中其他幾十幅犁的形狀、耕作形式與中原地區相一致，挽牛多用肩軛，也有曲軛，運用牛環、牛鞥導牛也有所描繪。

　　在唐初貞觀四年（公元 630 年）陝西李壽墓壁畫中出現的犁已很先進，但它還不是曲轅犁。莫高窟盛唐（公元 705－780 年）第 445 窟繪製的先進的曲轅犁，表明中國發明曲轅犁的時間至少是在公元 8 世紀，它是中國農業科技史的珍貴資料。曲轅犁作為一種先進犁具，在古代犁耕史上具有劃時代的意義。唐以前的直轅犁犁架龐大、笨重，調節耕地深淺設備不夠完美。曲轅犁改直轅為曲轅，犁架變小，輕便靈活，能調節犁地的深淺，用一牛即可挽拉，從而改變了二牛抬槓的牽引方法。第 445 窟繪製的曲轅犁可與晚唐人陸龜蒙（？－約公元 881 年）的《耒耜經》相印證，它記載當時曲轅犁由 11 個部件組成，部分部件是鐵製的，可以調節耕深。歐洲到 13 世紀才有與曲轅犁類似的步犁的記錄。

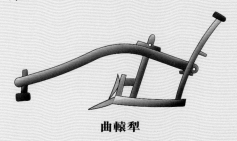

曲轅犁

　　壁畫中整地農具不多，主要有鐵鍬、耱、耙和耮等。現在農村挖土、起土等平整土地用的鐵鍬，其實就是古代的鍤，敦煌曾出土漢代的鍤，農作圖中有用鍫揚糞土的場面。刨地翻土工具河西農村稱"鋤頭"，壁畫中也有。耪是最簡單的碎土工具，即在木柄上安裝一個木質較硬的圓柱體，俗稱木榔頭，用於打碎耕地時翻起的較大的土塊，是農民常用的工具。耪在第454窟農作圖中也有。耙也是一種碎土工具，由在一個長方形的木框上裝硬木齒或鐵齒製成。耱和耙同是旱地耕後整地用的農具，耙的作用在耙碎土塊，疏鬆土層；耱的作用在磨平土面，並使土粒更酥碎。第61窟農作圖中有耱地圖，駕着二牛站在耱上的農民，平視着前方，愉快地從事着這一比較輕鬆的工作。

壁畫中的播種方式有犁耕撒播和三腳耬播種等方式。榆林窟中唐第25窟、五代第61窟都有跟在耕犁後面持簍、筐撒種的人。五代第454窟出現了兩幅三腳耬播種圖。耬犁是一種播種農具，由耬斗、機架及耬腿構成，能同時完成開溝、下種、覆土三道工序。耬斗分為兩格，大格盛種子，小格用於勻送，中間有活門和排種孔，活門用於調節播種量，排種孔則各有小格下通足竅，以把種子播於耬腿所開的淺溝內。按耬腿的多少，耬犁分為1-5腳耬，三腳耬為其中的一種，它一次能播種三行，而且行距一致，下種均勻，使播種效率和質量大為提高。

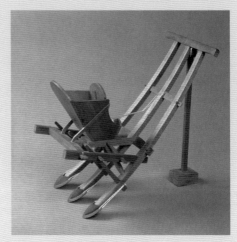

耬車結構圖

三腳耬在西漢時發明，東漢時普遍使用。《三國志·魏書》注引《魏略》，講述了耬犁傳到敦煌的情況："至嘉平中（公元249～254年），安定皇甫隆代趙基為太守。初，敦煌不甚曉田，常灌溉蓄水，使極濡洽，然後乃耕，又不曉作耬犁、用水及種，人牛功力既費，而收穀更少。隆到，教作耬犁，又教衍溉，歲終率計，其所省佣力過半，得穀加五"，由於使用耬犁並行灌溉，勞動力節省一半多，產量增加五成。史書上沒有具體記載敦煌耬犁的形狀，但根據皇甫隆在敦煌教作耬犁的時間距東漢末年只有30年左右，且當時並沒有新的耕犁出現，因此皇甫隆教作的耬犁應是三腳耬。敦煌遺書《僧崇恩處分遺物憑據》所載生產工具中有："鏵各一孔，鐮各一張……耬一……依當寺文籍隨事支給"。所提的"耬"定是耬犁無疑。第454窟三腳耬播種圖是五代播種耬的珍貴形象資料，它表明三腳耬這種先進的播種工具，由於能適應敦煌地區的播種需要，故從三國至五代長期沿用的情形，它們不僅為研究唐、五代時期耬犁的構造提供了重要依據，也使我們了解到敦煌及河西古代播種工具的應用情況。在五代第72窟壁畫中有兩幅耕作圖，比較模糊，據敦煌研究院霍熙亮臨摹研究，確認出其中一幅就是三腳耬。

中耕除草的鏟、鋤等農具在壁畫中也有。用鋤頭刨地，可以減少土壤中水份的蒸發，使二三寸厚的土層保持濕潤狀態，利於農作物生長。初唐第321窟"寶雨經變"，盛唐第208、215窟以及五代第61窟等都有農民使用鋤頭或作鋤地狀的畫面，其中第61窟屏風畫中農民鋤地，鋤頭繪得很清楚。

收穫莊稼的各式鐮刀和脫粒、揚場工具在壁畫中非常多。唐、五代、宋時期壁畫中共有30多幅手持鐮刀收割的畫面，鐮刀大致相同，有長、短兩種形狀。此外還有糧食紮捆，用尖頭扁擔挑運，以及牛車拉運等場面。

另有20多幅壁畫描繪了打穀、揚場、糧食脫粒的工具。甘肅河西地區何時用連枷雖然沒有明確記載，但也應始於漢武帝建立河西四郡，實行軍屯、民屯之時。在嘉峪關魏晉墓畫像磚上的軍屯圖中就有打連枷的形象。敦煌壁畫中有12幅連枷打場圖，全出現在唐代壁畫中，這些

打場圖雖然有的褪色或脫落，但大多保存較好，有一人單打和兩人對打兩種形式。從圖形來看，當時的連枷已由魏晉時的單棒枷發展成相當完善的連枷了，與現今使用的基本一樣。

杈、木鍁、簸箕、簁籃為揚場工具，它們的用途不盡相同。杈和木鍁的作用是在莊稼脫粒後，用杈挑取長的麥秸或稻草，將混雜着的穀粒、穀殼、莖葉碎片和塵屑等聚積成堆；然後用杈、木鍁把穀物迎風揚起，向風而擲之，借自然風力使糧食與雜物分離。一般先用四齒或五齒杈挑取較長的堆積物，次用六齒杈，最後用木鍁鏟取較細者，直到揚淨為止。至於一些帶殼的糧食或同穀粒重量相似的雜物，則用簸箕或形如簸箕的簁籃等上下簸動，把穀物和雜物等分開。一般前者需男人持杈、木鍁操作，簸箕、簁籃則適合於婦女。杈和木鍁在河西的應用很早，嘉峪關魏晉墓壁畫就有用杈揚場的情景，1986年在敦煌飛機場發掘的一座魏晉墓壁畫中也有用杈揚場的畫面。杈、木鍁、簸箕等揚場工具不同的用處在敦煌壁畫中可以很形象地看出來。中唐第186窟的揚場情景為：一婦女端簸箕揚簸，一男子持杈揚場，一人持掃帚掠掃。中唐第240窟的場院畫面為：一男子持連枷在攤開的糧食上輪打，另一男子持五齒杈揚場。揚出的糧堆前一婦女雙手端簸箕揚簸，旁邊另有一小堆糧食。另有一人持木

鍬揚場。五代第61窟的場院情景為：一男子持木鍬在一堆糧食前揚場，另一堆糧食前，一婦女正雙手端簸箕往下傾倒揚簸已淨的糧食，另一男子持掃帚在糧食上掠掃。敦煌遺書《彌勒下生經》白描畫中有男人用四齒、五齒、六齒杈揚場圖。這三種杈沿用至今，仍是甘肅河西走廊農民揚場的主要工具。

敦煌壁畫中出現的掠掃工具全是掃帚，這種掃帚是將芨芨草用鐵鉦箍紮在一根長木把上做成的。芨芨草是一種野生植物，甘肅河西走廊各地山野、荒地、地埂至今仍有生長，安西、敦煌較多，其稈子可用來紮掃帚，如用木榔頭敲軟則可用來搓繩。唐代以後的幾十幅彌勒經變，在描寫羅剎鬼掃街的場面中，都畫一個僅穿短褲的男人持掃帚掃街。在部分法華經變的"院落馬廄"中也有持掃帚清掃場院的畫面。

在敦煌壁畫中還有糧食裝袋、歸倉場面，以及斛、斗、升、口袋等工具。除此之外，還有牛衡、牲畜挽具及木工工具。壁畫中出現的生產工具在敦煌遺書中大都有記載，如在一些寺院財產登記簿、民間分家文書、借貸憑據、契約、派遣差役等文書中就出現了幾十種農業生產工具和日常生活用品，它們大多與壁畫相吻合。

敦煌及整個西北地區的城鎮鄉村，很早以前就懂得打井來解決人、畜的飲用水問題，並應用桔槔技術來提水。敦煌壁畫為我們保存了古代水井的形象資料，較早的水井繪於北周第296窟和隋代第302窟福田經變。《佛說諸德福田經》宣揚要廣施福田，做七件積德行善的事，其中第六件是"近道作井，渴乏得飲"。壁畫對該經作了生動、詳盡的描繪，反映了6世紀絲綢之路上東西交往的風貌。

值得指出的是，這些完美地表現了農業生產工具及耕作技術進步的壁畫，同樣具有相當的藝術性和可觀賞性。如盛唐第116窟的北壁繪着這樣一幅畫面：一塊麥田裏，一個頭戴草帽的農夫，頭頂烈日正蹲在地上持鐮收割；一年輕婦女一手提罐，一手托着右肩上的竹籃，正急急忙忙向地邊走去，還未走到地頭，就呼叫割麥的農夫休息用膳。唐代第205窟繪一男子舉着連枷打場，他的妻子把飯放在場邊，眼巴巴地等着他停下來吃飯，等着等着不知不覺地睡着了。諸如此類的畫面在安西榆林窟五代第38窟壁畫上也可以見到。從以上三個畫面，我們看到的不是"彌勒世界"的所謂"一種七收、用工甚少、所收甚多"和"自然出香稻、美味皆充足"的美妙幻景，而是唐代大詩人白居易在《觀刈麥》中描寫的："婦姑荷簞食，童稚攜壺漿。相隨餉田去，丁壯在南岡。足蒸暑土氣，背灼炎天光。力盡不知熱，但惜夏日長"的情景，真實而生動。

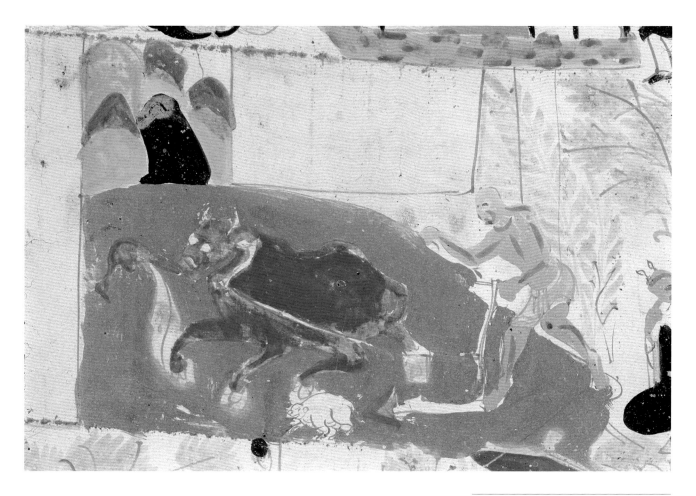

39 一牛耕地

一牛挽雙長轅犁耕地。耕地農民赤裸上
身、穿犢鼻褲，一手扶犁，一手揚鞭。
挽牛用具為曲軛。行走中的耕牛吞食着
長蛇和孔雀。

北周 莫290 西頂

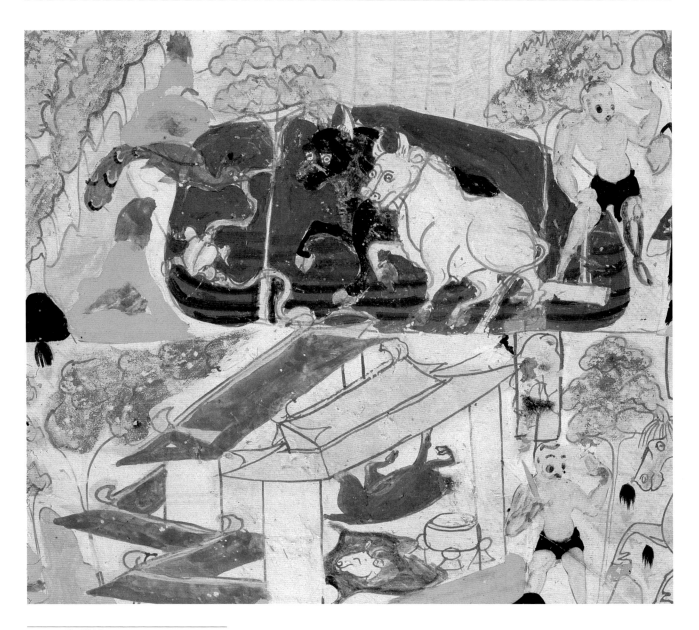

40 二牛耕地

一個赤裸上身，穿犢鼻褲的農民扶單長
轅犁挽二牛耕地。圖的左上部，剛耕過
的沃土上，一隻蛤蟆正吞食小蟲，一條
蛇想吞掉蛤蟆，孔雀飛來，又要啄食
蛇。下邊屋外持刀站立者為屠夫，上身
赤裸，穿犢鼻褲，屋內宰殺了一頭牛，
身首分離，一旁有平鐺燒水。

北周 莫296 南頂

41 大幅的耕地、收割圖

下部一農民挽二牛耕地，一牛脖子上有
類似馬、騾所架的環狀物。上二人，一
人持鐮收割，鐮刀呈"丁"字形，略有
彎度；一人正在捆紮。三人都戴涼帽。
這幅農作圖安排在經變西側的中間，並
且畫面變大，人物突出，佔了長60厘
米、寬50厘米的面積。它打破了敦煌一
般壁畫把農作場面穿插在邊角次要部
位、以簡單的小構圖來表現的格局，不
可多得。

盛唐 莫33 南壁

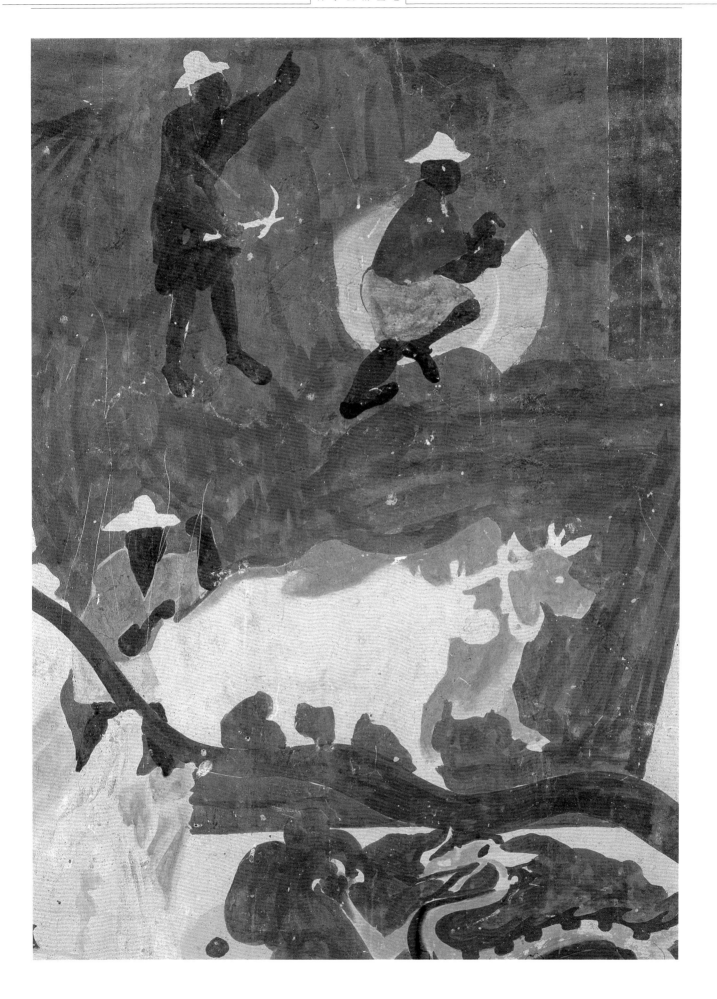

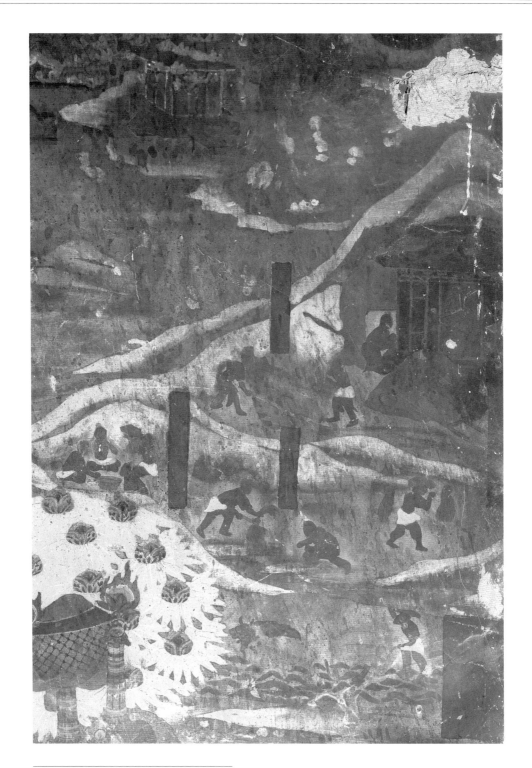

42　曲轅犂

圖右下角一農夫揚鞭挽牛耕地,用的是
唐代最先進的曲轅犂。

圖上部一人彎腰持鐮收割,一人捆紮,
一人挑運糧捆,另有兩人持連枷打麥
稈;揚淨的糧堆上有斗、斛等器具。旁
有四人休息吃飯。圖的右上部有一廳
堂,裏面坐着一位看似地主或收租官吏
的人,另一人跪在前面作稟告狀。

盛唐　莫445　北壁

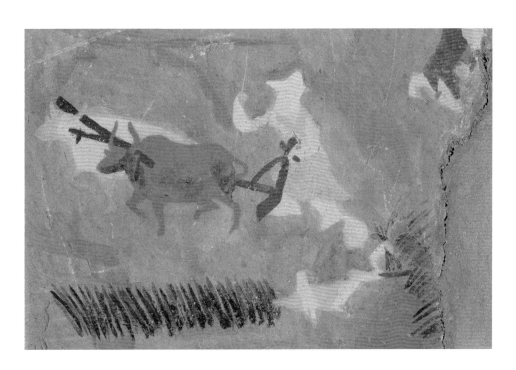

43 紅白二牛犂地

一農民挽紅白二牛犂地,另有一人收
割,一人捆紮,三人均戴涼帽。

中唐 莫361 北壁

44 雨中耕作

左角一人挽二牛在雨中耕地,邊扶犂,
邊揚鞭趕牛。旁邊一人持鐮收割,另一
人捆紮。天上烏雲滾滾,大雨傾盆而
下。

晚唐 莫85 北壁屏風

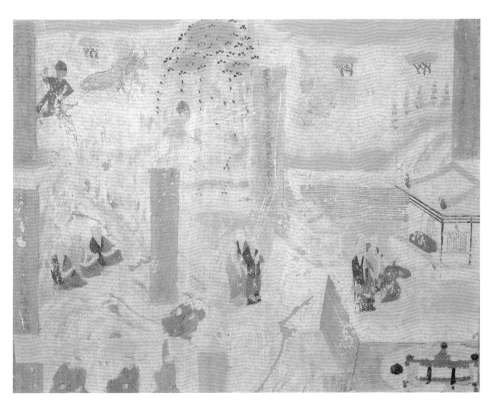

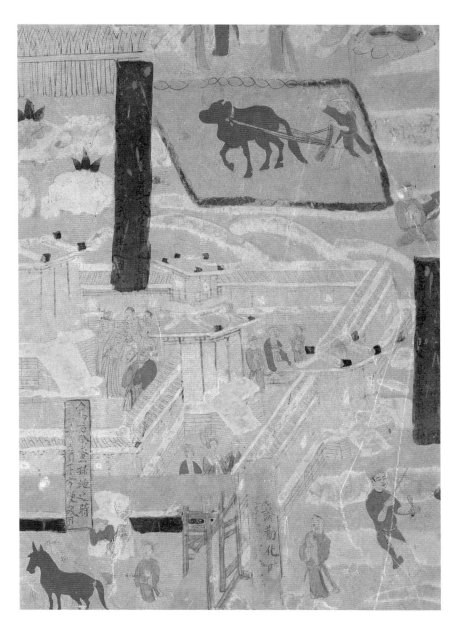

45 挽牛耕地

一農民頭戴涼帽,挽一牛耕地,他一手
扶犁,一手揚鞭。下面一院落,外建馬
廐,一人在清掃馬廐,另一人在草廬內
睡覺。

五代 莫108 南壁

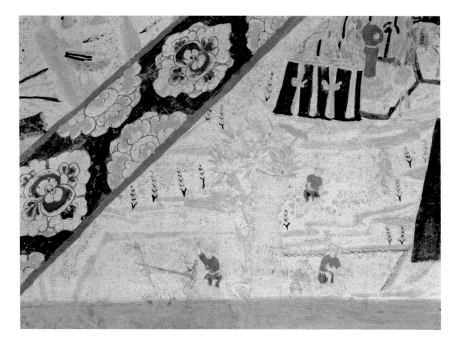

46 農作圖

五代 莫53 西壁

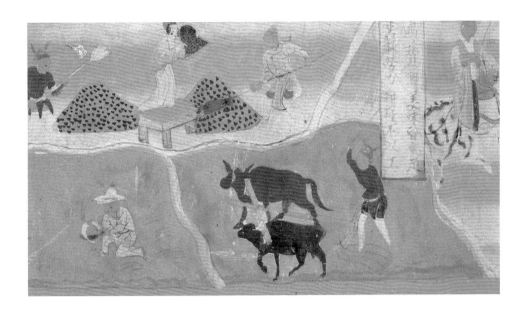

47　農作圖

圖右下角繪一農夫戴軟巾，穿黑色短襯
衫、赤足，左手扶犁，右手揚鞭，驅使
兩牛用直轅單轅犁耕地，兩根牽引繩和
兩牛的連接架非常清楚。左下角地裏，
一農夫頭戴涼帽，身穿白色短襯衫、套
褲、便鞋，握鐮刀收割。

圖上部一男子持木鍬在糧堆前揚場，一
婦女正雙手端簸箕，往下傾倒揚簸已淨
的糧食，另一男子持掃帚在糧食上掠
掃。

五代　莫61　南壁

48　牛環、牛䡋導牛

農夫扶犁，一手揚鞭挽二牛耕地；牛
環、牛䡋用以導牛。這是西夏時的作
品。

宋　榆3　東壁

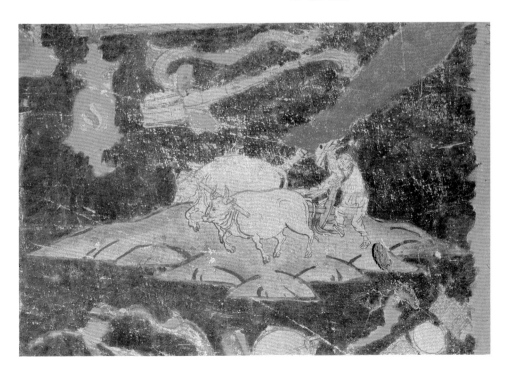

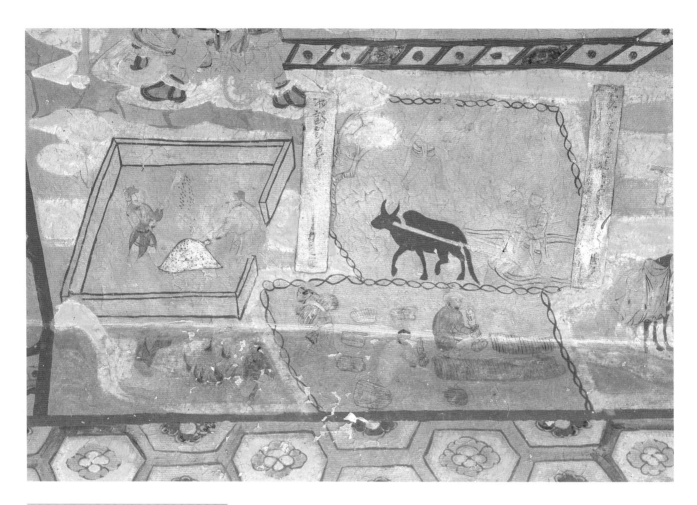

49 三腳耬犂播種

長方形地上一牛牽三腳耬犂播種，地內
還有一人正高舉木榔頭在打碎土塊。耬
犂播種是將種子盛在耬斗中，耬斗通空
心的耬腳，邊行邊搖，種乃落下。

在下部地塊中間有兩人持鐮收割，兩人
身後及左右依次平放着六鋪割下的麥
稈；左上角一人抱一糧捆。四面砌圍牆
的場院中間是打下的糧食，一人正用木
鍁揚場，金黃色的糧食徐徐落下；另一
人持掃帚在糧堆上掠掃。

五代 莫454 東坡

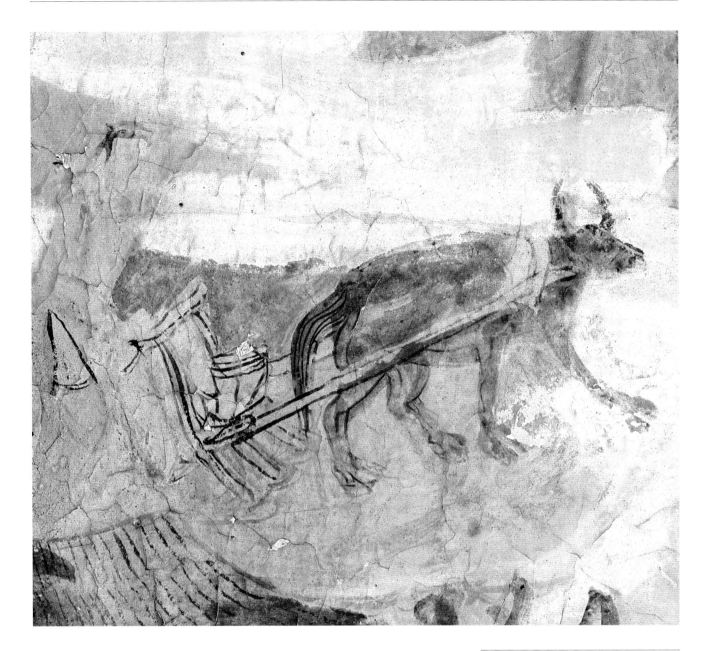

50 三腳耬犂

一農民手扶三腳耬犂，一手揚鞭趕牛播
種。三隻耬腳下清楚地繪出一條象徵鐵
耬腳開溝的線條，耬為雙直轅，轅端有
格，上端有一橫木把手，稍下又有一橫
木。橫木上置一梯形耬斗。耬斗與下部
的耬腳有構件相聯。

五代 莫454 南坡

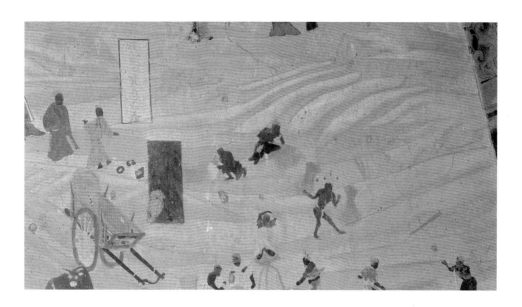

51 收割、挑運、打場

該圖描繪了從收割、挑運、打場到裝袋
入倉的詳細情景。畫面右側繪一男子持
鐮收割,一男子紮捆,另一男子用槎子
挑着莊稼,往場院運送。場院裏,兩男
子持連枷對打。糧堆旁一婦女站在三腳
高凳上用簸箕簸揚,一男子持掃帚在糧
堆上掠掃,另有二人在糧堆上用木斗裝
袋,旁邊有卸着的車和臥着的牛。

盛唐 莫148 南壁

52 連枷打場

一塊小場地上放着麥捆,鋪有麥稈,一
壯年男子舉着連枷,在吃力地打着麥
稈。妻子把盛飯的罐放在場邊,坐在場
邊休息。

元代王禎《農書》對連枷的型制、尺寸
大小及用料講得很清楚:"連枷,擊禾
器⋯⋯其製用木條四五莖,以生草編
之,長可三尺,闊可四寸。又有以獨挺
為之者。皆於長木柄頭造環軸,舉而轉
之,以撲禾也"。從圖形來看,當時的
連枷已由魏晉壁畫中的單棒枷發展成相
當完善的連枷了。

盛唐 莫205 西壁

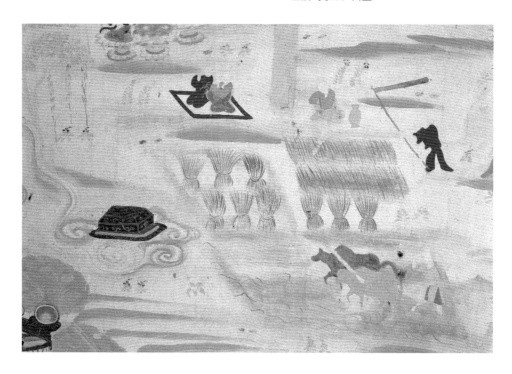

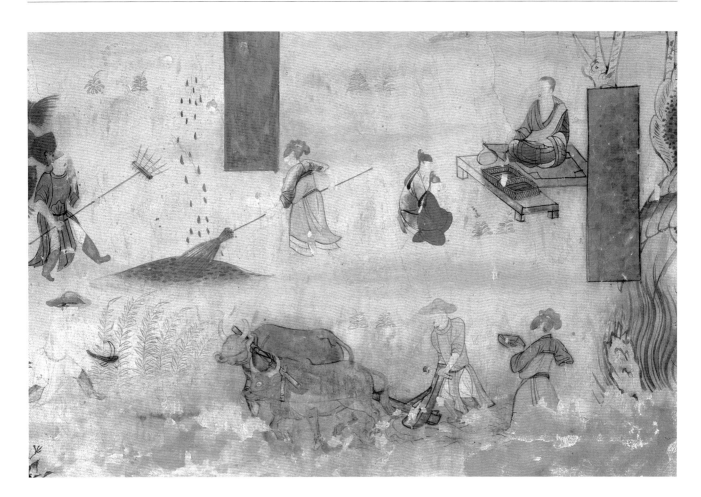

53 六齒杈與掃帚

左上角一人持杈揚場，揚起的穀子迎風
而落，他用的是六齒杈；一婦女持一把
長長的掃帚在糧堆上掠掃。掃帚是將茭
茭草用鐵絲箍紮在一長木柄上做成的。
下部為農耕，一人挽二牛耕地，挽牛用
肩軛，並用牛環、牛彎導牛。一婦女在
後面持籔撒種。

中唐 榆25 北壁

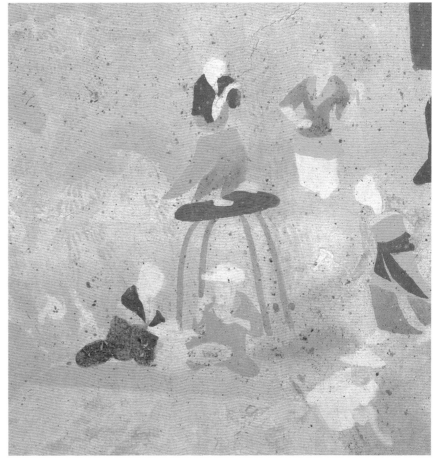

54 端簸箕揚場

一婦女站在四腿高凳上端簸箕揚簸，旁
一男子持木杈站立，一人持掃帚掠掃。
畫面褪色嚴重。

中唐 莫186 北坡東側

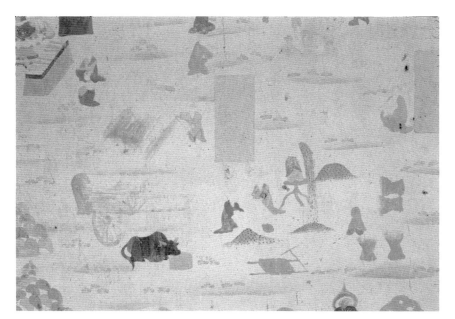

55 打場、拉運

左上角一男子持連枷在攤開的麥稈上打
場。中間位置的一堆糧食前，一婦女站
在三腳高凳上端簸箕揚簸，兩婦女裝糧
袋前的四方形量器，應是木斗或木升。
左下角有卸着的車和站着的牛。

中唐 莫202 南壁

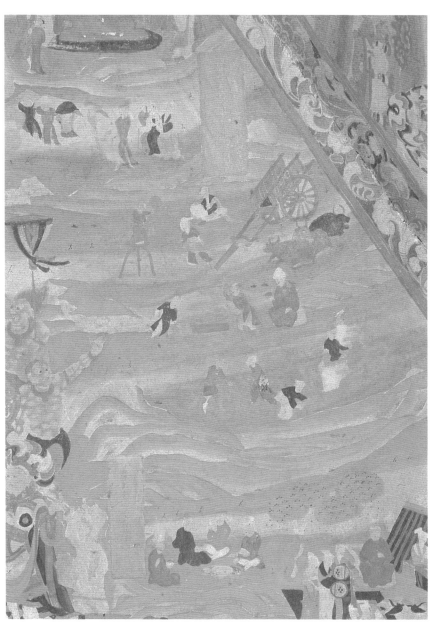

56 收割、打場

此圖表現的是彌勒經變中"一種七收"
的場面：圖的中上部一婦女站在三腳高
凳上用簸箕揚場，一人掃場，旁邊有卸
着的車，車旁臥着三頭牛。下邊兩人用
連枷打麥稈，左邊的放下，右邊的高
舉；後面一長者坐在一方形物上。圖的
下部四人，兩人收割，一人捆紮，一人
站着。

晚唐 莫156 西坡

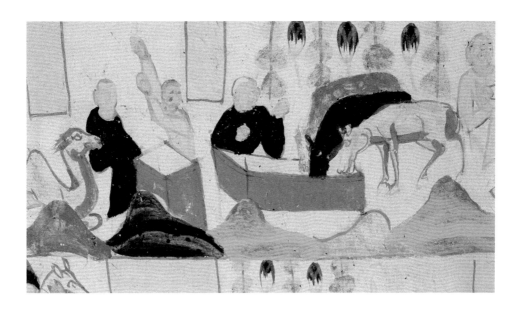

57 水槽

人畜都在水井旁休息，水井的東面畫飲
騾馬、駱駝等情節，馬、騾等在水槽中
暢飲。

北周 莫296 北坡

58 桔槔

中上部一人正在水井邊打水，水井旁有
用木杈支撐的桔槔。

桔槔是採用槓桿原理，把一個橫長桿支
放在豎桿上，橫桿上的一端繫住提水器
具，另一端綁上或懸上一重石。不汲水
時，石頭的一頭重；汲水時，用力把橫
桿下按，使汲水器在井中裝水。向上提
時，因重石下壓，只需用不大的力量，
就能夠把裝滿水的汲水器提起，這樣就
節省人力。

隋 莫419 東坡

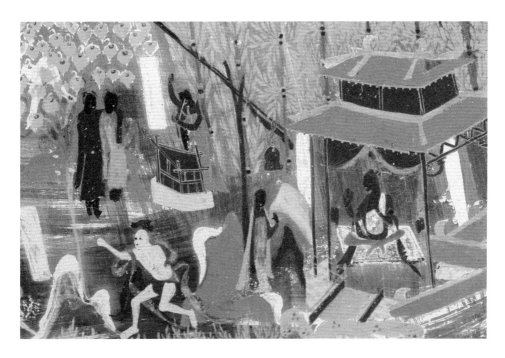

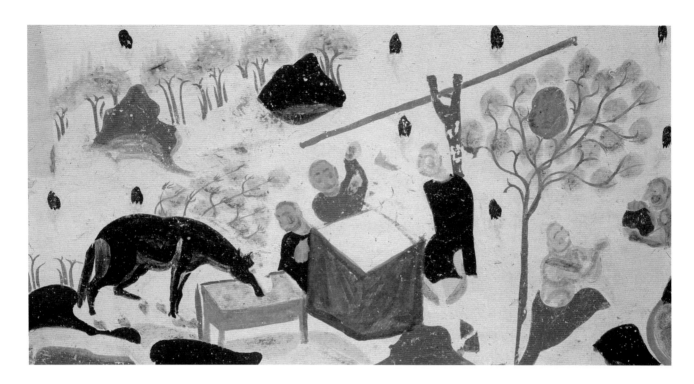

59 桔槔、水槽

井旁豎立一根上有叉的木桿,叉中間安
一根橫木長桿,長桿的一頭挽有水桶可
放入井中,另一頭挽一大墜石,水桶汲
水後可憑借木桿另一頭墜石下垂將水桶
提起,從而節省人力。井邊一匹馬埋頭
在水槽裏痛飲。畫的右下角一人抱着水
罐給索水的人倒水。畫面氣氛輕鬆愉
悦,表現出在乾旱的西北古道上偶遇水
井的活躍情景。水井有井欄,説明當時
已採取保護水井清潔衛生的措施。

隋 莫302 人字坡西坡

第二節　糧食加工及釀造

　　古代敦煌有一批人，他們以一家一戶為單位，從事非農業生產，被稱為家、戶。這些家、戶主要有從事糧食加工的碾戶、榨油的梁戶、釀酒的酒戶等。他們類似我們今天的各類專業戶。正是他們促進了敦煌糧食加工及釀造業的發展，提高了糧食加工與釀造工具的科技含量。

　　唐至元代壁畫中繪製了一些碾戶加工糧食時所用的工具，如足踏碓、手推磨、大石磨等。最早的脫殼加工是手持石桿直接在臼中搗碓，東漢時出現足踏碓，從此足踏碓成為糧食加工的重要工具。四川彭縣太平鄉東漢墓中有以圓木為槓桿、以木杵舂石臼的畫像磚；唐宋時期，則將圓木改為木板，踏板縮短，支點合理，踏者可雙臂扶架，較漢晉時期更加方便、省力、安全。在敦煌壁畫中，五代第61窟“五台山圖”、榆林窟第3窟西夏觀音經變、元代第465窟均繪踏碓圖，第456窟還有用紙寫的漢藏文對照的“踏碓師”墨書題記。通過這三幅不同時代的踏碓圖，可以看出穀物加工工具踏碓的改進和完善。五代第61窟足踏碓的桿板放置在支撐石座的中間槽內；西夏踏碓圖將豎立的支撐石座和木柱改變成能自由活動的軸木，當人踏動桿板時，軸木隨着橫板靈活轉動，從而減輕勞動強度，提高舂米效率；元代的則在扶手架下面置一支撐桿板的橫木。

　　手推磨可以把糧食磨成麵粉，這就改變了先民“粒食”的習慣，是中華民族飲食史上的一大進步。手推磨由上下兩扇石塊組成，穀物由上扇的磨眼徐徐注入後，均勻散開而受壓。用碓舂擊穀粒是間歇性的，磨則是連續加工，所以磨的工效比碓高些。初唐第321窟寶雨經變中有一手推磨，從畫面可以看出，婦女轉動手磨用的是曲柄搖手。所謂曲柄搖手，就是在磨的邊上固定一個與磨面成直角的棒，用這個棒作為把手，來轉動石磨。曲柄搖手應用機械原理，減輕了勞動強度，它是中國的一項重要發明。這種手推磨與1972年在沙州城出土的唐代小石磨大體相同。沙州城即唐代敦煌。歐洲最早使用曲柄搖手是在公元830年。五代第61窟西壁“五台山圖”中繪有兩男子雙手抱磨桿推大石磨。這種石磨與以前中國農村廣泛使用的石磨相差無幾。“五台山圖”描繪的是中原風貌，所以這幅推磨圖反映了當時內地的情況。元代第465窟是藏族畫家畫的“藏密”壁畫，有藏族石匠鑿製石磨的畫面，說明少數民族也使用磨，藏族的青稞麵就是用石磨磨成的。河西敦煌一帶，唐、五代、北宋時期不僅普遍使用足踏碓、石磨，而且大多數莊園、寺院等都在使用科技含量更高的水力磨、碾等工具，以經營糧食加工作坊。敦煌遺書中約有幾十件文獻涉及到敦煌當時水力磨的使用、管理情況。

篩物的用具有簸箕和"籮"兩種。簸箕既用於場院中的揚場，也用於家庭的糧食加工中，如磨米或臼米以及釀酒、釀醋、榨油等，加工作坊都要用它簸淨糧食，以利加工。敦煌遺書記載的"籮"是一種篩麵粉的工具，它是將絲或麻蒙在竹框或木框底部，留下一定大小的孔眼而成的。米、麥等經進一步加工，磨成粉麵後，為使粉粒勻細，就須經過篩的工序。所用的工具就是"籮"，粉麵盛在籮框後，操作者將籮框擱在架上，並用手將籮框來回抖動，較細的粉粒便從籮眼中篩下。這是最簡單的籮。為大規模加工粉麵，提高效率，先民還創置了"腳打籮"和"水擊麵籮"兩種籮。

釀酒是一種工藝複雜、技術要求高的加工業，它的發展歷史為科技史學家所關注。黨項居民多生活在高寒地帶，飲酒可以抵禦嚴寒，因此，釀酒與飲酒是他們的生活習俗。早期黨項人尚未從事農業生產時，為釀酒，竟"求大麥於他界，釀以為酒"。西夏文字典《文海》中有釀酒、做醋及做"黃酒"的記載。榆林窟西夏第3窟觀音經變中對稱地繪了兩幅相同的"婦女釀酒圖"，畫面的灶台上安一套層疊的方形器皿。傳世的釀酒圖很少，反映婦女釀酒的圖更為罕見，因此，這兩幅難得的釀酒圖引起中外科技史學家的珍視。何丙郁和李約瑟把那套方形器皿考證為燒酒蒸餾器，中國科技史學家支持這一觀點。這兩幅畫是至今發現的最早的蒸餾酒繪畫，也比河北承德青龍縣發現的金代世宗時期（公元1161－1172年）的銅蒸餾鍋的時間早，這就為宋代已有蒸餾酒提供了形象的實物證據。

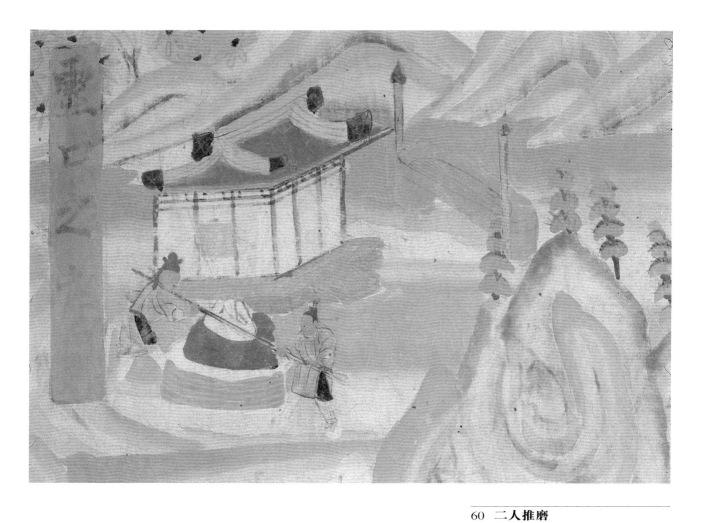

60 二人推磨

兩男子雙手抱磨桿推大石磨。

五代 莫 61 西壁

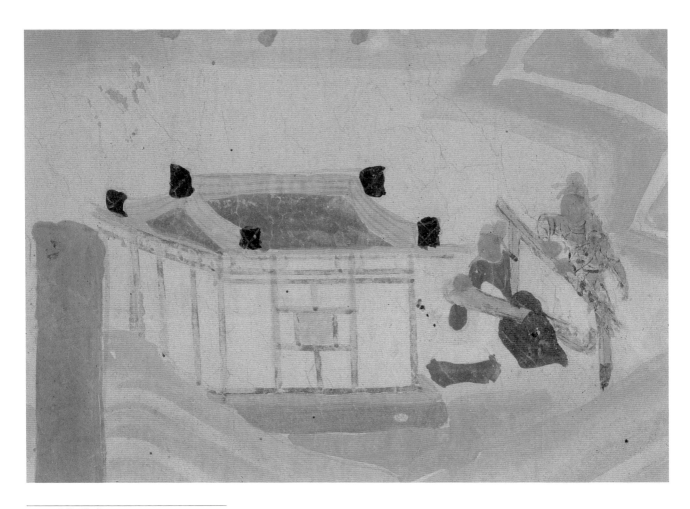

61　五代踏碓

房屋前有兩人舂米，一人用腳踏碓，另
一人添加稻穀，桿板放置在支撐石座的
中間槽內。旁有簸箕等工具。

五代　莫61　西壁

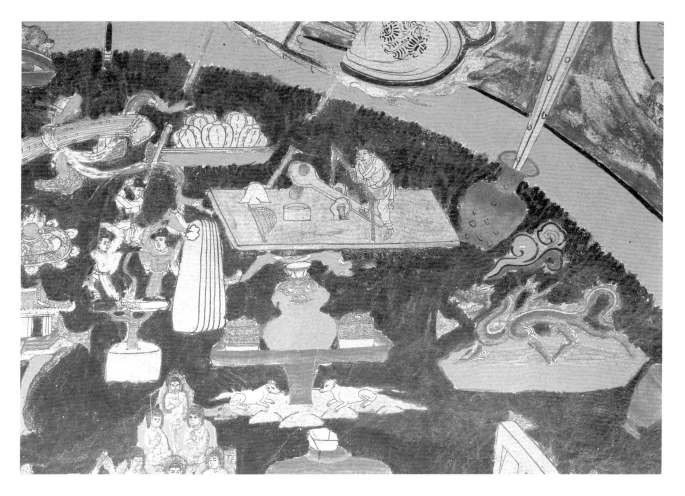

62　西夏踏碓

農夫頭裹布巾，穿交領短衫褲，着麻
鞋，手扶架槓，正用一隻腳踏動桿板舂
米。踏碓使用了能自由活動的軸木，當
人踏動桿板時，軸木隨着橫板靈活轉
動，從而減輕勞動強度，提高舂米效
率。這種舂米器械同中原地區的完全一
樣。石臼旁放置簸箕等用具。圖的左上
部有用盤盛着的瓜果，它是瓜州的特
產。

宋　榆3　東壁

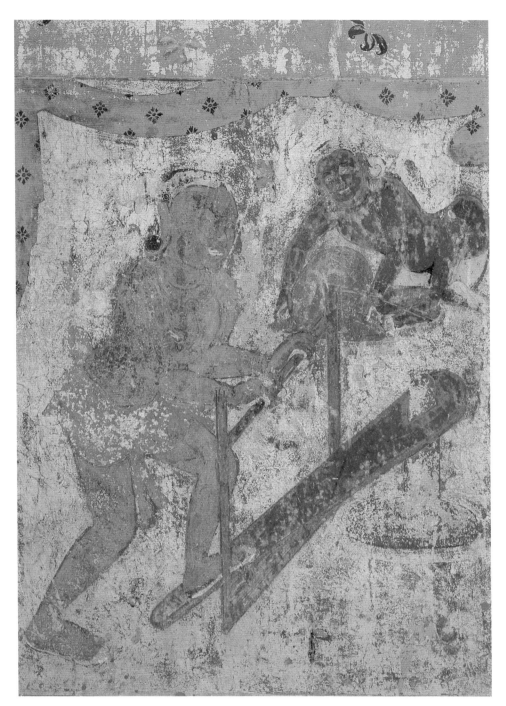
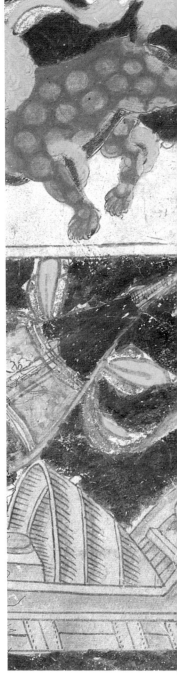

63 元踏碓

一人伏身碓架,手握架桿,一足着地,
一足踏槓桿,正在盡力勞作。踏碓扶手
架下面置一支撐桿板的橫木。另一人屈
膝跪地,上身前傾,在碾米。
側旁貼有用紙寫的漢藏文對照的"踏碓
師"墨書題記。
元 莫465 南壁

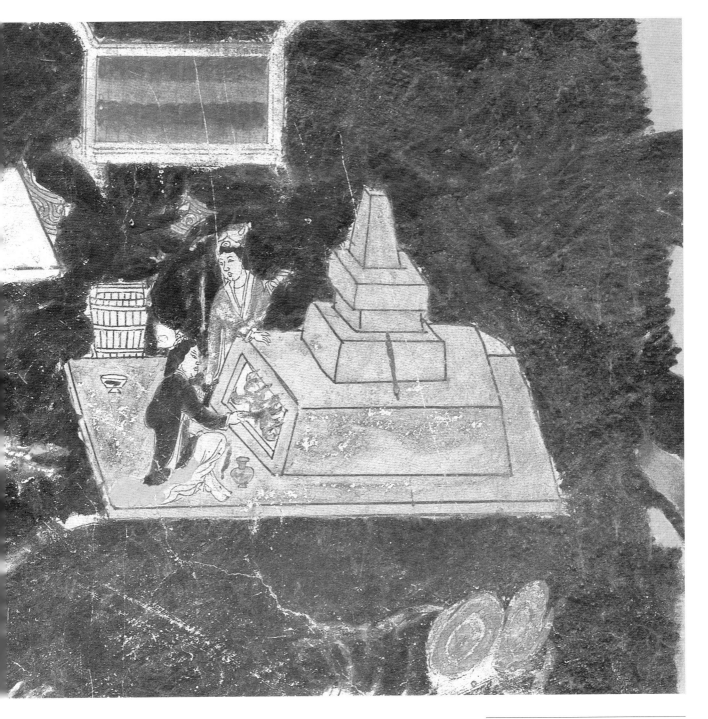

64　釀酒

畫面中央畫一灶台，上安一套層疊覆壓
的方形器皿。科技史學家對此詳加考
證，認為該器皿應是用於蒸餾的蒸餾
器。

灶台邊有兩名婦女，一人蹲在灶前添
薪，手中拿着吹火筒，爐堂內火焰熾
烈，灶台頂部的煙囪冒出滾滾濃煙；另
一人右手端着碗，正在與添薪者交談，
像是品嘗過後評說新酒的優劣。地上放
着木水桶、酒壺、高足碗、貯酒槽等。

宋　榆3　東壁

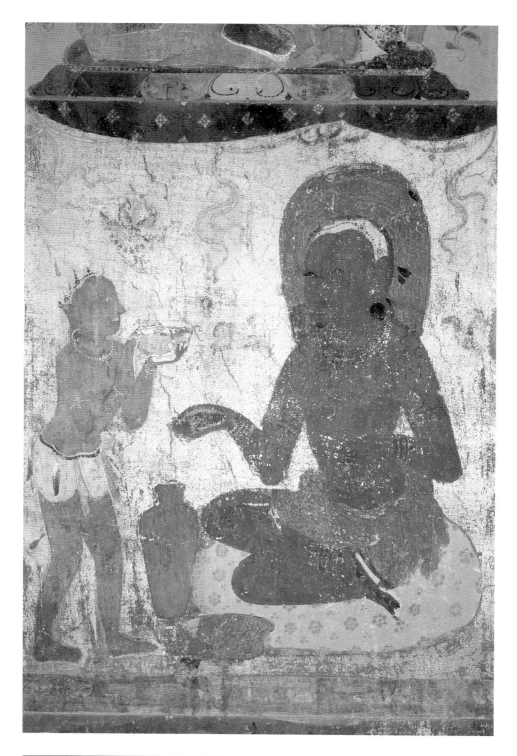

65 少數民族敬酒

一人坐於圓毯上，伸手去接侍者雙手敬
奉的酒碗，身旁放着陶製酒瓶和盆。
元 莫465 北壁南側

第三節　馬鐙挽具與牲畜飼養

　　與畜牧業相關的生產活動及科技應用在壁畫中也有反映，如牲畜飼養、狩獵、屠宰、馴虎、煮牛奶、製皮、造鞍以及院落馬廄等。北周第296窟、隋代第302窟的福田經變，隋代第420窟的法華經變的觀音普門品中都繪有商旅圖，其中不僅有打水飲馬、騾、駱駝等的場面，而且繪出了給馬蹄釘掌、給病駝灌藥的壁畫。

　　在漫長的旅途中，牲畜是最重要的運載工具，為此要愛惜牲口，到一定時期就要給磨損了的馬蹄釘掌。中國蹄鐵究竟始於何時，尚無確證，一些學者以唐詩中的"鐵馬春冰響"和宋代陸游《十一月四日風雨大作》中的"鐵馬冰河入夢來"等詩句來說明唐代有蹄鐵。但有人認為這是馬披的鐵甲，而不是蹄鐵。敦煌隋代第302窟壁畫中的釘馬掌圖，為中國早期應用蹄鐵提供了極有價值的新線索。

　　馬鐙是騎馬時踏腳的裝置，懸掛在鞍子兩邊的皮帶上。馬鐙出現之前，騎馬是一樁苦差事。當馬飛奔或騰躍時，騎士只好雙腿夾緊馬身，同時用手緊抓馬鬃，才能防止跌落馬下。陝西霍去病墓前伏牛石刻上的鐙，可說是世界上最早的鐙的形象。青海省互助土族自治縣東漢墓出土的青銅飾牌上馬腹下的方馬鐙，為漢代已有馬鐙的又一例證，足可證明中國北方遊牧民族至遲在公元1～2世紀就在使用馬鐙。敦煌石窟北周以來的壁畫描繪了騎馬者使用馬鐙的形象。北周第290窟佛傳故事描繪太子出走後，馬夫牽馬回宮的場面，兩匹馬上就備着馬鞍與馬鐙。五代、宋壁畫對馬鐙描繪得更多。五代第100窟曹議金夫婦出行圖有騎者腳踏馬鐙的形象，從不同的角度描繪了馬鐙。馬鐙均為三角形，腳踏的底部為橢圓形，體形較大且比其他部位厚，說明當時馬鐙已很科學，騎者腳踏上去很穩。

　　馬鐙由遷徙到中國的一個土耳其部族傳到西方，然後傳到羅馬帝國，最後傳遍歐洲大陸。受到中國的影響，8世紀初期西方或拜占廷出現了馬鐙。中國科技史的研究者李約瑟認為，只有極少的發明像馬鐙這樣簡單，但卻在歷史上產生了如此巨大的催化影響，就像中國的火藥在封建主義的最後階段幫助摧毀了歐洲封建制度一樣，中國的馬鐙在最初幫助了歐洲封建制度的建立。正是中國人發明馬鐙後，才使中世紀的歐洲進入騎士時代。

　　中國比較突出的科技成果還有挽具的發明和使用。給牛上挽具比較容易，因為牛頸椎骨的隆起形成隆肉，它可以抵住軛具。但是馬、驢和騾等生理構造與牛的不同，它們沒有頸椎骨隆起，故不易上挽具。隨着肩套挽具和胸部挽具的出現，人們得以有效地控制馬、驢、騾，使其發揮拉力從事生產與運輸。李約瑟認為中國是唯一解決了給馬科動物上挽具問題的古代文明國家。挽具技術的發明,西方比中國晚大致 6～8 個世紀。他所列舉的 26 項從中國向西方傳播的機械和其他技術中,第 11 項就有肩套挽具。

歐洲的肩套挽具最早出現於 10 世紀早期,在中國,肩套挽具的使用則早得多,敦煌石窟 5 世紀末期和 6 世紀初期的壁畫為此提供了確鑿的證據;從這個年代到 9 世紀之間,在千佛洞中有更多使用肩套挽具的壁畫。北魏第 257 窟西壁的"九色鹿故事"是莫高窟最早的馬車圖,其中王后所用馬明顯畫出肩套挽具。北周第 290 窟佛傳故事在"神送寶車"情節中,繪一輛裝有車蓋、掛牙旗的馬車;在"聘娶二妃"情節中,兩女子共坐一輛馬拉輀車。這兩輛馬車的馬都有環形肩套挽具,但馬車的"輈"沒有畫出。這些車顯然只是一種"示意圖"。晚唐第 156 窟畫的肩套挽具十分真實,在車轅之間,有材料充填的肩套和一個輈狀橫槓放在上面,而且肩套的口是向上開的,這些都和現代農用馬、騾、驢的使用方法相同。唐、五代時期法華經變的"院落馬廄"外有一些馬車,馬都有肩套挽具。同時期勞度叉鬥聖變壁畫中,卸轅的車前有備肩套的馬,這在晚唐第 9 窟、五代第 146 窟等窟內均可看到。尤其有意義的是,現在甘肅省和整個中國北方地

區仍在使用肩套挽具,它包括兩部分:環形墊和一種放在前面的木框架,並用繩子將其附接於車轅的兩端,這是古老的橫槓"軛"的發展,

馬廄是農家喂養馬、騾等牲畜的場所,它集養護、積肥為一體。敦煌古代文物為我們保留了古代西北地區的馬廄形式及其與住宅等建築的關係。通過敦煌郵驛遺址懸泉驛,我們可以看到漢代馬廄的結構。懸泉驛西半部塢壁建築物,塢內依西、北壁建有房舍 3 組 12 間,內含一個套間;馬廄位於塢院南牆外依牆搭建,由東、西兩部分構成,靠東一組前、後 2 間,前間大,後間小。靠西為一大通間,與西南角樓相連。牆基寬 0.5 米、殘高 1 米。用土坯砌築,廄內殘留部分木樁,堅硬的馬糞土層最厚處達

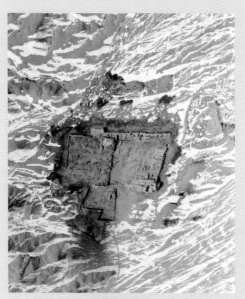

懸泉驛遺址

0.5 米。其上部均勻地堆積 0.5 米厚的鬆軟的草木灰。通過這些建築物我們不僅基本搞清了塢牆的形狀、結構和塢內建築的整體佈局，而且也知道古代驛站的馬廄一般設置在塢內或外部的牆側旁，與住宅連成建築物整體。這類建築在敦煌漢代玉門關漢長城烽燧附近也有，馬廄的設置也大致相同。

敦煌石窟唐、五代、宋時期的法華經變中大都繪有院落馬廄，不僅詳細繪出馬圈在家庭院落中的位置、形式，而且還描繪出割草、往馬槽中加草料、清掃馬圈等細節。廄院都附建在住宅一側，由夯土牆圍成。夯土牆牢固、結實，既能夠抵住牲畜的碰擠，又能夠抵禦風雨。有的廄院又用開有券洞門的夯土牆隔成前後二院。廄院後部畜馬，前部住奴僕，無屋，或只搭建"蝸牛廬"供奴僕棲身。這種將奴僕和牲畜都放在主要宅院以外的做法，古來常見，稱為外廄。例如晚唐第 85 窟的院落馬廄，馬廄分為前後院，馬夫住宿的地方就是院中的草廬。晚唐第 459 窟北壁下部馬廄內繪馬四匹，一人雙手拿簸箕準備加草料，另一人拿掃帚清掃。五代第 61、98、454 窟的院落馬廄圖也大致相同。由於是鳥瞰，房屋的佈置和室內人物等的活動情況都能一一表現出來，具有濃郁的生活氣息。嘉峪關魏晉墓壁畫也畫有在塢壁外供奴僕居住的廬帳和牛馬豬等牲畜

的畜欄。在敦煌壁畫中有的馬廄不分前後院，草廬位於大門內側牆角，馬槽位於後牆或廄中間。榆林窟五代第 38 窟前室東壁南側的法華經變中的馬廄圖，長方形馬槽就在馬廄中間。在幾十幅法華經變的"院落馬廄"畫面中，不僅繪了馬在馬槽內吃草料，飼養人員添加草料等場面，而且還有清掃庭院、打掃馬圈的場景，給人一種馬肥牛壯、場院清潔的舒適感覺。

敦煌社會經濟文書中記載了古代敦煌地區農戶的馬廄草院，如《令狐大娘牒》是吐蕃佔領敦煌時期的一件文書，它敘述令狐氏的"尊嚴翁"與鄰居張鷺關於房舍糾紛的訴訟。由這件訴訟文書可知，當時的馬廄大都在住宅院內，一般在住房院內邊角處建旁舍草院養牲畜，也可以小旁舍替代。壁畫表現的與文書所載一致。

當然壁畫所表現的牲畜飼養的內容是非常豐富的，如壁畫中也有牛圈，第 55 窟"彌勒經變"的農作圖右上角畫一座牛圈。畜草加工工具見於第 61 窟"五台山圖"，有兩人用鍘刀鍘草的場面。五代第 261 窟院落馬廄的外面，繪一穿紅袍的人，頭上頂一筐，雙手抓扶，應是馬夫割草歸來。但這種頭上頂物的習慣在西北地區很少見，在壁畫中也不多。第 420 窟的給病駝灌藥圖則是畜牧獸醫方面的珍貴資料。

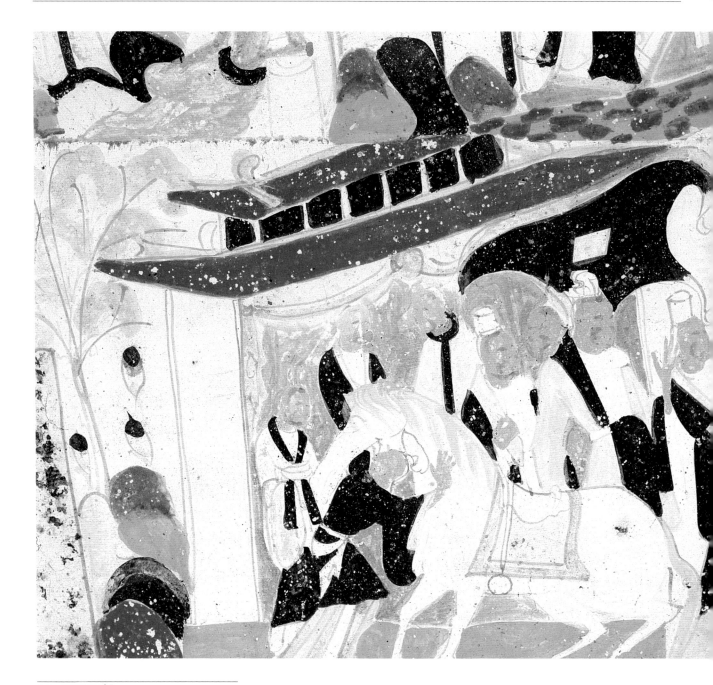

66　圓形馬鐙

這是佛傳故事"車匿還宮"的一個畫
面，悉達太子出家了，車夫車匿帶着太
子的寶冠、衣物，牽着馬回到王宮。馬
匹上備着毯、鞍與馬鐙。馬鐙呈圓形。
北周　莫290　人字坡西坡

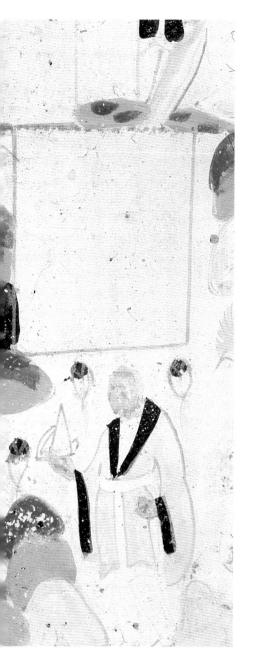

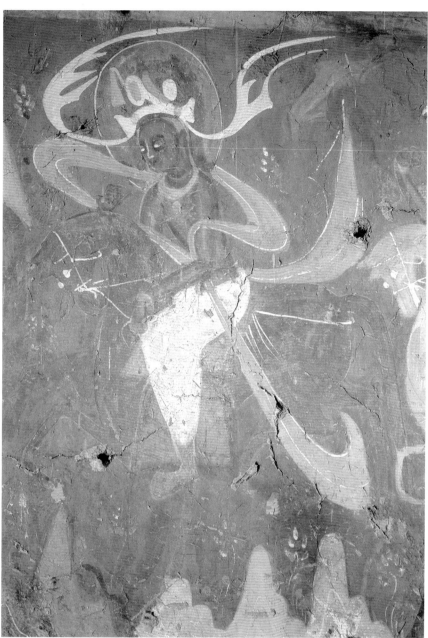

67 挽具

馬的肩套挽具非常清晰。籠頭、肚帶、
牽繩齊備。馬挽具包括挽繩、肚帶等，
是馬、騾、驢等馬科牲畜所必用的。
北魏 莫257 西壁

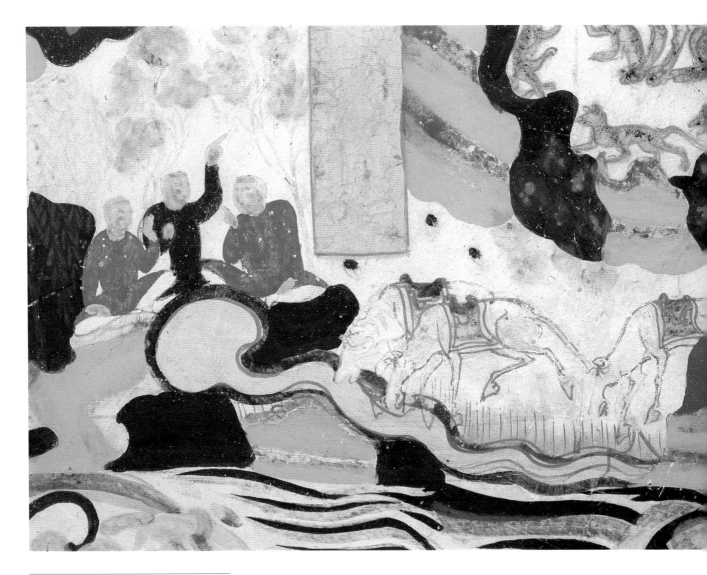

68 備鞍的馬

圖中三匹馬都備着毯、鞍與馬鐙。

北周 莫301 南坡

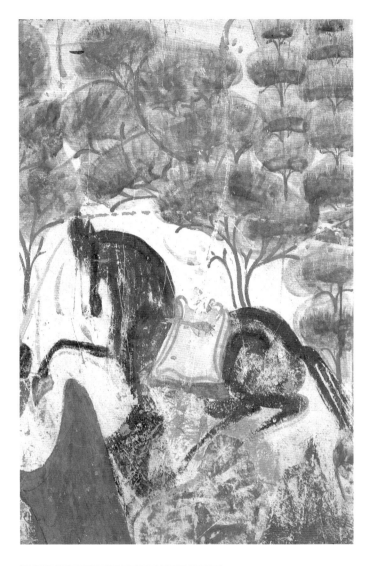

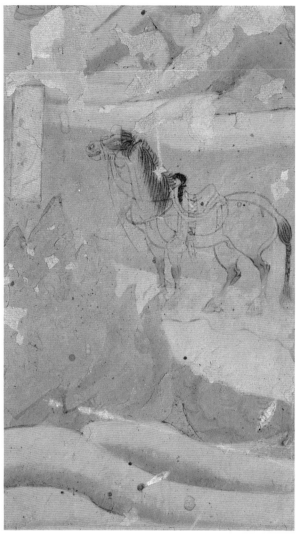

69 備鞍的馬

北周 莫428 東壁

70 馬鞍、馬鐙

馬上備着馬鞍與馬鐙。籠頭、肚帶、
鞍、鐙等很清楚，鞍子用皮帶扣緊，馬
尾編成辮狀。

唐 莫154 南壁西側經變東側條幅

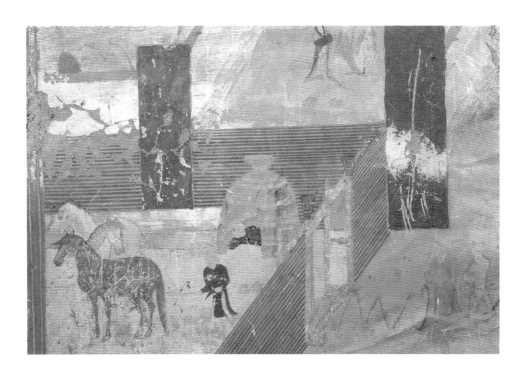

71 有草廬的馬廄

中唐 莫237 南壁

72 分為前後院的馬廄

這是一座富豪之家。院落左側有馬廄，分為前後院，前院有一個草廬，應是馬夫住宿的地方，一人躺臥在地上。後院畜廄內有人正在餵馬和清掃。馬廄高而結實。

佔主體的方形院落正面為二層樓閣式的大門，院中有二層樓閣，似為主人住處。院落四周均為住房。

晚唐 莫85 南壁

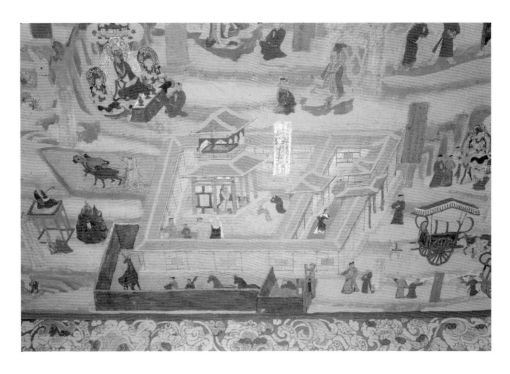

73 馬圈

一方形土牆，正面開門，圈內4匹馬；下有三人，二人舉手上指，表示“如乾城幻等”。

晚唐 莫85 東坡

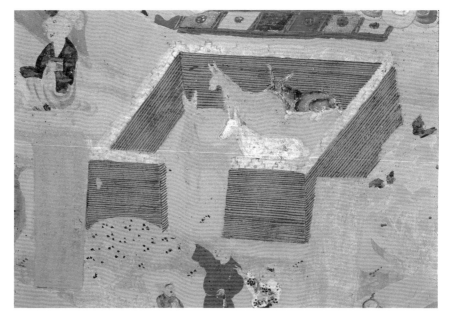

74 馬廄

圖的左下角有一院落，院牆均以夯層繪出，院內有三匹馬，還有一人，正在睡覺。

五代 莫6 南壁

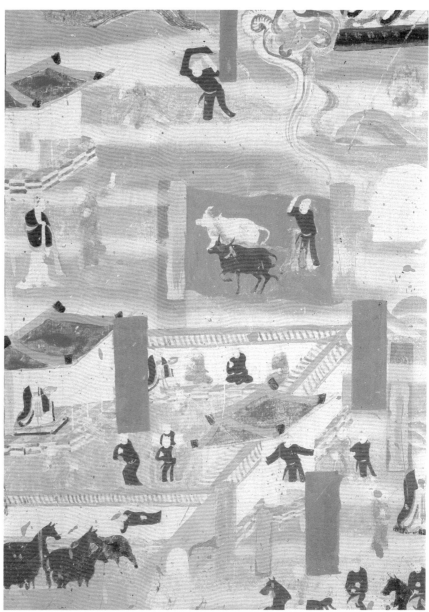

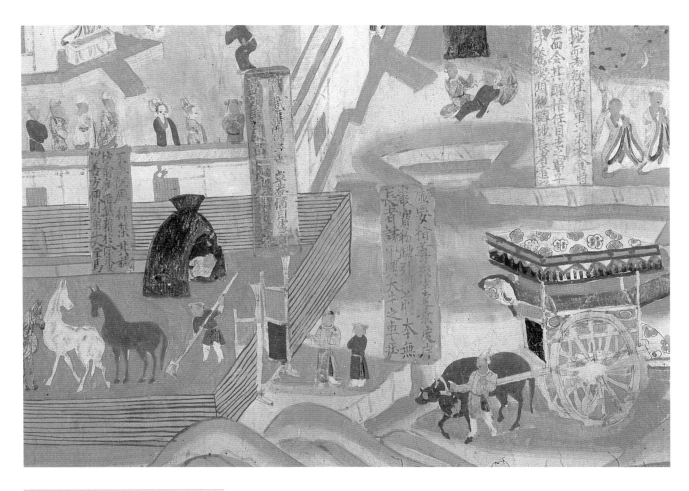

75 清掃馬廄

馬廄內有一草廬，一人持掃帚清掃。

五代 莫61 南壁

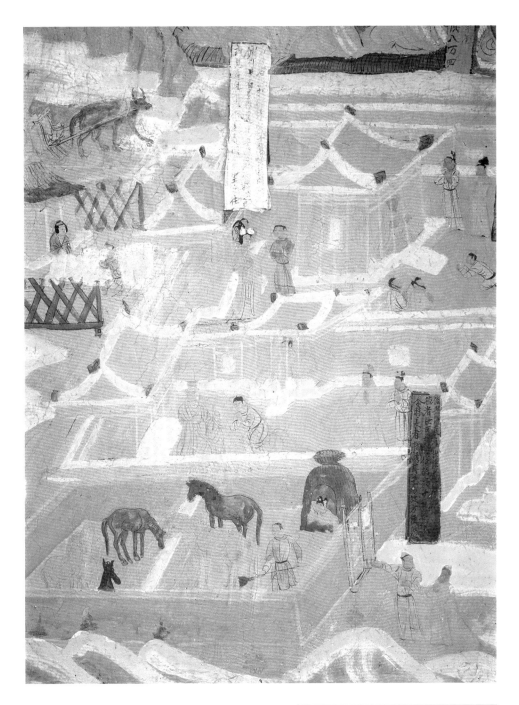

76　馬槽位於中部的馬廄

位於圖下部的馬廄單獨有門，一角有草
廬，內一人休息；馬槽位於中部，馬匹
在馬槽兩面均可吃草料；一人持鐵鍬在清
理。

五代　莫454　南坡

77　馬廄　　　　　　　　見下頁 ▶

馬廄分前後院。馬在後院；前院有人在
準備飼料和清掃，院中有草廬。院外有
兩人背着草捆。院牆均以夯層繪出。

五代　莫98　南壁

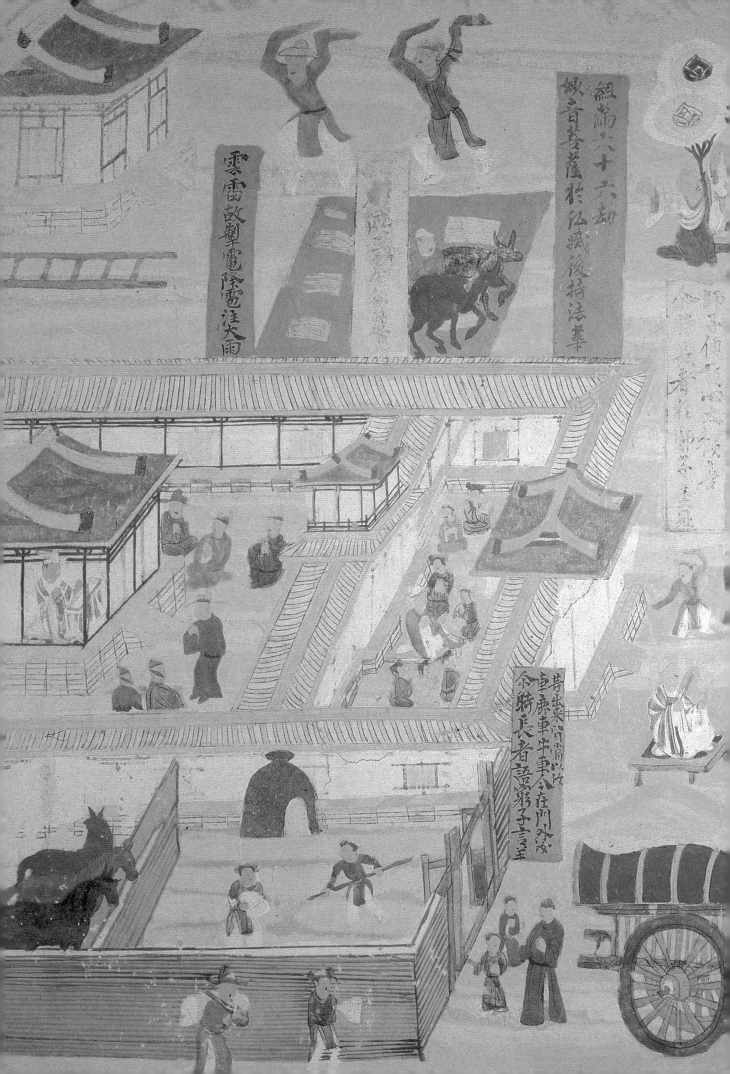

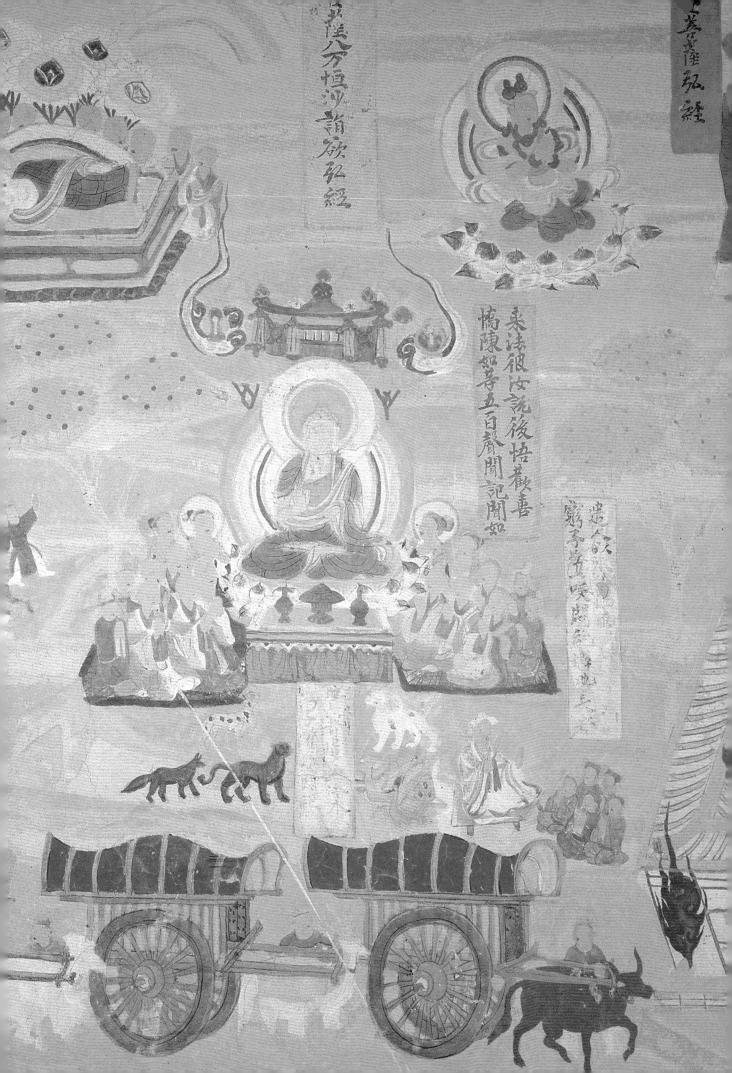

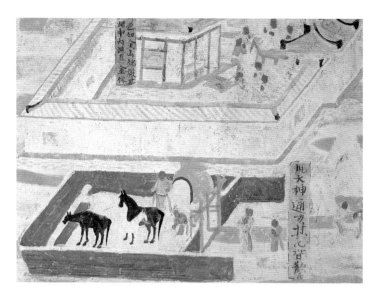

78　馬槽靠牆的馬廄

馬廄在院落外，較小，馬槽靠後牆；門
內牆角有草廬，門外有兩人，其中一人
正在清掃。

北宋　莫55　窟頂南坡

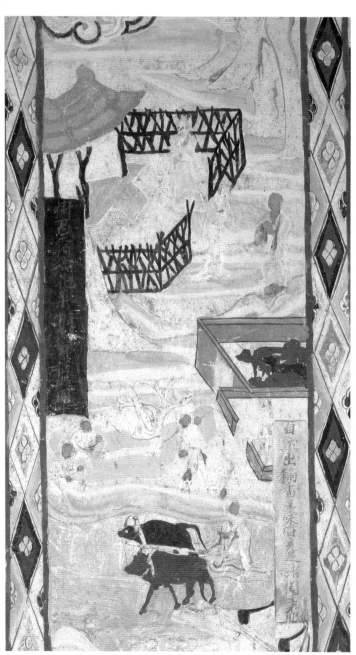

79　牛圈

農作圖右上角有一牛圈，四面有圍牆，
一面有門，圈內有牛；相聯的另一間也
是四面有牆，一面有出入口，內有一
人。

北宋　莫55　南壁

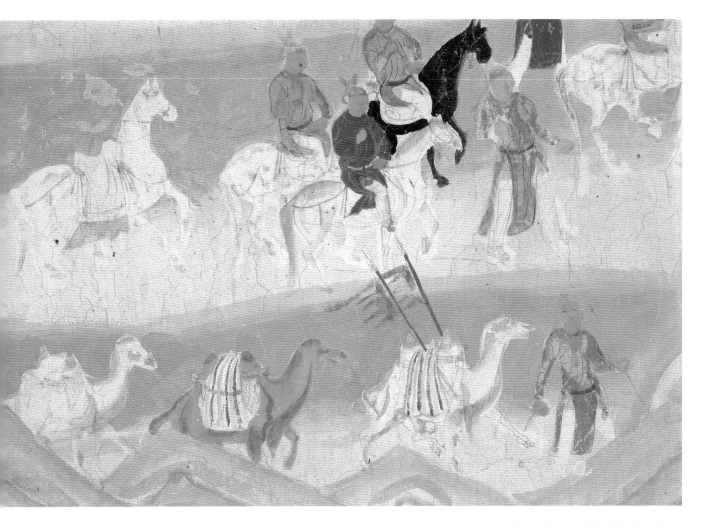

80　駱駝載物、驢馱子

五代　莫61　西壁

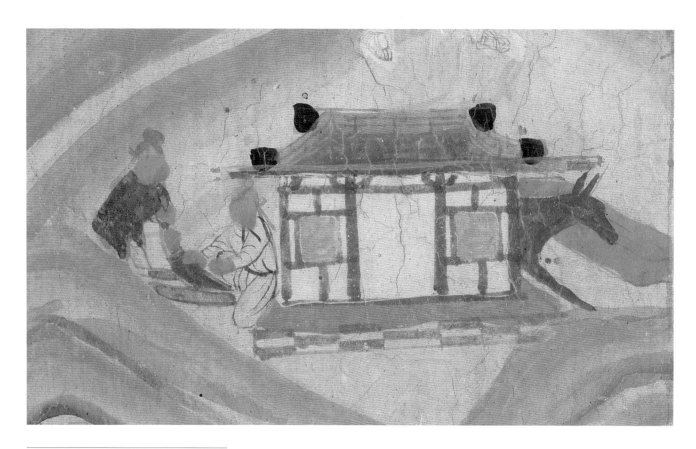

81 磨鍘刀

一棟小房,正面開有一扇門兩扇窗。小
房左側一人雙手握鍘刀正在磨;因鍘刀
的刀體較大,所以另一人在旁邊給磨石
淋水,以提高磨刀效率。小房右側橫置
一馬槽,一匹馬正在吃槽內的草料。

五代 莫61 西壁

第四節 遊牧民族的生產活動

敦煌以至河西地區自古就是西北遊牧民族的生息之地。霍去病擊敗匈奴之後，漢武帝建立武威、張掖、酒泉、敦煌四郡，漢族開始統治這一地區，但胡漢雜居，亦農亦牧。其後千餘年，政權更替，少數民族如鮮卑、吐蕃、回鶻、黨項、蒙古等族曾先後統治過這一地區。這些民族大都信仰佛教，他們在古敦煌郡內造窟不斷，既留下各民族的人物形象，也留下反映其生產科技發展水平的資料。透過這些珍貴的資料，我們可以看到西北少數民族生產技術的不斷進步的足跡。

敦煌石窟壁畫中有許多少數民族從事畜牧業生產的畫面。如西魏第285窟少數民族人物像，畫中人物戴氈帽，穿褲褶，腰束革帶，掛着水壺、繩子、打火石、小刀等生活用具。有的腦後垂小辮。榜題上有滑黑奴、殷安歸、史崇姬等胡姓。這些人中大量的是鮮卑族。畫中表現的畜牧業生產活動有狩獵、馴馬、放馬、放牛、養鴨、製皮、製鞍等。西魏第285窟表現的狩獵活動，有射虎、追羊、殺野豬、射野牛等。北魏第249窟的狩獵圖也極為生動，如北坡繪一獵人在飛馬背上拉弓轉身射向猛撲過來的猛虎，另一獵人正騎着快馬追逐三隻奔馳的黃羊；一頭野牛因發現獵人而驚慌逃竄；還畫一頭野母豬帶領一羣豬仔出來尋食。北周第290窟有表現胡人馴馬

的生活場景。五代第346窟一射手頭裹紅巾，濃眉大眼，高鼻八字鬍髭，腳穿尖頭長統戰靴，胡跪緊拉弓弦，準備放矢，把驃悍善射的西北民族射手刻畫得十分逼真。第85窟所繪狩獵者，有的以鷹為前導，有的握斧牽狗，有的持弓背獵物，還有的回頭呼喚獵狗，是莫高窟現存中唐至宋九幅"狩獵圖"中最生動的一幅。

唐中期，敦煌一度為吐蕃所佔領，第159窟就是這一時期修建的洞窟。此窟法華經變中的農民着吐蕃服，這種藝術形象出現在吐蕃統治時期的繪畫中並不奇怪。王建《涼州行》就有描述蕃人從事耕種的情形："蕃人舊日不耕犁，相學如今種禾黍"。王建的詩是形象的記錄，敦煌壁畫則是逼真的寫生畫，它表明唐時吐蕃人廣泛接受漢文化，已經掌握農耕技術。奶製品一直是西北少數民族的主要食品，敦煌壁畫中描繪了擠牛奶和煮牛奶的實況。在盛唐、中唐、晚唐及五代多個洞窟中都繪有生動的擠奶圖。

宋時的西夏借鑑漢族較為先進的生產技術，農業取得一定的成就，生產技術水平與宋朝差不多。西夏人使用的農業生產工具，據《文海》記載，有犁、耙、鐮刀等，《番漢合時掌中珠》則記有犁、鏵、鋤、耙、鐮、鍬、鑊等。這些農具均由木柄鐵器構成，與宋朝農民所

用生產工具基本一致。榆林窟第3窟西夏
"觀音經變"是敦煌石窟描繪現實生產活
動的精品,有耕作、釀酒等生產情景和
各類工具、器物等。這些圖像真實反映
了西夏王國的生產、生活風貌,特別是
其中的耕作圖、足踏碓、釀酒圖等,是
研究西夏科技發展的珍貴資料。

　　蒙古族建立元朝,漢族的農業與手
工業生產技術被許多少數民族所吸收。

第465窟對此有生動的描繪,它是元代西
藏薩伽派密教傳入河西的"藏密"代表
窟。這個洞窟的四壁下部繪有60多幅人
物畫,其中反映當地人生活和手工活動
的有捻線、織布、製靴、製皮、打鐵、
製陶、鑿磨、春米、養鴨、放牛和馴虎
等場面。從畫面上可以看到,元時各種
手工業在少數民族生活中的作用日益突
出,以致成為壁畫表現的重要題材。

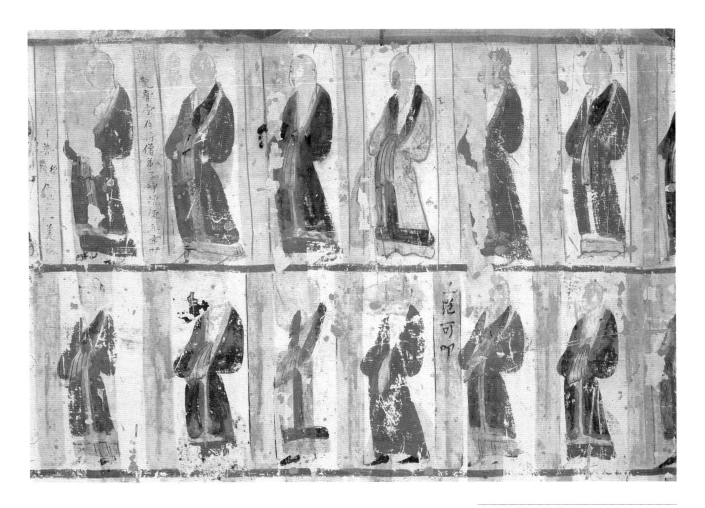

82 少數民族供養人

這個窟有1200多身供養人像,這在莫高
窟是首屈一指的。供養人像是當時真人
的肖像,是宗教的"功德像",即各窟
的窟主。盡管由於數量眾多,致使畫像
程式化,千人一面,不一定肖似本人,
但這些供養人在民族、身份等級等方面
還是有所區別。

北周 莫428 東壁下部

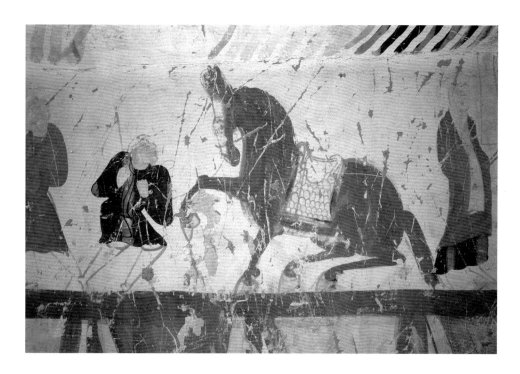

83　胡人馴馬

馴馬的胡人，高鼻大眼，腳登長靴，一
手持韁，一手揚鞭，兩眼盯着所馴的棗
紅色駿馬。那匹馬雖然桀傲，但在這位
富有經驗的馭者面前，顯出畏懼退縮的
神態。這幅壁畫充分表現了馴馬人的沉
着勇敢。馬身上有挽具和馬鞍，這表明
當時少數民族畜飼養與管理的技術已
經很高。

北周　莫290　中心柱西壇沿

84　國王狩獵

圖左國王拉弓射箭，侍從持曲柄傘。一
鹿受驚飛奔而去，一鹿回頭張望。圖右
為睒子，他正神態自若地蹲在溪邊提瓶
取水。 此為睒子入山學道的故事情節之
一。佛經説：迦夷國有一孝子，名睒，
父母雙盲。十歲隨盲父母入深山學道。
住茅廬，食野果，飲山泉，日夜精心侍
奉父母。與鳥獸為友，互不傷害，相處
安樂。一日，睒子在溪邊取水，國王拉
弓射箭，誤射睒子。

北周　莫299　窟頂北坡

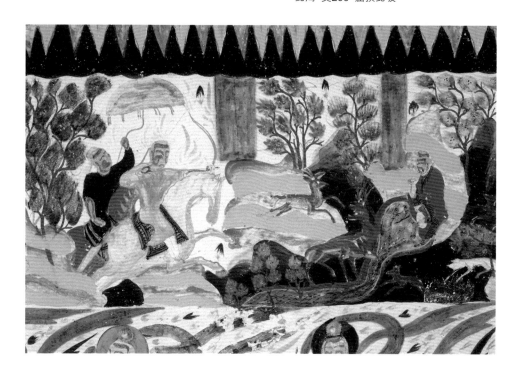

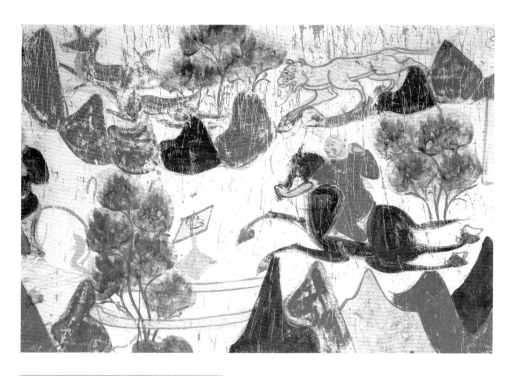

85 太子狩獵

這是薩陲太子舍身飼虎中的狩獵場面之
一，薩陲太子騎馬飛奔追射獵物，林中
鹿、虎驚慌奔竄。

北周 莫428 東壁

86 狩獵

兩太子騎馬拉弓射箭，前面黃羊飛奔，
旁邊及身後的黃羊有的張望，有的飲
水、吃草。

隋 莫303 南坡

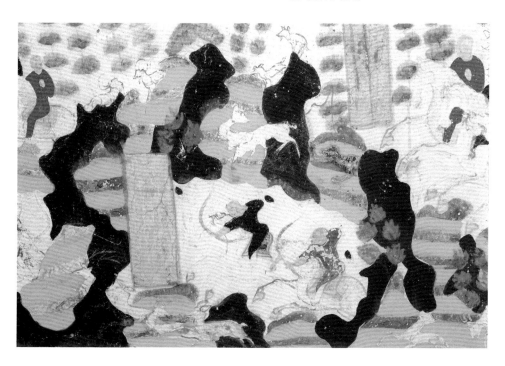

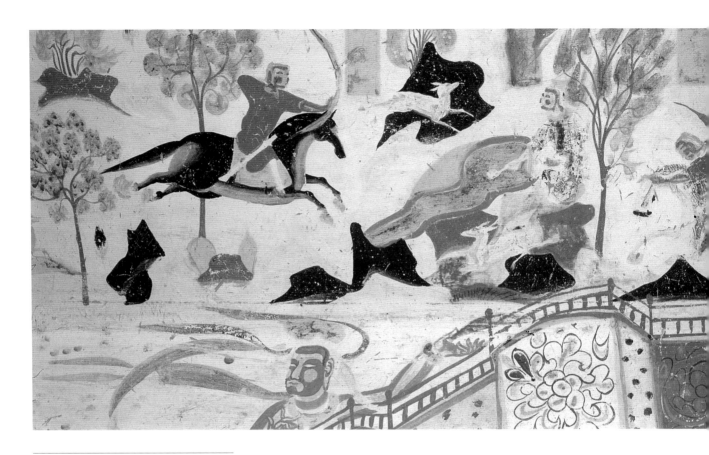

87 狩獵

睒子蹲在溪邊提瓶取水。睒子前面，一
人正追射一隻飛奔的鹿；睒子身後，一
人正搭箭欲射睒子旁邊的鹿。

隋 莫302 南坡

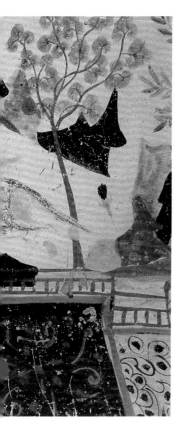

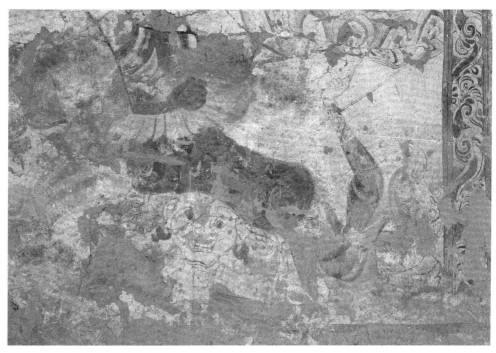

88 射手

畫一身突厥射手，高鼻、深目、卷髮，
頭裹紅絹，倚坐盤石，上身後傾，左手
持弓，右手拉向腦後，拇指與食指相
捻，好象剛剛發出一箭，目光凝視着箭
的去向，真實地勾畫出射手在箭剛離弦
後剎那間的動態和神情。畫師把驃悍善
射的西北民族射手，刻畫得十分逼真。

五代　莫345　前室南壁西側

89 吐蕃人耕地

耕地農民身着吐蕃服，挽二牛耕地，一
手扶犁。這幅畫反映了當時少數民族也
已學會牛耕。

中唐　莫159　北壁

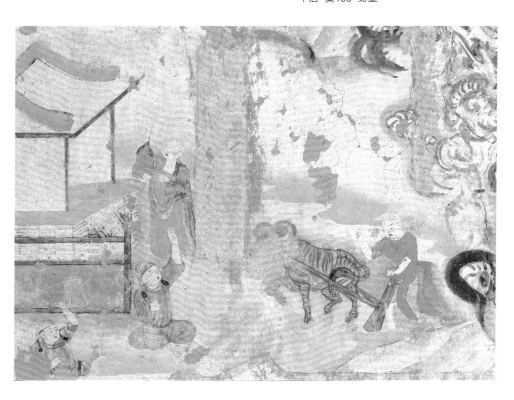

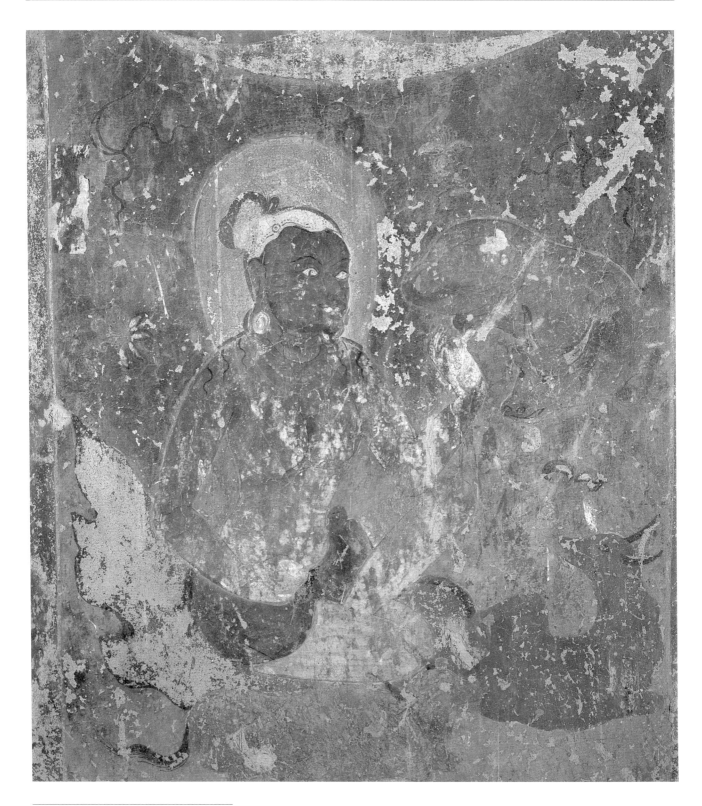

90 牧牛圖

一人坐在草地上，身旁臥着三頭體態各
異的牛。

元 莫465 西壁

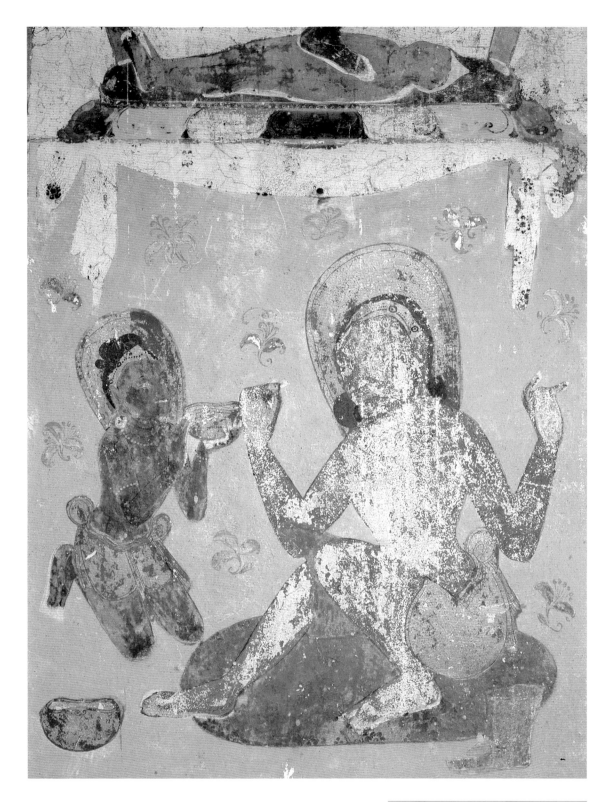

91 製靴

尊者上裸下裙，兩臂分開屈舉，兩腿曲
起而坐，赤足。座旁有半高腰靴一雙。
其前跪一侍者，上裸下裙，雙膝跪地，
雙手舉缽供養。此為少數民數製靴場
景。

元 莫465 北壁

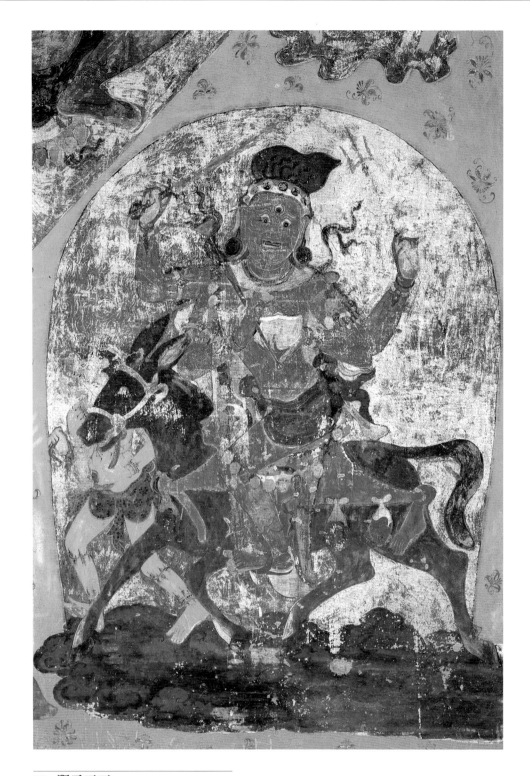

92 騾子天王

此為騾子天王摩訶室利，三目四臂，騎
一騾子。以兩蛇為彎，人皮為鞍，骷髏
為瓔珞。前兩手一持顱鉢，一持細柄
杵；後兩手一持劍，一持三股叉。旁立
一象鼻海怪牽騾，騾子是由驢、馬交配
而生的馬科家畜。比驢、馬更優良。這
幅畫把騾子的驕健體態充分表現出來。
元 莫465 東壁南側

化學工藝的奇光異彩

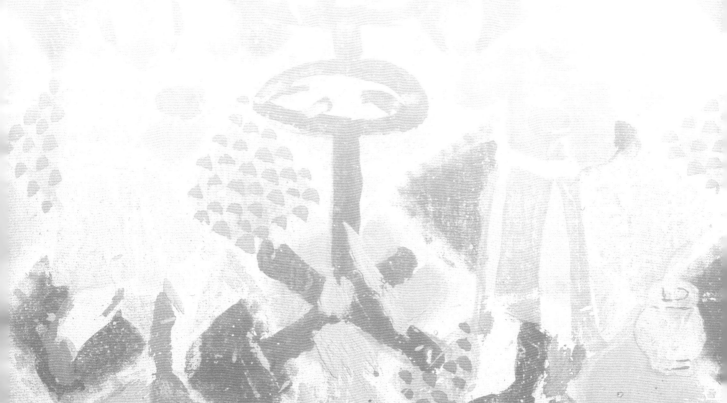

　　中國的化學工藝、金屬冶鑄等在南北朝時就已趨於成熟。敦煌歷代壁畫中供佛用品有淨瓶、缽，生活用品有水桶、水瓶、酒壺、碟、碗、鍋等。這些器物包括陶器、瓷器、銅器、鐵器、金銀器、玻璃、琉璃、水晶、寶玉石等，有的器皿還是早期化學試驗所用的設備，它們充分反映了古代化學工藝的水平，展現出中國化學工藝的奇光異彩。

　　敦煌壁畫上的100多件玻璃器皿分佈在隋、唐、五代、北宋、回鶻及西夏的60多個洞窟。器皿大都呈透明、淺藍、淺綠、淺棕色等，與出土的玻璃器皿吻合。藏經洞遺畫中也發現了類似的玻璃器皿。壁畫中的玻璃器皿是當時流行的玻璃器皿的藝術再現。

　　金屬冶煉技術在唐時有新的發展，長安成為銅鏡的製作中心；當時並掌握了將金屬品鑲入易碎的瓶體的技術。西夏時首先使用雙扇木風扇，反映了西夏對中國冶煉鼓風技術所作的貢獻。

　　中國有悠久的熏香歷史，考古發掘曾不斷發現漢的熏香器具，主要是頂蓋製成重疊的山形的博山爐。質料有陶質、青銅質，其中有不少精品。佛教經典記載，古代印度供佛時燒香，並使用香爐，佛教傳入中國，燒香供養佛又與中國傳統的熏香習俗結合。隨着佛教藝術的興盛，真實或繪畫的香爐大量出現。隋至元代的香爐，大致可分為手爐和陳設香爐兩大類。手爐是禮佛必備的佛具，它有一根較長的爐柄，故名柄香爐，簡稱手爐，禮佛行進時拿在手上。陳設香爐是固定陳設於佛前香案上的香爐。

　　唐時香爐的造型多樣化，造型精美，裝飾華麗；其中的三足型、五足型、塔型及造型多樣的長柄型柄香爐，可視為唐代香爐的傑作；不論型制還是裝飾都達到中國古代香爐製造的頂峰。這些香爐在敦煌壁畫、絹畫中都有十分形象的描繪。

第一節　陶瓷 磚瓦 玻璃 琉璃

　　中國的製陶技術有着悠久的歷史，但遺存至今的古代製陶形象資料很少，宋代以前的更為罕見。而敦煌歷代壁畫中不僅有陶器的形象資料，還有製作陶器的珍貴圖像資料。另外，敦煌壁畫及雕塑中還出現了磚瓦、玻璃、琉璃等形象或實物，特別是壁畫所反映的古代玻璃工藝特點，對研究中國玻璃生產史及中西方玻璃貿易具有重要的史料價值。

　　中國的製陶技術有着悠久的歷史，但遺存至今的製陶形象資料很少，宋代以前的更為罕見。而陶器製作的情形在敦煌壁畫中卻得到很好的保存。中唐第236窟，晚唐第9、85、156窟，五代第61、454窟，北宋第55窟等窟都有製陶畫面。宋積砂藏《入楞伽經》說，為成佛所作的修行，要逐步積累，"漸次清淨"，"譬如陶師造作諸器，漸次成就，非為一時"。"製陶圖"就是根據這些經文之意繪製的。第85、61窟的兩幅"製陶圖"構圖相近，一赤裸上身的陶工坐在地上做陶罐或甕。與此不同的是，第454窟"製陶圖"所展示的場面龐大而完整，生動地反映出當時一般家庭也已掌握製陶技術。這些都是陶器製作的珍貴資料。維摩詰經變中根據經文描繪的畫面上畫了一些陶器，如晚唐第9窟北壁就繪兩人對坐，中間放一陶罐的場面，反映"是身如草木瓦礫"的經文。

　　到元代，陶器製作在壁畫仍有反映，第465窟西壁南側就畫一陶師和陶瓶，殘存榜題云："崑赤（？）裏巴此雲陶口師"。

　　敦煌社會經濟文書中也有一些文獻記載了古代敦煌地區製作陶罐的甕匠。如《造甕得物帳（擬）》、《官酒戶龍粉堆等牒並押衙陰季豐算會》、《酒戶鄧留定牒並判憑擬》等遺書中都記載了用甕存酒的數量。

　　敦煌壁畫中還有大量的瓷器，無論品種和數量都比陶器多，這和北朝以來瓷器廣泛應用的歷史一致。在一些彌勒經變的剃度場面中，洗澡、洗臉、洗頭的盆、水瓶等都是瓷器，有的盆上還有花紋圖案等裝飾。唐代中晚期開始在敦煌壁畫、絹畫中出現花瓶。在唐末，高大的刻有棱紋的半球形頂香爐被淘汰，較為考究的供器就是花瓶。當時的花瓶有兩種流行樣式，其中一種型制相當簡潔，為平底，直側面托，錐形底座，有稍稍傾斜的蓋。最突出的特點是部分花瓶瓶體有回文裝飾，這見於敦煌藏經洞千手觀音絹畫，同樣的裝飾見於倫敦不列顛博物館藏868年經卷首木版畫的兩層器物上。另一種樣式則裝飾華麗。由於製瓷技術的進步，技師已能在瓷器中鑲嵌寶石。法國吉美博物館收藏一幅十一面觀音畫，其中花瓶為長頸，圓形瓶體上有寬帶狀圓形花紋相交，把瓶體分成扇形。瓶體裝飾華麗，鑲滿珠寶。這種形狀的花瓶也出現在敦煌壁畫中，它們最早出現在中唐第360窟，最遲見於晚唐第12窟。瓶體質地像水晶或瑪瑙，鑲嵌着寶石之類的昂貴材料。法國盧浮宮舊藏"十一面觀音、被帽地藏菩薩十王圖"是敦煌藏經洞五代時期的絹畫，三分式供案香爐的兩側也有這種鑲寶石花瓶。在法國吉美博物館收藏敦煌藏經洞北宋絹畫"不空絹索觀音菩薩圖"中，不僅在香爐的兩側放置了鑲寶石花瓶，而且在觀音菩薩的八隻手中，有兩隻手各拿一隻寶石花瓶。

技術的進步使當時瓷器的色彩越來越多樣化。白瓷在唐時發展成熟，形成南青北白的局面。這一變化在壁畫中有直接的記錄，第61窟東壁北側維摩詰經變上部畫兩人對坐，中間瓷瓶便是白色。

據考古發掘和文獻記載，敦煌燒磚瓦的歷史很早，並存有燒製磚瓦的窰址。現存較早的文物是漢代的"陽關磚"，保存較多並最有地方特色的則是北朝以來修建墓室用的磚和石窟寺建築中用的花磚等。莫高窟是中國中古時期花磚的薈萃之地，至今洞窟內外還保存着20000多塊花磚，其中大部分仍然鋪襯在近50個原來的洞窟中；另外一部分則是在窟前遺址發掘中從一些窟前建築的殿堂遺址、走廊及台基上清理出來的，它們都集中存放在敦煌石窟文物保護研究陳列中心。

佛教石窟花磚的圖案也與壁畫、彩塑一樣反映與宗教思想有關的內容。莫高窟洞窟的鋪地花磚共有20多種紋樣，時代是北朝至元，從唐代起質量轉精，五代、北宋、西夏的品種較多。花磚的尺寸大部分長、寬為28～30厘米、厚5～6厘米，這些磚多以蓮花、寶相花、菊花、大麗花、石榴及火燄紋等為基調，由此產生許多變形圖案。其他紋樣有：捲草紋、雲頭紋、蔓草捲雲紋、減地蔓草紋、火燄寶珠紋等。根據現代科學方法測定和試驗，敦煌歷代花磚的硬度和抗壓、抗磨強度都比較好，由此可以看出古代敦煌在燒窰技術及建築材料工藝方面達到了一定的先進水平。

敦煌石窟歷代建築畫中瓦的應用不少，北朝以來的墓室和石窟寺建築中也有用瓦的。敦煌遺書中瓦的記載不少。如《顯德五年某寺常住雜物點割曆》（顯德五年即公元958年）中就有各種"瓦器"的記載。

敦煌為中原通西域的要衝，因此壁畫中有琳瑯滿目的玻璃器皿。壁畫中的玻璃器型、顏色與紋飾表現出西亞薩珊風格或羅馬風格，說明這些玻璃器皿是從西亞進口的。雖然玻璃器自南北朝多有出土，但壁畫可以看到玻璃器皿使用的情況，對出土文物可起佐證補充的作用。其中有些器型在中國至今未見出土。

中國商周時就能生產玻璃，但為鉛鋇玻璃，技術與西方的不同，製作玻璃的技術不及羅馬波斯。西方玻璃最早為美索不達米亞和古埃及在距今約 4500 年前創製，為鈉鈣型。兩漢以來西方玻璃製品逐漸東來中土。據晉代葛洪《抱樸子‧內篇》所載，當時外國玻璃煉製技術也傳來中國，如以"五種灰"為原料來熔煉玻璃就是使用外國的技術。

敦煌石窟隋至西夏壁畫、遺畫中的佛、菩薩、弟子手中及供桌上出現的透明器皿，包括碗、杯、鉢、瓶、盤等，達100多件。這些器皿所盛載的供品或器皿後被遮擋的手腳都畫得清清楚楚，這既不是畫家的筆誤，也不是顏料變色、褪色所致，而是畫家的本意，它是一種透明效果。透明度這樣高的古代器皿有兩種：一種是水晶器皿，一種是玻璃器皿。水晶幾乎沒有淺藍或淺綠色的，而壁畫中這些器皿的顏色恰恰多是淺藍、淺綠、淺棕和白色，因此不可能是水晶器皿；這些顏色卻恰好是古代玻璃的常見顏色，因此可以斷定這些器皿就是用玻璃製造的。透過這一批色彩斑斕的玻璃器皿壁畫，可以看到古代玻璃賦色技術的高超。

在敦煌壁畫的玻璃器皿中有30多件是口沿扣金邊或配金蓋托的，出現於盛唐，晚唐非常普遍。可以看出當時黃金鍍膜技術的廣泛應用。在玻璃上鍍上一層黃金膜是一項難度很高的技術。南宋洪邁《夷堅志》丁志卷 17，詳細記載了宋代襯金（即黃金鍍膜）玻璃瓶的製作，北宋徽宗想長頸玻璃瓶內襯上金子，一位民間工匠"取金鍛冶，薄如紙⋯⋯插瓶中，稍稍實以汞，掩瓶口，左右涮捅之。良久，金附着滿中，了無罅隙。徐以爪甲勻其上而已"。這一記錄極有價值。這位民間工匠利用水銀無孔不入的特點將黃金薄膜鍍在玻璃瓶內，其加工過程是符合科學原理的。既然宋代可以在玻璃瓶裏面襯金，唐代在玻璃器皿口沿扣金邊也是完全可能的。敦煌壁畫把中國古代玻璃器皿鑲金銀的工藝逼真地反映出來，是十分珍貴的科技史料。

五代、北宋、回鶻、西夏時期壁畫、絹畫上出現一批高圈足玻璃大碗。這些大碗雖然口沿有圓形和四曲花式兩種形狀，但從碗的大小、足部和腹部的造型來看，當為同一類型。這種高圈足玻璃大碗在中國沒有出土過，但日本正倉院藏有一件 9～10 世紀的高圈足大盤，無色，透明度好，器型及尺寸都與第400窟的高圈足大碗相似。日本學者一般認為這件玻璃器皿是伊斯蘭玻璃，亦即波斯玻璃。可以推斷，這些形狀、顏色與紋飾等帶有西亞薩珊風格或羅馬風格的玻璃器皿極有可能是從西亞進口的。這些壁畫是我們研究當時欣欣向榮的中外玻璃貿易的珍貴史料。

隨着玻璃製作技術的改進，產品質量日益提高，晚唐時已利用玻璃製品映照人體。這也間接地反映到了敦煌壁畫中，以表現宗教所理解的人世的虛幻。晚唐第9窟、五代第61等窟維摩詰經變中出現的鏡子，是玻璃的顏色——藍色。雖然玻璃鏡的製造是16世紀的事，但古代畫工將鏡子的顏色畫成玻璃色並非偶然，至少説明當時已對玻璃的性能有較高的認識。

琉璃的使用在敦煌石窟始自中唐，當時出現了大量琉璃瓦屋頂的建築畫。它的施色大致有兩種方式：第一種以中唐第148、158等窟的淨土寺院為代表，它的大殿及挾屋都用琉璃。第二種以中唐第237窟淨土寺院為代表，只在大殿上使用琉璃。兩種畫法，都顯出琉璃屋頂明艷鮮麗的效果。在榆林窟五代第16窟、西夏第3窟的經變建築中還有琉璃戒台、脊飾等。第9窟元代嵩山神送柱中也繪出琉璃飾件。在唐、五代、北宋、回鶻、西夏、元代壁畫中還畫出琉璃瓶、杯、燈等器具。第61窟甬道北壁供養僧端的托盤上，繪了一個天藍色碗，碗內靠口沿處畫一紅色火苗。這個碗是作"琉璃燈"用的。

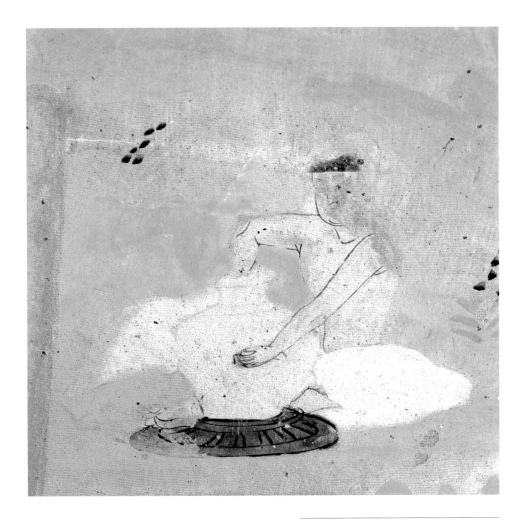

93 唐代製陶

這幅壁畫是依據經文繪製的。畫面上的
陶匠正聚精會神地製作陶器。陶罐放在
轉輪上，陶匠左手扶罐身，右手伸進罐
內抹泥；一隻赤腳推動轉輪。壁畫反映
了古代西北地區的製陶情景，有很高的
歷史價值。

晚唐 莫85 東坡

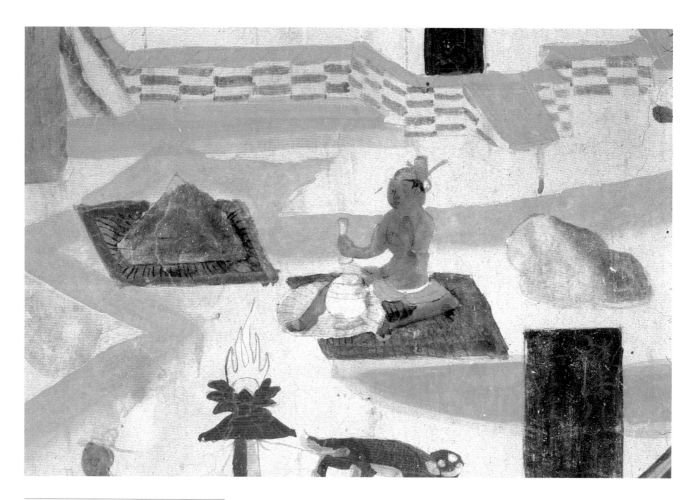

94　五代製陶

陶罐放在轉輪上，陶匠左手扶罐口，右
手拿一工具對製好的坯體進行拍打，用
一隻赤腳推動轉輪。他所坐的是一特製
的坐墊。陶匠右前方還有一堆陶土，陶
土呈黑色。這是反映陶匠單獨作業的場
景。

五代　莫61　南壁

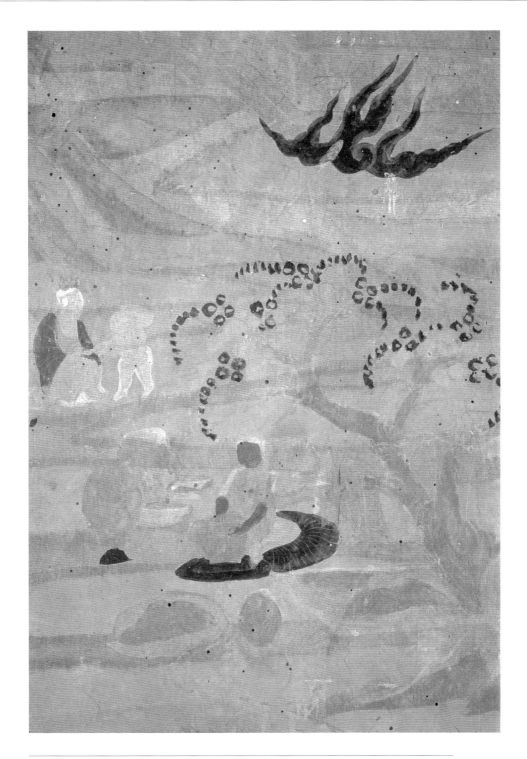

95 家庭製陶

這幅"製陶圖"所展示的場面龐大而且
完整：在一棵枝繁葉茂的大樹下，坐着
一位正在製作陶罐的陶匠，他上身着內
衣，外衣掛在身後的大樹上，挽着袖
子，正在專心致志地做一陶罐，他身邊
不僅有用來製甕的陶土，而且還有已製
作好的各種大小陶罐、陶盤等。旁邊一
女人，身邊放置飯菜，一個小孩在玩

耍，這是陶匠的妻子和孩子給他送飯的
情景。

可以看出，這是普通的有一定人身自由
的陶匠及家人。此圖生動地反映了在一
家一戶式小農經濟形態下，手工業者的
生產和生活情況。

五代 莫454 南壁

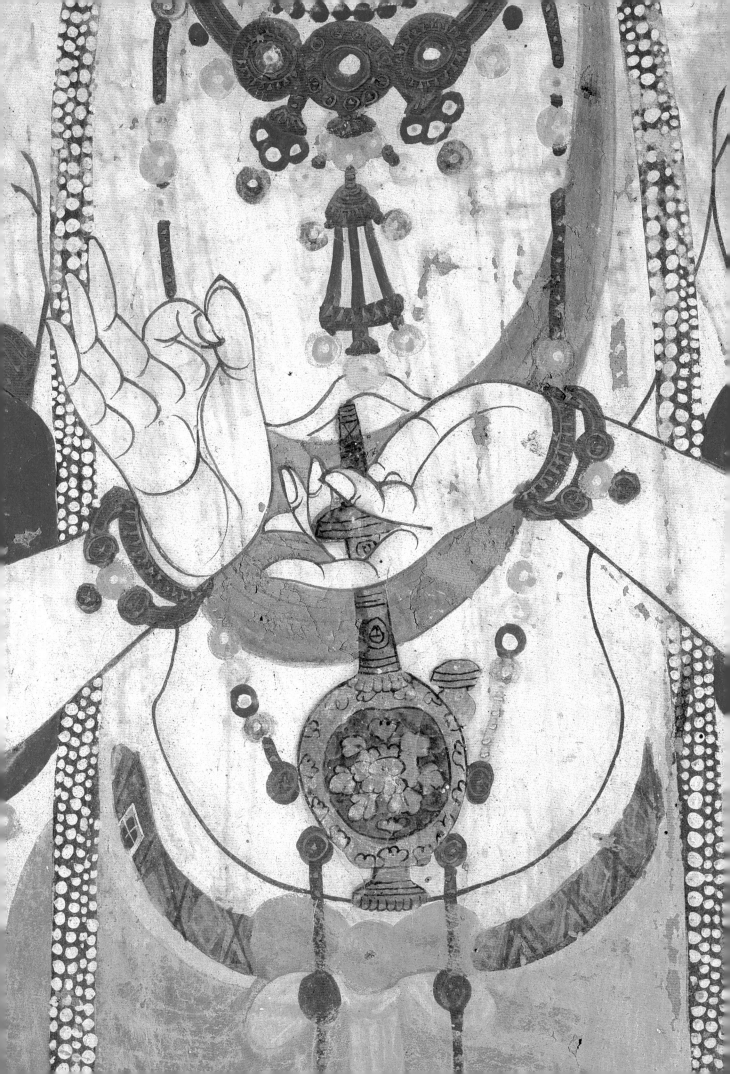

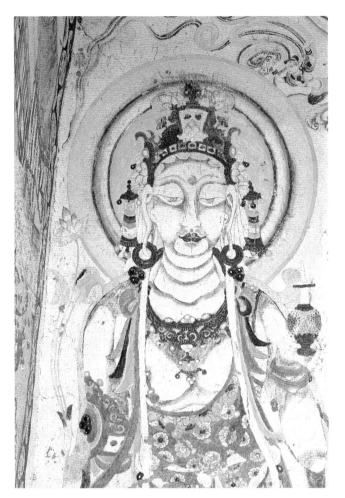

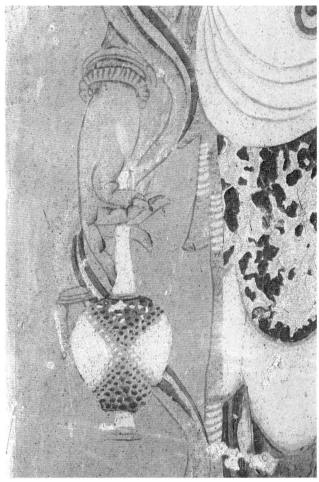

97 寶石瓶

大勢至菩薩左手托寶石瓶。

中唐 莫158 南壁東側

98 觀音菩薩淨瓶

南無觀世音菩薩一手持淨瓶，瓶身裝飾
與第158窟寶石瓶相同，但肩部有嘴。

中唐 莫225 南壁龕西側

96 有裝飾圖案的瓶

觀音菩薩一手持淨瓶。淨瓶一肩部有
嘴，瓶身邊緣有一圈裝飾圖案，中間也
有圖案。

中唐 莫44 南壁兩龕中間

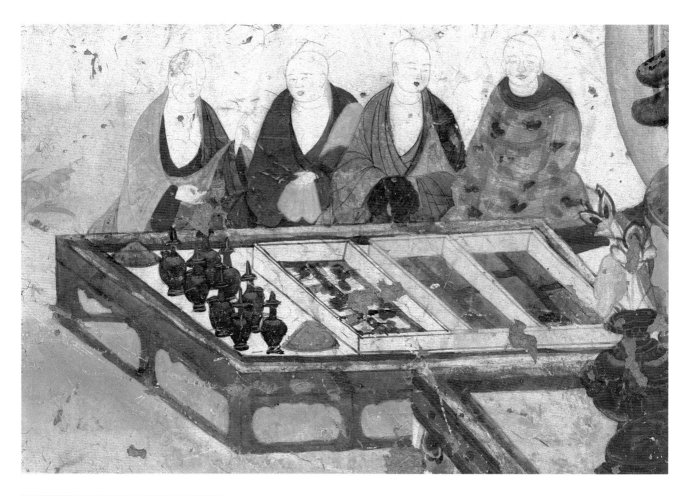

99　供台上的 8 個淨瓶

出現於彌勒經變剃度場面中，應為當時
剃度實際使用的器物。

中唐　榆25　北壁

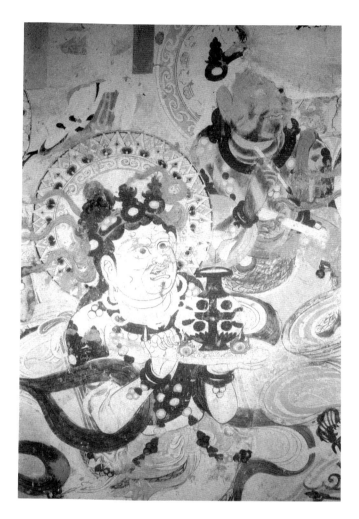

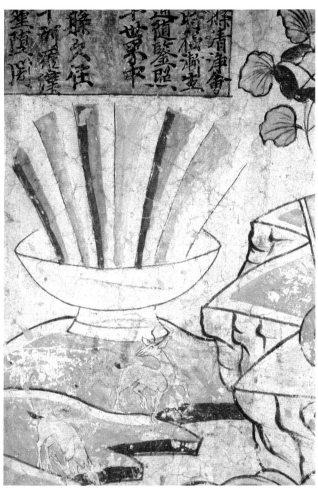

100 象耳花瓶

龍王雙手托花盤，盤上有一象耳花瓶，
供舉胸前。龍王乳白肌膚，飄帶繞腕隨
風飛舞；面微仰，目環睜，口張欲吼，
神態威武。

五代 莫36 西壁

101 放五色光的陶碗

山石腳下一側有河，河邊有鹿。坡上置
一高圈足大碗，碗內放射出五色彩光。

宋 莫97 北壁

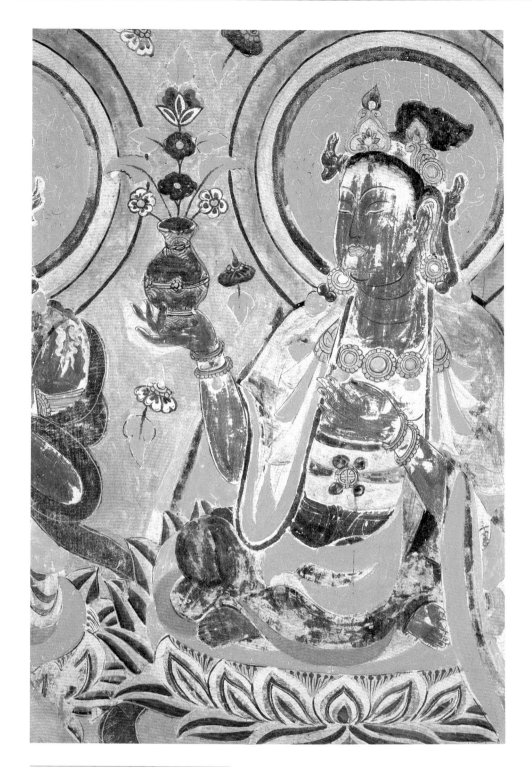

119 短頸小口玻璃瓶

菩薩手持玻璃瓶，為圓底球腹、短頸小
口。菩薩面相長圓形，柳眉、細目、修
鼻、豐頤，是西夏造型特點。

宋 莫310 南壁

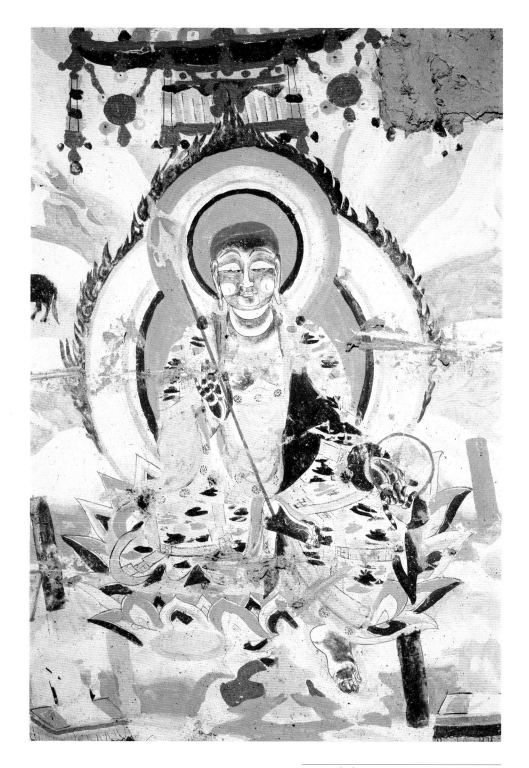

120　玻璃圓器

地藏菩薩手持玻璃圓器。

五代　莫390　甬道頂十王廳

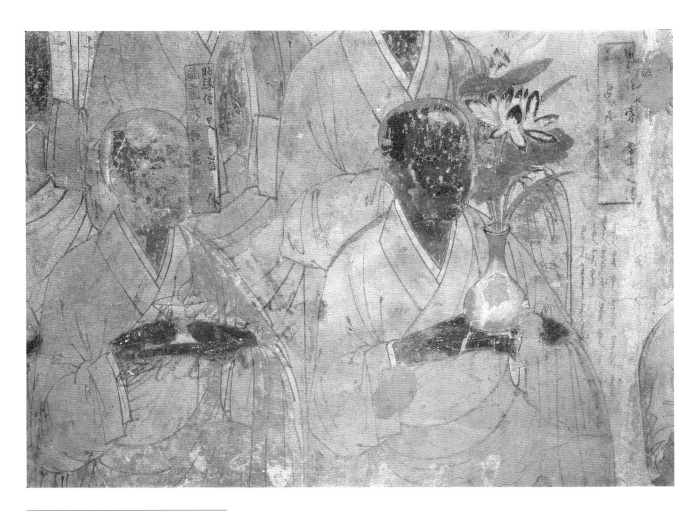

121 琉璃燈、琉璃花瓶

左邊供養僧端的托盤上的碗比較特殊，
為天藍色，碗內靠口沿處畫一紅色下圓
上尖狀物，從顏色和形狀來看，它表現
的應是火苗。這件碗是作為"琉璃燈"
用的。花瓶與歷代壁畫中的金屬、瓷、
玻璃花瓶的色彩不同，它為天藍色，內
盛花。

五代 莫61 甬道北壁西側

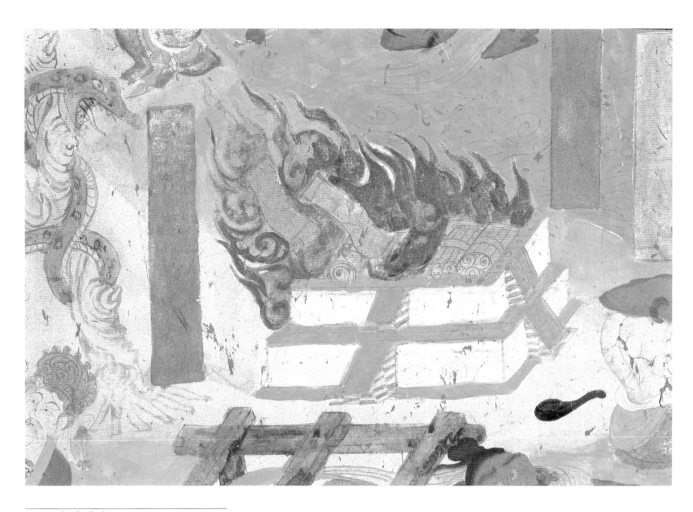

122　琉璃戒台

此戒台用琉璃磚修造。戒台四面正中都
有踏道，台底有一圈散水。散水、台面
及踏道為面磚，石青色，餘為白色。據
日本圓仁《入唐求法巡禮行記》："唐
州城裏開元寺……入戒壇院，見新置壇
場，疊磚二層……壇色青碧，時人云取
琉璃色云云"。正與壁畫相合。為甚麼
壇色作青碧琉璃色？唐代李輔《魏州開
元寺琉璃戒壇碑》云："金剛以不壞悠
久，琉璃取至淨為光，持戒堅固，洗心
清明，有如是也"。琉璃象徵持戒堅
固，青色代表清淨。壁畫中戒台為石青
色，應即琉璃的顏色。

戒台又稱戒壇，據《事物紀原》謂起於
三國魏時，或曰起於南朝。敦煌壁畫的
戒台繪於勞度叉鬥聖變中。

五代　榆16　東壁

123　琉璃瓦頂　見下頁 ▶

琉璃瓦在寺院建築中，主要用在大殿。
此幅壁畫以石青繪脊，黑線畫瓦楞，筒
瓦自上而下依次反覆用黑、綠、橙、黃
各色填瓦格直至檐邊；板瓦的色彩順序
顛倒過來，自上而下是黃、橙、綠、
黑。兩種畫法，都顯示出琉璃瓦頂明艷
鮮麗的效果。

中唐　莫237　南壁

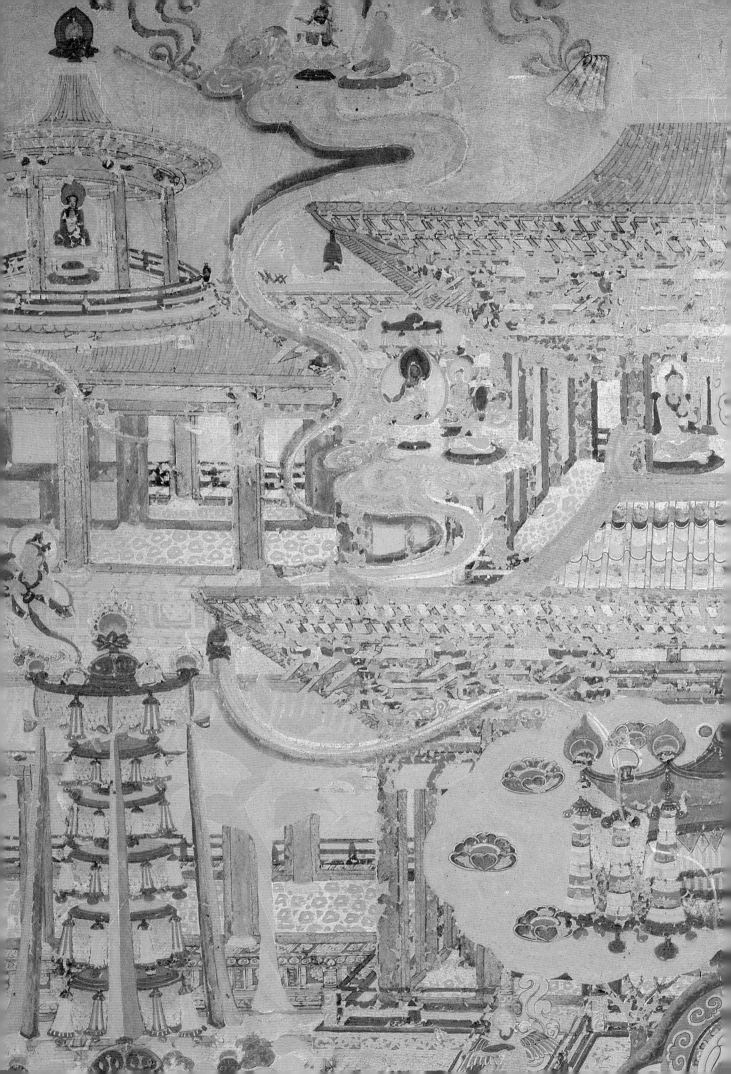

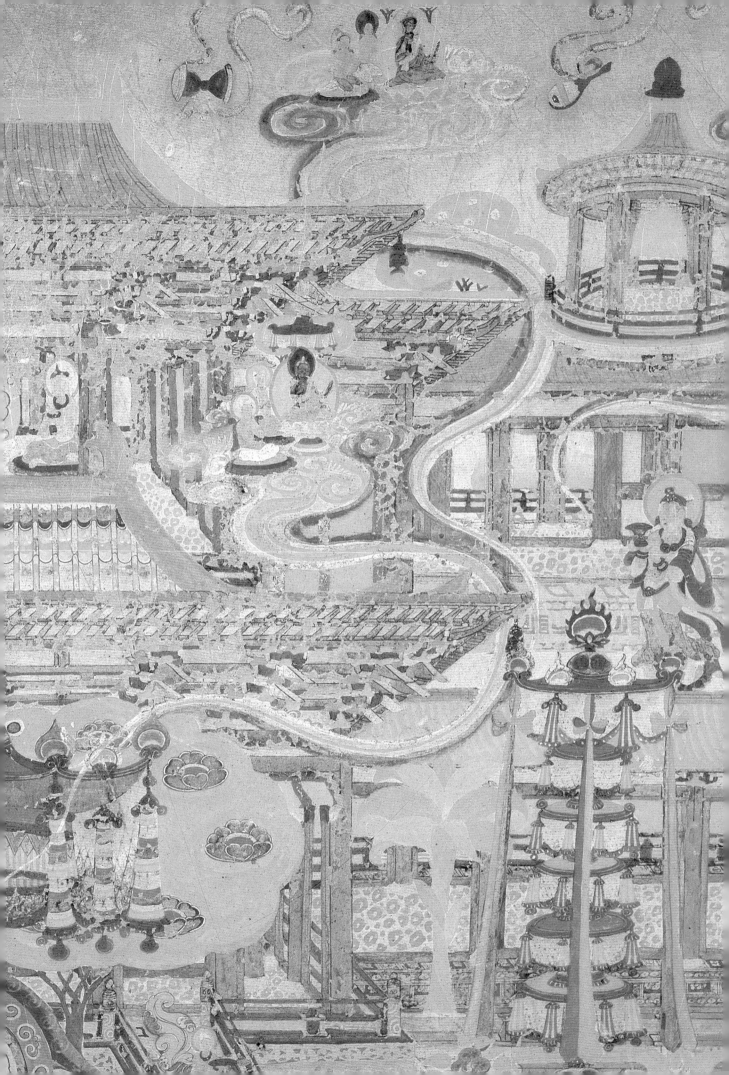

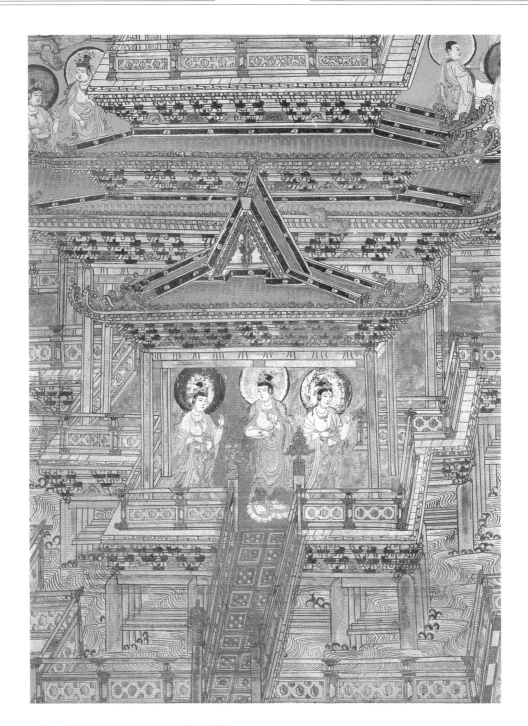

124　琉璃脊飾

所有建築除廊子外都是重檐,建築細部
構件琉璃脊飾也很明顯。壁畫中的佛寺
還畫出了寺院後部中軸線一帶的建築。
此圖所繪建築的結構造型與唐代流行的
樣式有很大區別,卻和宋金時內地建築
風格相通,尤其與河北省正定縣隆興寺
建築更為接近,在整個敦煌建築畫中,
呈現出新穎的面貌。畫出建築物重檐的
做法,在全部敦煌壁畫中,只見於西夏
晚期。

宋　榆3　南壁

第二節　冶煉及金屬器物

敦煌一帶很早就從事冶煉礦物和鍛造生產工具，技術比較先進。自隋至明歷代史書記載證明，至遲在唐代敦煌已有利用綠礬焙煉製備黃礬、絳礬的冶煉技術。藏經洞唐代文書《淨土寺食物等品出入帳》中，就有"賣銅"、"賣鐵"交換糧食和布匹的記載，還有"鐵匠史都料手工用"，"炭，鐵價並手工用"等記載，說明手工業冶煉在當地比較普及。敦煌石窟的570多個洞窟，繪有各種器皿，從器皿的形狀及顏色來看，絕大多數是金器、銀器和銅鐵器和瓷器。這些器皿大部分描繪在佛像畫、經變畫上，或在佛、菩薩、弟子及供養人的手裏，或擺放在供桌上。

敦煌礦物冶煉的歷史在莫高窟壁畫中有記載，第65窟的西夏文題記說："甲丑(注：應為乙丑)年五月一日，墨勒原籍涼州，為找料石，來到沙州地界……"。料石即是鐵礦石，敦煌地區的鐵礦石是古代有名的礦產。這條題記說的就是涼州(即今武威縣一帶)工匠在敦煌找礦石的情形。據西夏《重修護國寺感通塔碑》記載涼州有"百工"，可知涼州是冶煉業發達的地方。

木風箱是一種採用木板啟閉鼓風的風箱，北宋時代的《武經總要》"行爐圖"有木風箱，元代王禎的《農書》卷十九"農器圖譜利用門"有一幅"水排圖"，水排就是利用水力使木扇風箱鼓風吹火。古代曾用皮囊鼓風，但風力較小，無論是風量、風壓，很難滿足冶煉的需要。敦煌壁畫中也有皮囊鼓風圖。北宋時開始採用木風箱鼓風熔冶，比歐洲早五六百年。榆林窟有一幅使用木風箱鼓風的西夏冶鐵圖，風箱上裝有兩個活動蓋板，兩活門交替開閉，扇動蓋板來鼓風吹火。這幅圖形象地再現了當時使用先進的鼓風工具冶鐵的場景。由於木風箱不像皮囊那樣受皮革大小的限制，可以做得比較大，而且牢固、耐用，操作方便，使風量、風壓都有顯著提高，從而強化了冶煉過程。這幅敦煌西夏冶鐵圖，是中國現存最早的木風箱冶鐵圖之一，說明當時西夏的冶鐵技術已經相當發達。李約瑟對其評價頗高，認為"中國從未用過楔形鼓風器，而經常是使用長方形的風箱。這類風箱首先見於10或11世紀西夏榆林窟壁畫。它無疑是日本腳踏大風箱的先導。"

敦煌壁畫出現較多的有鐵鍋、鏡子、金飾瓶、兵器、馬鎧等金屬器物，從中可以看到當時鍛造技術發展的水平。鐵鍋是中國傳統的炊具之一，古人稱為釜或鑊。三國曹植《七步詩》有"煮豆燃豆萁，豆在釜中泣"的詩句。鑊為有足的鍋，多作三足或四足，其下可直接燒火，無需固定的爐灶，用途多且便於流動炊事，使用廣泛，因之也出現在石窟壁畫中。盛唐第23窟庭院左側一婦人所用即是三足鐺，榆林窟中唐第 25 窟嫁娶圖宴會桌上放有一精巧的細頸三足鐺，內有一長柄勺。敦煌遺書的寺院雜物帳中都記載了鐺釜及多種銅鐵家具、農具及器皿。

鏡子在敦煌唐、五代、北宋至元代壁畫中都有出現。中國古代用的鏡子不是玻璃做的，而是用青銅做的。青銅鏡的起源很早，商代發現很多銅鏡。唐時銅鏡工藝又有新發展，銅鏡的造型和花紋豐富多彩，多數為圓鏡，還有方鏡、菱花式鏡、葵花式鏡等；鏡身厚重。由於鏡內錫的成份增多，鏡表一般白潤如銀。敦煌晚唐到北宋等窟的楞伽經變中都有"照鏡圖"。敦煌遺書中銅鏡的記載也不少。如《某年某寺常住雜物點割曆》等記載了"供養花鏡子"、"銅鏡子"。

敦煌壁畫、絹畫的三分式供案上有鑲寶石的花瓶，從中可以看出工匠鑲嵌寶石如綠鬆石等的技藝。當時的工匠不僅掌握了將設計精巧的金屬品鑲入易碎的瓷器瓶體的技術，還掌握了使用金屬塗飾瓶體的技術。如盛唐第445窟北壁彌勒經變中的金屬供器為銅色，第9窟彌勒經變、華嚴經變中佛前供案上的供器有金屬光澤，就是使用的金屬塗飾技術。

到宋時，宋、遼、西夏三足鼎立，"契丹鞍、夏國劍"被世人稱為"天下第一"。莫高窟、榆林窟、東千佛洞、五個廟石窟壁畫中所繪的兵器、金屬器皿、生產工具、生活用品等，都可以看出西夏金屬冶煉及製作工藝的高度發展。

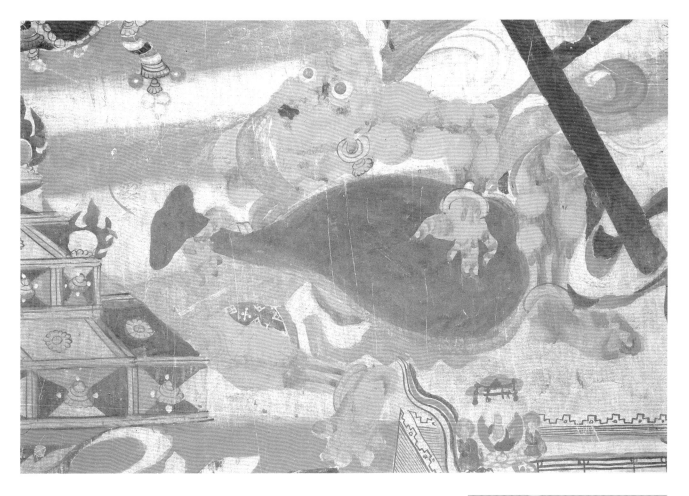

125 皮囊鼓風

風伯懷抱大風囊，跣足奔跑，全部飄帶
上揚。

晚唐 莫196 西壁

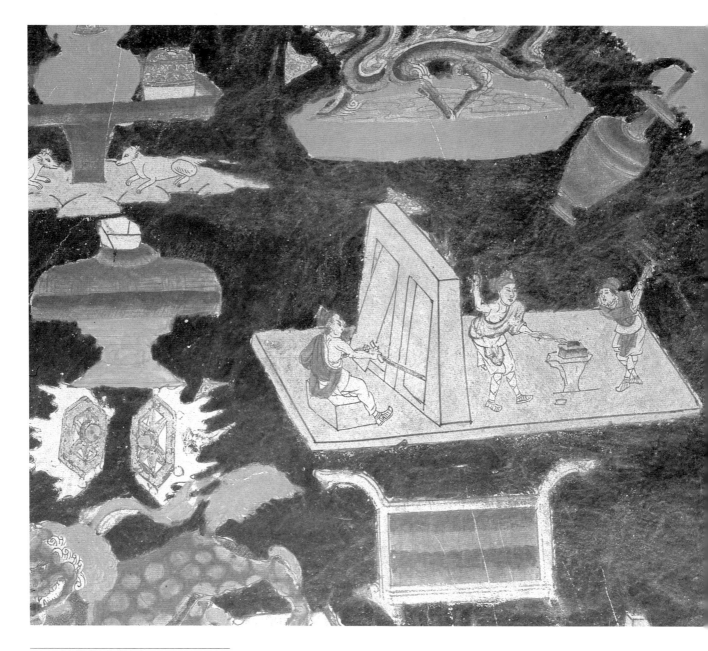

126 風箱與冶鐵圖

一人推拉豎式梯形雙扇木風箱，風箱之
後的火爐在熊熊燃燒。風箱上裝有兩個
活動蓋板，可以開閉，起風扇的作用。
當兩個蓋板交替開閉時，即可不斷鼓
風。風箱前的鐵匠師徒二人正在鐵砧上
錘鍛，師傅一手執鐵鉗夾鐵置於鐵砧
上，一手舉鐵錘；徒弟雙手正舉起鐵
錘。

宋 榆3 東壁

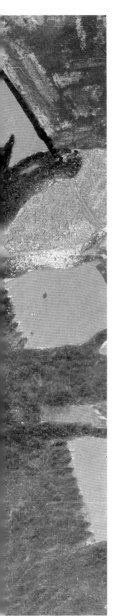
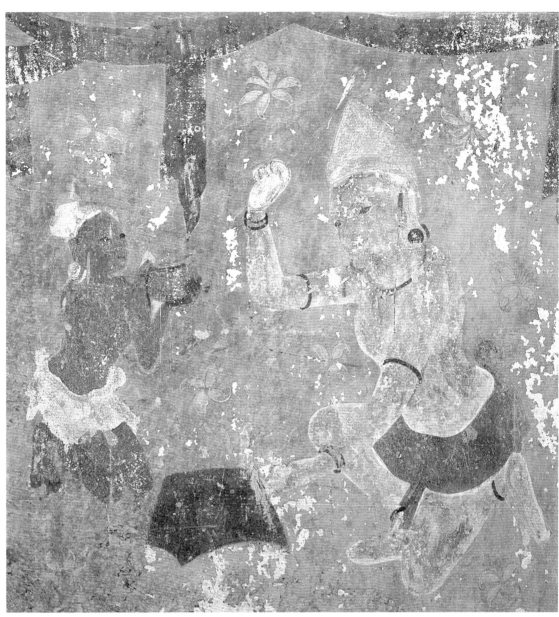

127 鍛鐵圖

匠師戴尖頂帽，裸上身，穿褲頭，右腿
蹲曲，左腿膝蓋跪地，左手拿鐵器置鐵
砧上，右手舉錘。旁一人有頭飾，腰圍
裙，雙膝跪地，雙手捧缽供養。

元 莫465 南壁下部

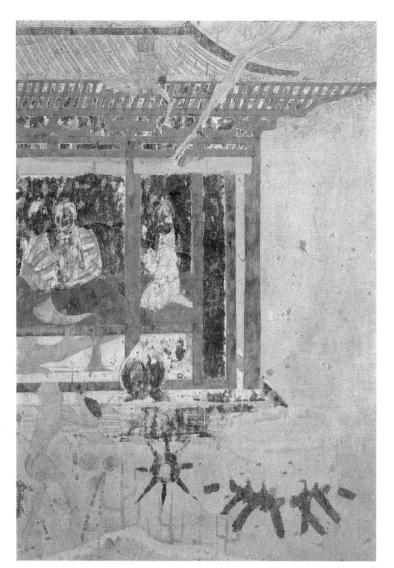

128 三足鍋

這是佛經九品往生中的下品往生情形。
屋前為地獄景象：右邊是三足鍋，正燃
燒使鑊湯沸騰；左邊有刀山劍樹及鐵蒺
藜。當時的人相信地獄有用於懲戒罪人
的油鍋，畫家把它畫成生活中用的三足
鍋模樣。

初唐 莫431 南壁

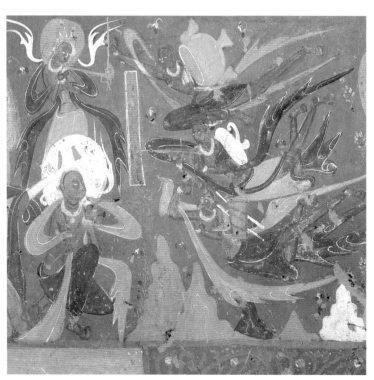

129 乾荼背鐺

這是描繪釋迦佛弟子各顯神通赴宴的場
面。右側為乾荼，即伙夫，他"分身"
為三，第一身背一三足鐺，第二身也背
一鐺，第三身拿一梯子。左側有兩弟子
持手爐。由於畫家的奇想，讓乾荼"分
身"，使畫面生動活潑，豐富多彩。
鐺即有足的鍋，無足的鍋稱釜。

北魏 莫257 西壁

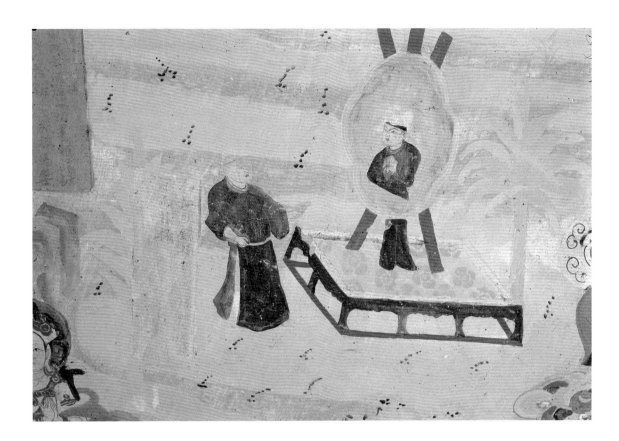

130　四曲花式鏡

鏡子固定在鏡架上。鏡子為四曲花式。
唐時銅鏡的造型和花紋豐富多彩,出現
了方鏡、菱花式鏡、葵花式鏡等。四曲
花式鏡就是其中的一種。

榜題:漸而非頓。譬如明鏡,頓現色
像,如來說。這是以照鏡圖來譬喻佛教
頓悟的道理。

晚唐　莫85　東坡

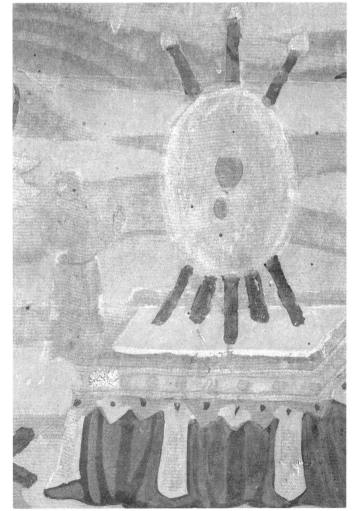

131　橢圓形鏡

鏡架置於一方形鏡台上,鏡子為橢圓
形。

五代　莫454　南壁

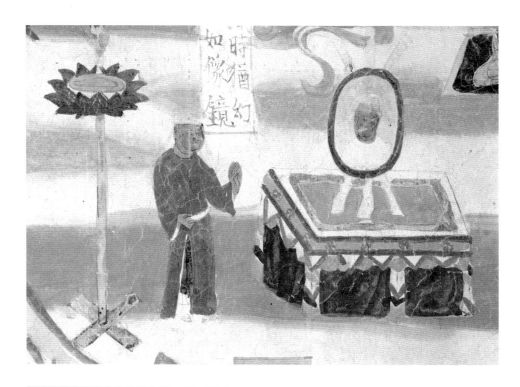

132 藍色鏡

鏡架置於一方形鏡台上。鏡子為橢圓形，外有邊框。唐時由於鏡內錫的成份增多，鏡表一般白潤如銀，但此鏡為藍色。旁有一蓮花形裝飾的圓形燈，中間燈芯燃出火焰。

五代 莫61 南壁

133 金屬供器

這是彌勒經變剃度圖，地上放有盆、壺等洗具。兩個洗盆上均有手環，盆與壺均為銅色，都是金屬供器。法師執刀削髮，被度者皆端坐合十，一侍者捧籃接髮，又有捧袈裟者侍立左右。

盛唐 莫445 北壁

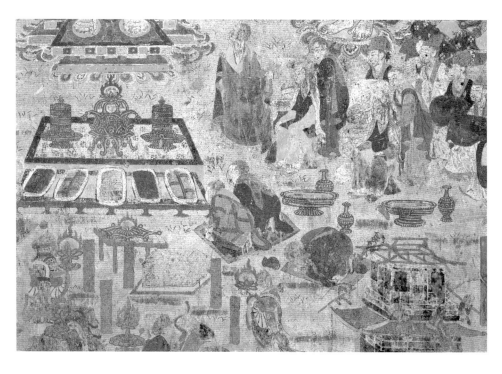

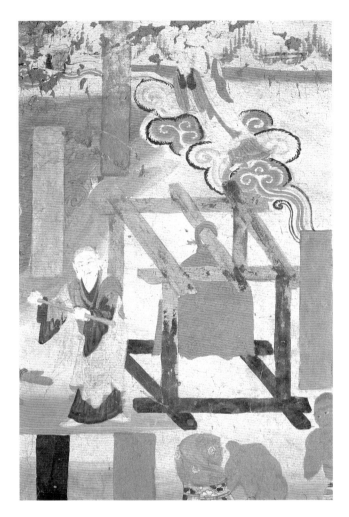

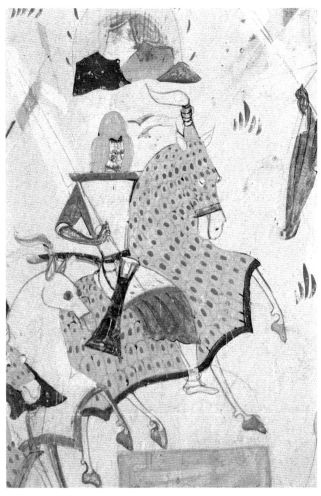

134 和尚撞鐘

鐘樓內吊一大鐘，一和尚兩手扶着橫木
在撞鐘。撞鐘比敲鐘省力且音響效果更
好。寺院中懸掛大鐘，供僧徒進持禱
祝。壁畫中鐘樓最早見於盛唐，多為二
層台榭或樓閣式建築，平面呈方形、六
邊形或圓形。

五代 榆16 東壁

135 西魏馬鎧

戰馬罩着馬鎧，將士披着鎧甲。戰馬所
用馬鎧為金屬製造，面套是整套在馬頭
上的，開有耳孔和目孔，額頂有管狀纓
座以插彩纓，並且面簾繪明是由小型甲
片編綴而成。馬鎧的使用初見於東漢末
年的袁紹軍隊中，十六國、南北朝時，
北方軍隊多使用馬鎧。鎧甲是古代將士
用於護身之具，一般用鐵製，也有用其
他金屬製作的。

西魏 莫285 南壁

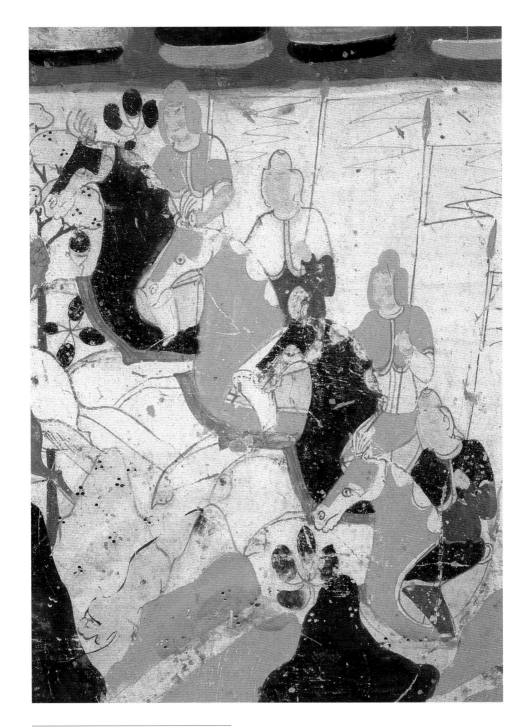

136 北周馬鎧

戰馬罩着馬鎧，與西魏時不同的是，面
簾改為半面簾，遮護的部位較小，眼部
露在外面，不用在上面穿目孔以供馬目
外視了。額部仍有纓飾。

北周 莫296 南壁下段

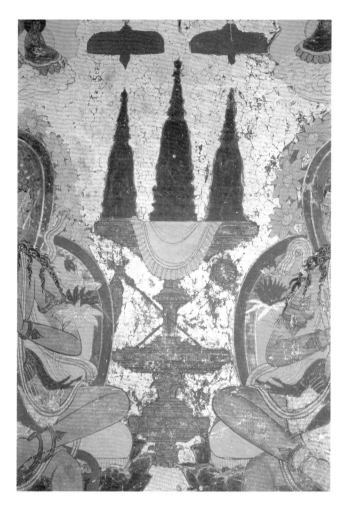

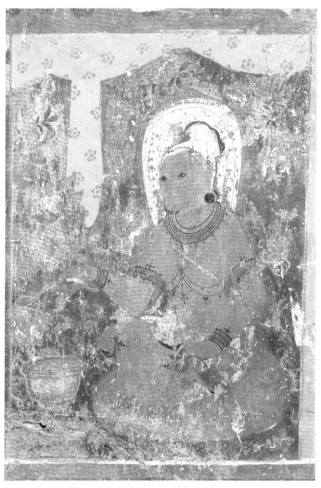

137 銅製寶盤

蓮花水池兩朵大蓮花上各坐一菩薩。池
中間生出枝桿,上承一座三層寶盤,盤
上三座寶塔,覆以三頂寶蓋。寶盤為銅
製品,製作精良。壁畫造型、暈染敷
彩,都帶有濃厚的西藏壁畫的特色,屬
於密宗系統。

元 榆4 北壁

138 銅碗、銅勺

綠色帷帳下一尊者右手前伸,持一長柄
勺;其前有一盆。勺與盆均為銅色,應
為銅碗、銅勺。尊者高髻戴冠,耳鐺,
裸身束短裙,飾瓔珞。據《伯希和筆
記》記載,原榜題為:"叮哩巴此云賣
油師"。

元 莫465 東壁南側下部

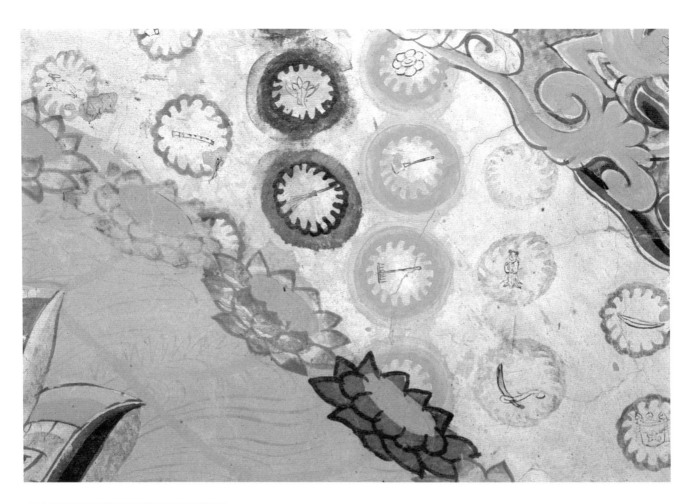

139 華嚴藏中工具

部分洞窟的華嚴經變中，組成華嚴河的
小圓圈內，也畫出一些單獨的生產工
具，其中以這幅畫最多、最細緻。這是
其中的幾個小圓圈，畫的生產工具有鐵
鈀、安在木質把上的月牙形鐵鐮刀等。

五代 莫98 北壁

第三節　燈與香爐

燈不僅是古代社會生活主要的照明用具，也是宗教活動中的用具。早在戰國時的中山國青銅器中就出現十五連盞燈樹。秦代在一種叫"豆"的器皿中注入動物油脂，燃以照明。"豆"多用銅製成，因而古時燈又寫作"鐙"。疑為漢人所著地理書《三秦記》記載："始皇墓中燃鯨魚膏為燈"。漢劉歆《西京雜記》也記載："高祖入咸陽宮，周行府庫，金玉珍寶，不可稱言。其尤驚異者，有青玉五枝燈，高七尺寸，作蟠螭以口銜燈。燈燃，鱗甲皆動，煥炳若列星而盈室焉"。同書還記載，漢初"長安巧工丁緩者，為常滿燈，七龍五鳳，雜以芙蓉藕之奇。"可見當時製燈技術已經很高，燈具十分精巧。在敬佛活動中，燈也是供佛不可或缺的佛具。《藥師經》提到禮拜藥師佛時，須燃7層燈，每層7燈，共49燈，且要求燃燈"大如車輪"。因而從隋代開始，凡畫"藥師經變"，均有燈輪。稱為燈輪，因為燈座上有立柱，燈輪有如平放之車輪，上置燈。隋代第400、433窟"藥師經變"中就有燈輪，隋代第417窟後部平棋中也有燈輪。

唐時燈具的製作技術高超，能夠製作非常大的燈輪，當時的連枝燈和燈樓，其燈輪有的高20丈。貞觀十六年的第220窟東方藥師經變的樂隊前各置連枝燈一樹，舞台正中置燈樓，層層而上，燈火通明。該舞樂圖是唐代壁畫中規模最大的樂舞場面，畫面強調供養七佛，主體為七身藥師佛，周圍描繪東方藥師淨土。兩側樂隊排成八字形，由各族樂工組成。這種舞樂在宮廷裏曾風靡一時。先天二年（公元713年）正月十五，胡僧婆陀請夜開宮門，睿宗"於安福門外作燈輪，高二十丈……燃燈五萬盞……簇之如花樹"。宮女千人，穿羅綺，曳錦繡，"裝束一伎女皆至三百貫"，在燈輪下踏歌三日夜，歡樂之極。可見敦煌壁畫描繪的燈火輝煌中的歌舞場面，不過是宮廷舞樂在佛國世界裏的反映。畫面中的燈樓也是當時燈具製作水平的真實記錄。中唐第359窟、五代第146等窟都繪有五層燈輪。敦煌遺書《顯德五年某寺常住雜物點割曆》（顯德五年即公元958年）中有"大燈樹一，在殿"的記載。宋代史書記載：元宵燈會：長安第一，敦煌第二，揚州第三。

唐時供養藥師如來，尤其是"欲脫重病"、"增益壽命"、消除七難，齋僧燃燈必不可少，用5層或7層燈輪很普遍。莫高窟一些洞窟中繪有"齋僧燃燈圖"，畫面一般為室內安放五層或七層燈輪，房外豎一幡桿，上掛長幡。大院正中上方供一佛像，前有供品；邊廂裏，坐一些僧人，接受施主奉食；院子裏放着大案，上擺食物，一人捧物，另兩人抬物，一派忙碌景象，生活氣息極濃。代表作有盛唐第148窟、中唐第159窟、晚唐第12窟等。法國吉美博物館收藏敦煌藏經洞北宋"金剛界五佛"絹畫，在中央大日如來面前的供物，除香爐、盤、瓶等物外，在香爐兩側各豎立一座蓮座立柱式燈台，立柱上部為三個燈座，燈座上有紅色的火苗。絹畫下部7個供養人中間的供案兩側也有相同的燈座。

除燈輪之外，壁畫中還有一些單個燈的形象，單畫的燈都比較小，有無座、有座之分。中唐第154窟北壁"報恩經變"中佛的胸前有一帶台座的小燈，燈頭火苗閃亮。尤為有趣。榆林窟元代第4窟東壁中部的天王右手持一台座式燃燈。壁畫中單畫出的這些燈的形狀與文獻記載、敦煌及其他地區出土的燈具文物基本相似，甚至和敦煌民國時期用的燈相同。單個燈的壁畫説明這種燈具的製作技術已掌握了數百年之久，它成熟而實用，故此能長期造福於民。

古代敦煌節日時還有影燈。中唐第468窟北壁藥師經變中的袚襄場面中，畫了一個外有透明圓形罩的燈。根據敦煌遺書中記載，敦煌唐代以來有用紙糊燈籠的記載，該透明燈罩應是紙糊製的。敦煌遺書《寺院殘帳》："油貳勝（升）半，充十五夜點影燈用。"《寺院常住雜物曆》："影燈面像叁，破。"時為"咸通十四年癸巳歲（公元873年）"，可證唐時地處邊陲的敦煌，已行上元點影燈之俗，並由寺院主辦。《武林舊事・燈品》記載："若沙戲影燈，馬騎人物旋轉如飛。"

唐、五代時油料的提煉、儲備技術成熟，當時已使用石油、麻子油等作為點燈用油，敦煌壁畫及史書、敦煌遺書中均有記載。敦煌唐、五代洞窟中的佛教史跡畫"泥婆羅水火池"如中唐第237窟，通過佛教歷史故事唐代傑出外交官王玄策出使印度，泥婆羅國國王邀請其參觀水火油池的故事，生動地反映了中國旅行家在尼泊爾發現並應用石油的事實。用油作燃料的場面，有"勞度叉鬥聖變"的火燒經壇圖：勞度叉設壇置經典，誇示外道經論永世不毀。舍利弗指火焚經，外道慌忙相救，不僅傾海水而未滅其火，反而力竭落海，十分狼狽。榆林窟第32窟南壁"勞度叉鬥聖變"中，平台上放着三隻桶底繪着圖案的大桶，桶口熊熊大火，應是油桶。在敦煌藏經洞的社會經濟文書中，有幾項帳目記載了敦煌儲備和應用石油的事情。《丁未年宴設司使宋國忠牒油胡餅等支出帳》載：六月十二日"又煤油兩合"，第八行有："斷煤油壹口"。文書中講的煤油，説不定是石油的另一種稱呼。唐代甘肅河西玉門發現了石油，敦煌大量儲備和應用石油也就不奇怪。

燃燈禮佛是一項重要活動，成立專

門的組織管理實有必要。敦煌最高的僧官都僧統下屬有燈司，管理節日及日常燃燈事宜。敦煌社邑常有納油於某寺上燈的規定，亦有專門組織的燃燈社。燃燈社一般在特定的節日聚油聚物，在寺院及佛像旁燃燈禮佛祈願。正月十四、十五、十六三日燃燈規模最大，二月八日行像、十二月八日即臘八節亦燃燈。敦煌社會文書中有大量民間、寺院燃燈的“燃燈文”，敦煌研究院藏“庚戌年十二月八日□□□社人遍窟燃燈分配窟龕名數”，記僧政道真佈置社人十三人於十二月八日在莫高窟六百餘窟龕及佛像前燃燈七百餘盞。可知這次活動就是在燃燈社的組織下進行的。

隨着佛教的傳入和發展，香爐作為一種重要的佛具，與佛教緊密結合在一起。隋至元代時期敦煌壁畫、絹畫先後出現的維摩潔經變、西方淨土變、法華經變、彌勒經變等20多部經變及其他畫面中，繪出大量各式香爐的圖像，這些香爐大致可分為行進時手持的柄香爐和佛像前固定陳設的香爐兩大類。

敦煌壁畫、絹畫中的供養人雙手或合十，或持香爐，或捧花盤。行進時所持的香爐即柄香爐。爐體一般作寬平沿杯狀，下有蓮花形爐托，在爐體後側接裝一長柄，柄與爐體相接處使用釘鉚合技術，並常飾有桃形鏤孔飾片。柄扁平，末端下折，端部常有精美的鎮飾。

敦煌壁畫的手爐早在北魏就已出現。早期的手爐爐體較大，略顯粗重，上無蓋，下有覆蓮形爐座。西魏第285窟北壁上部二佛並坐像下方有一供養人手執柄香爐，爐的型制與鞏縣石窟第3窟浮雕帝后禮佛圖的手爐十分接近。隋代第303窟繪有一僧人手執柄香爐，爐身細高，柄末端為鵲尾形。

唐時製作技術提高，已能製作各款各式的香爐，它們或簡單似摩尼珠形，或有華麗裝飾，出現寶珠鈕、傘形蓋的手爐，做工更精巧。如中唐第112、159窟、晚唐第12窟等壁畫中供養菩薩、供養人及吐蕃贊普等手持的香爐。洛陽龍門禪宗名僧荷澤神會墓出土了鎏金青銅獅子鎮手爐，通體鎏金，爐身與柄相接處裝飾一桃形飾物，柄端下折處置一蹲獅。與這件手爐型制相近的有出土於湖南長沙赤峰山二號唐墓以及江西瑞昌唐墓的手爐。西安北郊白家口發現帶蓋的柄香爐，雖然蓋與壁畫中的不同，但均為帶蓋香爐。

當時還出現一種手捧的鉢盂狀小型香爐，均由女供養人捧持。這種香爐十分精巧。男供養人則一般執手爐。第130窟供養像中的都督夫人太原王氏雙手便抱着一個小型香爐，與她對稱的另一供養像則手執香爐，該香爐很特別。

唐代香爐型制在不同時期也有發展，早期的香爐為透雕半球形頂，蓮花底座，兩旁有花枝；後來，這種樣式日趨沉穩，香爐頂部不再是半球形，變得既低且平。初唐所見圓頂透雕香爐通常為張口杯形托，見於初唐第322、220窟等的壁畫。唐代中期，棱紋圓頂不再流行，而趨於更沉穩結實的形狀。從第217、103和148窟等可以看出，透雕棱紋圓頂有了變化。第159窟西壁所繪文殊和普賢像下脅侍菩薩所捧的香爐即為變化後的。

元代手爐製作技術沒能超超唐代，如第332窟供養人所執手爐顯得結實、厚重，似非金屬所製，看不出唐時金屬手爐靈巧而精細的鏤刻等裝飾。

陳設的香爐爐體較大，主要繪於佛前所供香案的正中處，兩側陳設其他供品。此種香爐又可分為幾類，第一類是爐體呈缽盂型，下以高足承托，上面為有鏤孔的爐蓋。爐體和爐足部常飾各種花飾，爐足多呈覆蓮形狀，爐蓋常作寶珠鈕。第二類是多足爐型，爐體為直壁盤狀，下附獸爪狀足，多作三足、四足或五足。上面也加有鏤孔的爐蓋。三足型、五足型香爐在唐代較為流行，如西安何家村出土桃狀花結五足三層銀香爐，法門寺地宮出土鎏金臥龜蓮花朵五足銀香爐、象首金剛香爐，浙江臨安出土三足銀香爐。敦煌壁畫有三足、五足型的香爐。第三類是高圈足型，敦煌壁畫的高圈足型香爐與法門寺地宮出土的

大體相似。第四類是塔型。第五類是寬座型。

與固定式香爐的擺放有密切關係的三分式供案模式值得介紹。早期禮佛時，香爐等供器如何擺放並無規定，這從敦煌壁畫中可以看出，隋及初唐維摩詰經變構圖未定型時，有些繪有供器，有些沒有。如第420窟的維摩詰前面有一小博山爐或是砂漏狀容器，有花飾，頂上有三個同心弧，而在第314窟維摩詰和文殊像前，均為一矮座卵形香爐，兩側和尚拿着手香爐。初唐第332窟，佛前有一小容器和一柄香爐。這種無定式的情況到唐時改觀，出現三分式供案這一定式，即在向佛供奉時一般將供器擺在供桌上，香爐放在中間，兩旁各放一小容器，再無他物。第338窟西壁龕頂的供桌上放香爐，有棱紋圓頂、蓮花托座，簡單的帶托圓球容器分置兩側。三分式供案使用香爐的型制大體相同，但輔助器物並無定型。第320窟供案兩側是圓柱形盒，第220窟在公元642年所繪的三分式供案中間有香爐，兩側分別為一淺而寬的碟和一帶托底座。五代、北宋時期，敦煌壁畫的三分式供案有新的演變。五代的供桌上供物變成鋸齒形，放在三腳柱的淺碟裏，距離也拉開了。

目前出土的唐代金屬香爐，主要有銀、銀鍍金、銅、銅鍍金幾種，而以銀及銀鍍金香爐最多。敦煌壁畫所繪的香

爐多顯示赤色或黃色，敦煌遺書《顯德五年某寺常住雜物點割曆》（顯德五年即公元958年）就有長柄熟銅香爐。唐宋時期，經變和甬道供養人所持香爐，大都採用"瀝粉堆金"裝飾，由此可推測這些香爐的質地與出土的香爐大致相同；香爐上的裝飾是用敲花細工技術製作而成的。這些都是研究古代金屬工藝的資料。

通過對敦煌壁畫數以萬計的香爐和其他供器、石碑上的金屬製品的分析，可以看出，壁畫所繪的各類香爐，都是以當時的佛具實物為依據，再加花飾後創作出來的圖像。供佛的香爐和其他供器不斷演變，形狀和裝飾日漸更新。唐代香爐得到較大發展，柄香爐在唐代形成自己的特色，其中柄末端有寶珠形鎮等裝飾可以認為是唐代典型的柄香爐；三足型、五足型香爐則是唐代固定香爐的代表。總體而言，唐代的金屬香爐多樣化，這是與唐代社會繁榮昌盛的大背景分不開的。

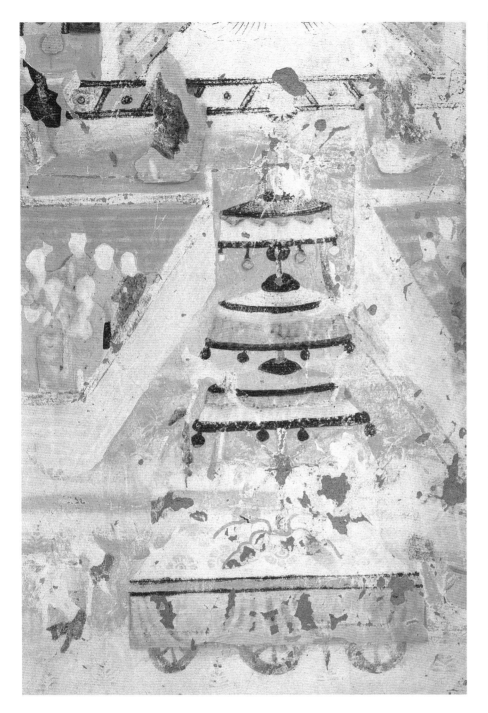

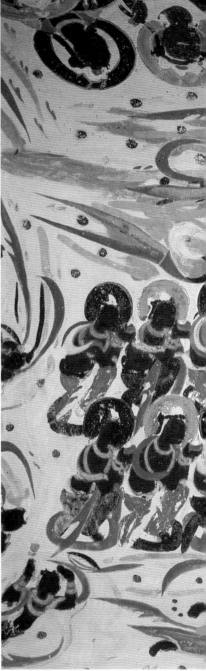

140 燈輪

燈座中有立柱,燈輪如平放的車輪,上
置燈。

隋 莫400 北壁

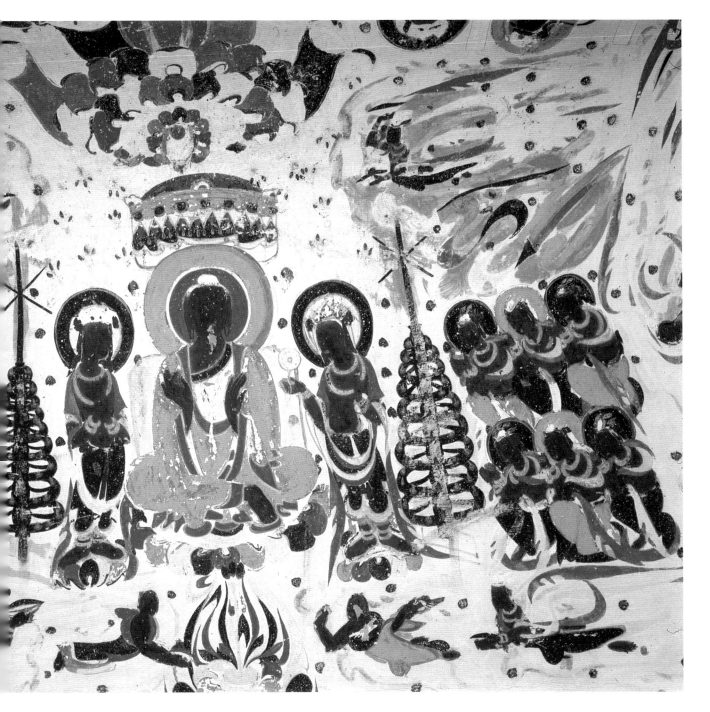

141 九層燈輪

藥師琉璃光佛居中結跏趺坐，雙手作説
法印。佛前兩側各置一西域燈輪，下大
上小各九層，層層燃燈。日光和月光菩
薩侍立左右。兩外側胡跪十二藥叉神
將。

隋煬帝正月十五夜在宮中觀燈有“燈樹
千光照，華焰七枝開”的詩句。藥師佛
前的燈也是皇宮裏的燈。

隋 莫433 人字坡東坡

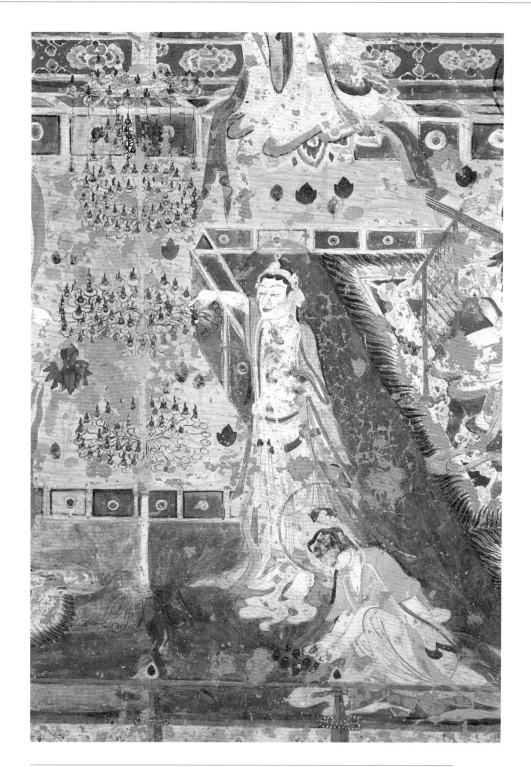

142 造型精美的燈輪

一個精緻的燈座上，安立柱，上安四層
燈輪，每層燈輪有許多盞燈，猶如車
輻。有的燈已燃，有的空缺，地上擺着
許多小燈盞。一位菩薩蹲在地上點燈，
一位菩薩站着接應點燈者。菩薩虔心供
奉，姿態優美。這是莫高窟造型最美的

燈輪。第220窟東方藥師經變，依據經文
要求，在禮拜藥師佛的儀式中要造七尊
藥師佛像，燃四十九燈，造五色續命長
幡，並"鼓樂歌讚"，強調供養七佛。

初唐 莫220 北壁

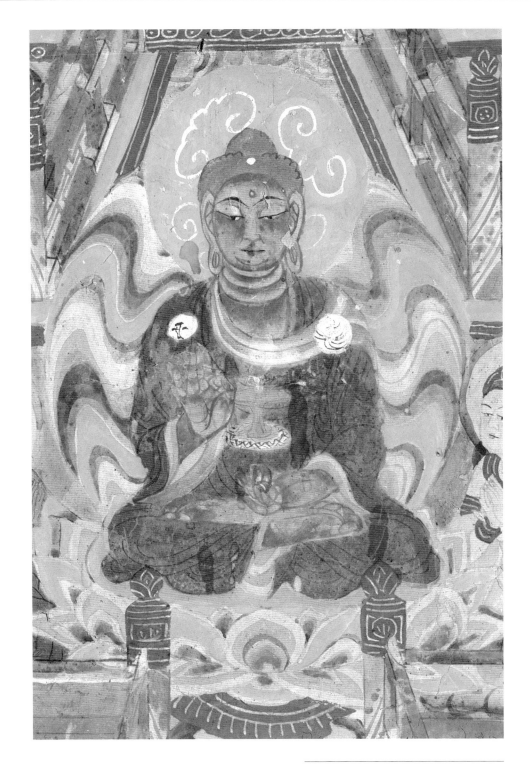

143 有台座的小燈

說法會上的釋迦佛結跏趺坐，作手印。
佛的胸前為一有台座的小燈，燈頭火苗
閃亮。佛像的兩肩畫有日、月。

中唐 莫154 北壁

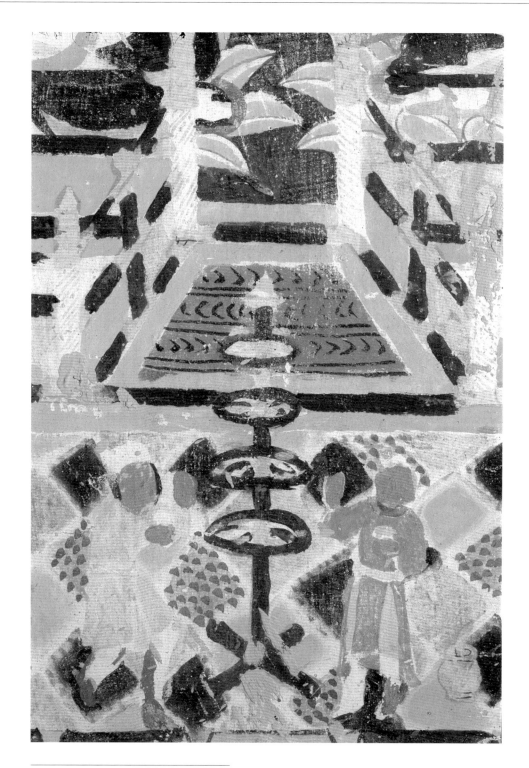

144　五層燈輪與油罐

燈架上設五層燈輪，左右各有一人在添
油點燈；圖右點燈人旁有一油罐。

中唐　莫359　北壁

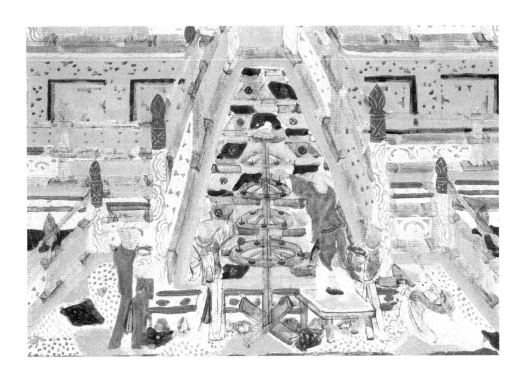

145 五層燈輪

虹橋前有一五層燈輪，兩名點燈人正在
添油點燈，右邊的人站在四腿凳上。點
燈人身後各有一人雙手端着油碗，是眾
多"燃燈"畫面中內容最豐富、形象最
生動的一幅。

五代 莫146 北壁

146 博山爐

此為窟內中心柱四壁佛龕座下的藥叉力
士圖。藥叉中間有博山爐，為重疊的山
形，基本保持漢代的傳統。博山爐被視
為與漢代神仙思想有關。藥叉是佛教的
護法神，據說勇健、輕捷、能啖鬼，多
畫在中心塔柱和四壁的下層，以示回護
之意。

北魏 莫254 中心柱北向

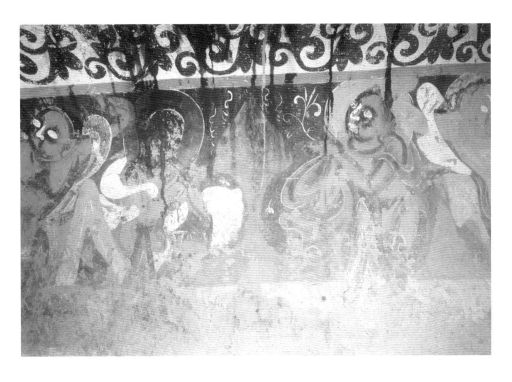

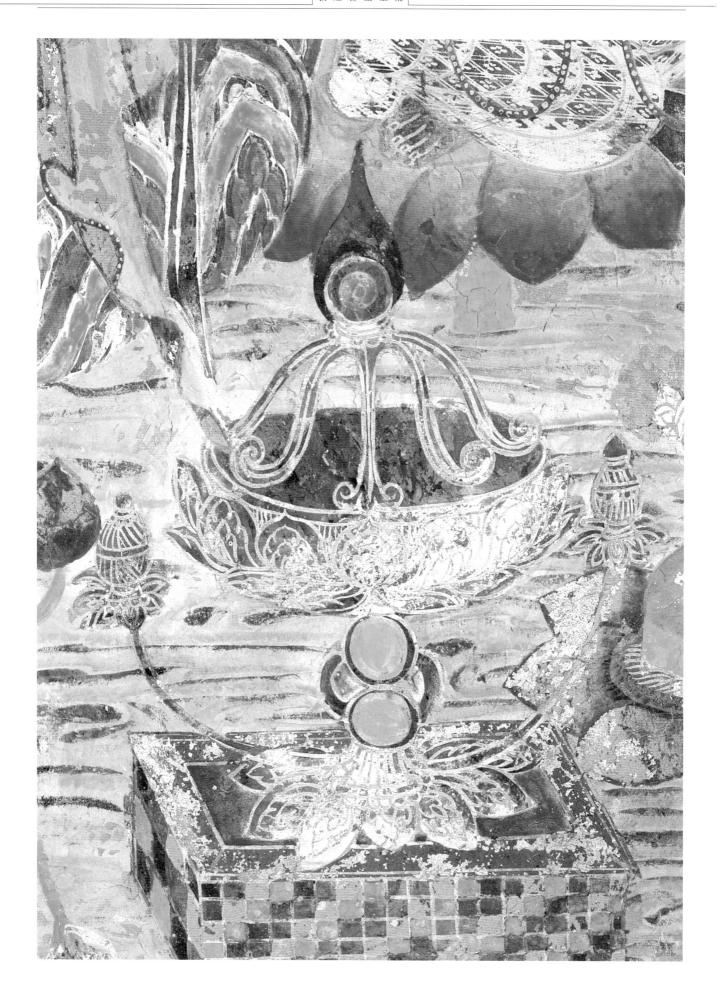

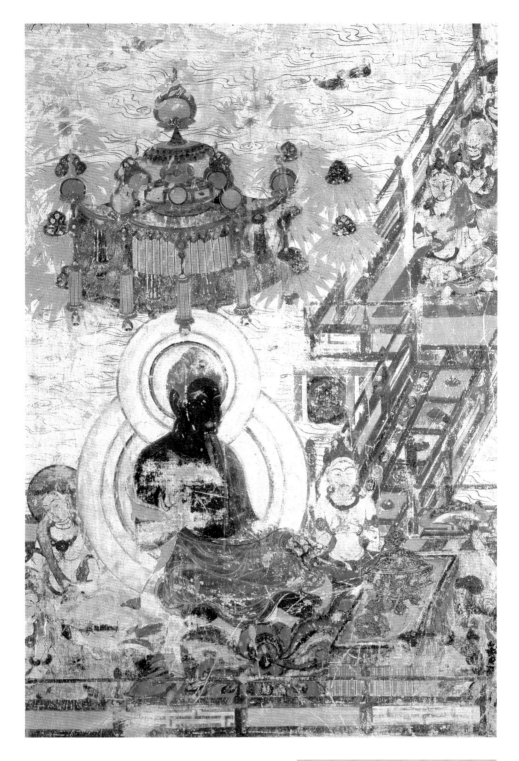

148　高圈足香爐

佛前所供為高圈足香爐。鈕為蓮蕾形，
爐身為碗形，圈足為捲荷葉形。爐蓋呈
半球形，上飾雲紋，有鏤空。器形與唐
法門寺地宮出土的香爐相似。

盛唐　莫172　北壁

147　圓頂透雕香爐

此圓頂透雕香爐為張口杯形托。

初唐　莫220　南壁阿彌陀經變東側

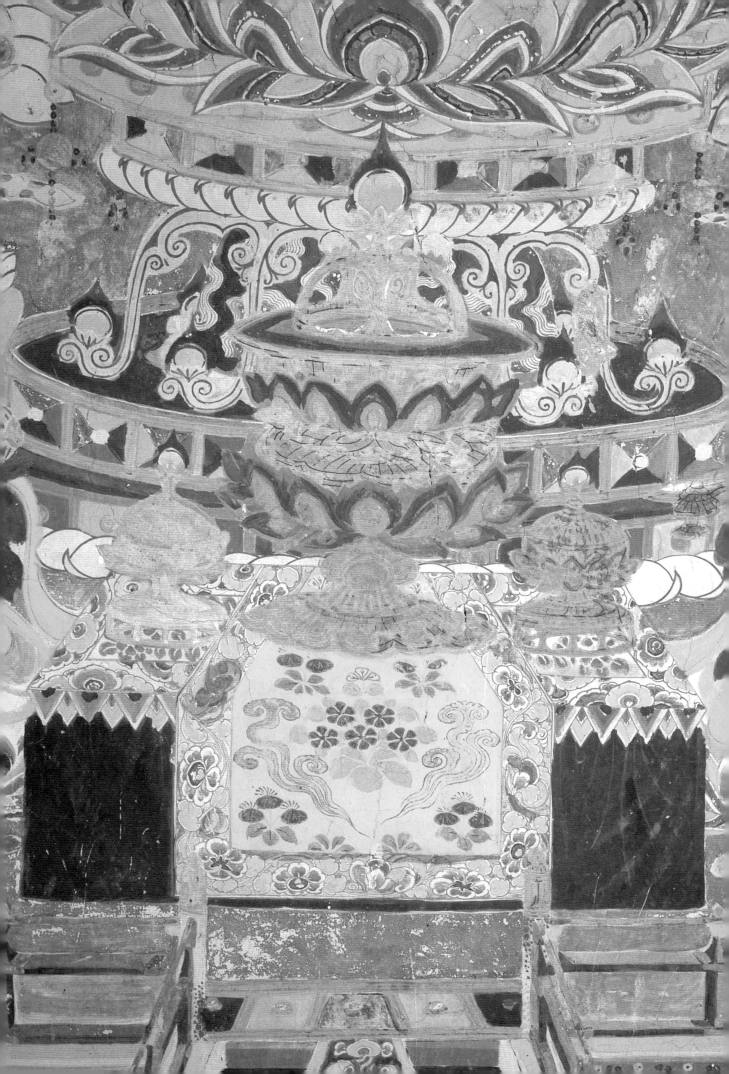

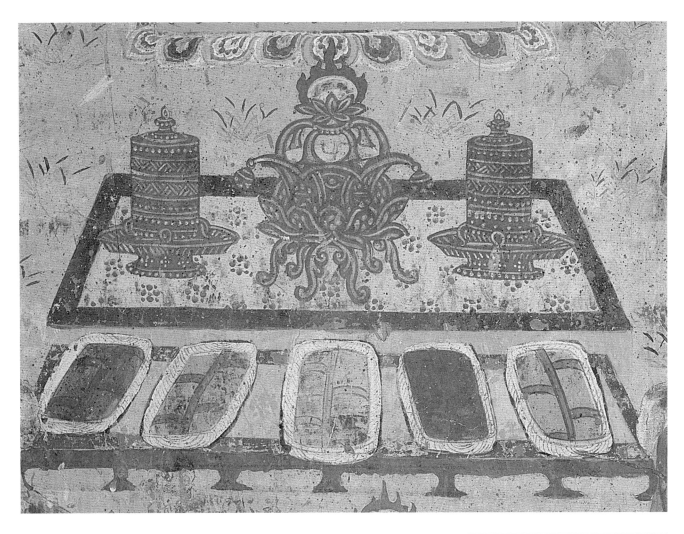

150 曲腿香爐

供器為六條曲腿棱紋圓頂香爐和圓柱形
盒。六條曲腿的香爐在敦煌壁畫和出土
文物中很少見。唐代出土香爐多見三足
或五足。

盛唐 莫445 北壁

149 供案及香爐

盛唐 莫148 東壁北側

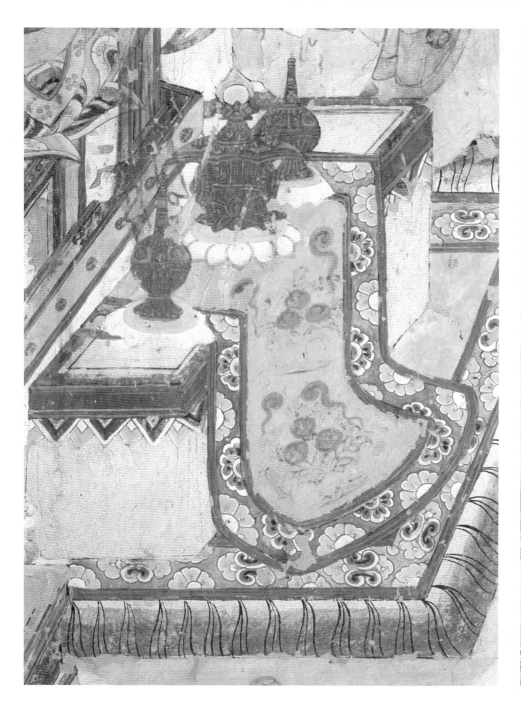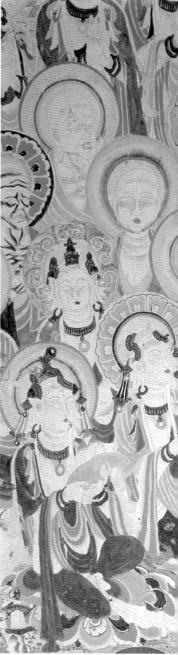

151 蓮座寶珠頂香爐

供桌正中為蓮座寶珠頂香爐,兩側為寶
瓶。香爐的兩側繪有大珠寶。

中唐 莫158 東壁南側

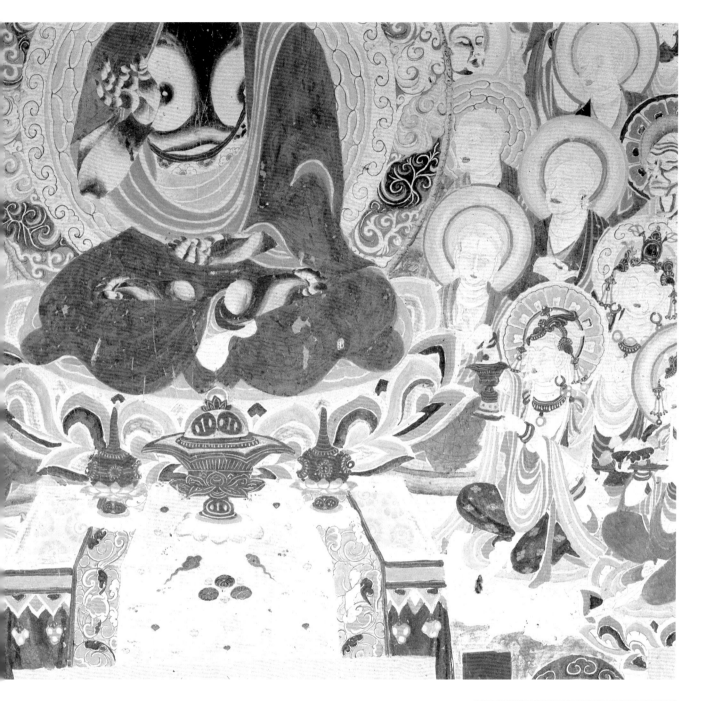

152 凸扇貝形香爐

條几上供物正中為香爐，兩側為寶瓶。
香爐收翹為六帖，呈凸扇貝形。缽上有
蓮座寶珠頂圓頂，四個橢圓形孔為出煙
孔。初唐圓頂透雕香爐通常為張口杯形
托，到中唐時便發展為此種凸扇貝形
狀。
圓頂蓋在凸扇貝形邊的缽上，收翹為六
帖，頂置一寶珠。正中為蓮坐寶珠頂香
爐，頂部有四個橢圓形出煙孔。兩側為
鑲寶石花瓶。
中唐 莫159 東壁

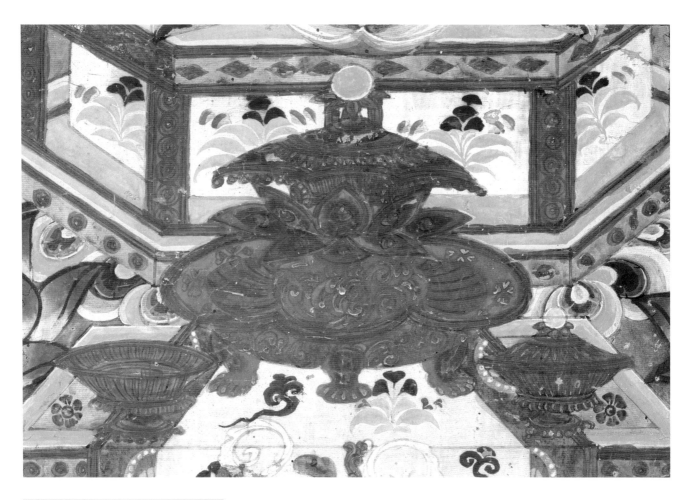

153　佛前香爐

此為佛前香爐，兩側各有一蓮花座盤，
一個有寶珠頂蓋，一個無蓋。

中唐　榆25　南壁

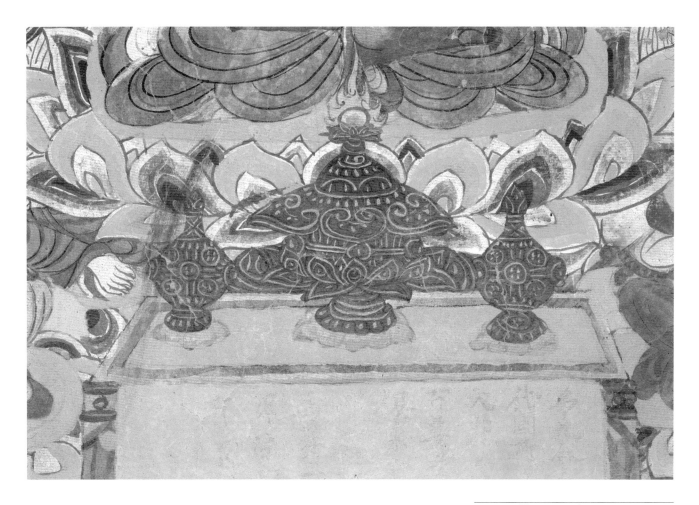

154　雲樣透花圖案的香爐

香爐有雙層蓮花底托，下有四葉形、四腳柱的底座。香爐有蓋，其下部呈尖角的扇貝形，沿底圓頂向下彎曲，圓頂有雙層雲樣透花圖案。從香爐兩側伸出的蓮枝和雅致的蓮葉托一小花瓶。花瓶裝飾有和香爐頂一樣的圖案。此圖案與西安附近何家村發現的8世紀初的隨葬品銀香爐很相似。香爐兩側為蓮座寶瓶。

五代　莫98　北壁

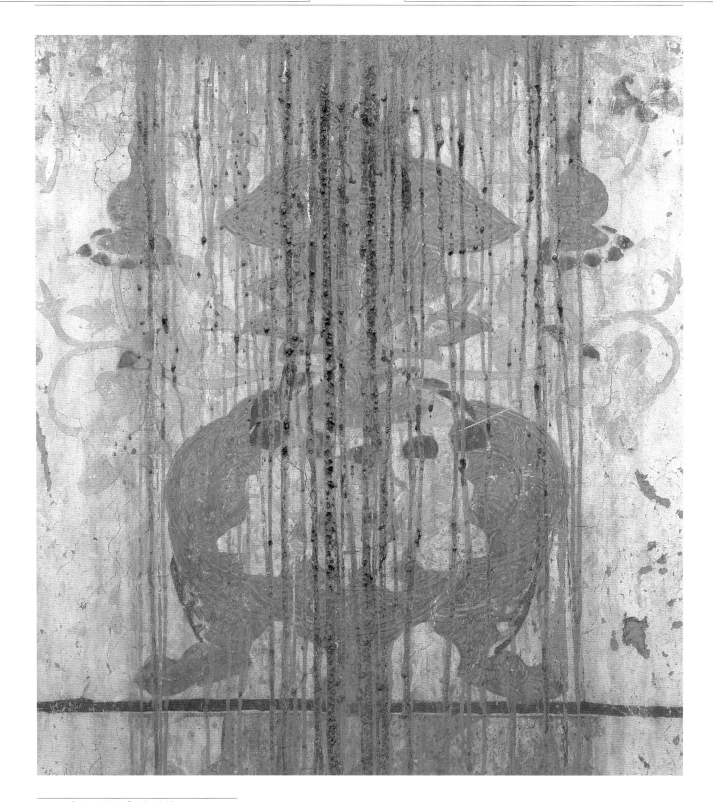

155 有心形圖案的香爐

這種香爐在10世紀十分流行。它的特點
是蓋的下部圖案是四個展開的大心形,
類似捲雲圖案。蓋的上部是四個弓形圖
案的低圓頂。香爐蓮花底托,置於四葉
形、四腳柱的底座內。蓮枝向兩側伸
展,頂端的八瓣形花葉上托着一寶瓶。

北宋 莫449 西壁龕下

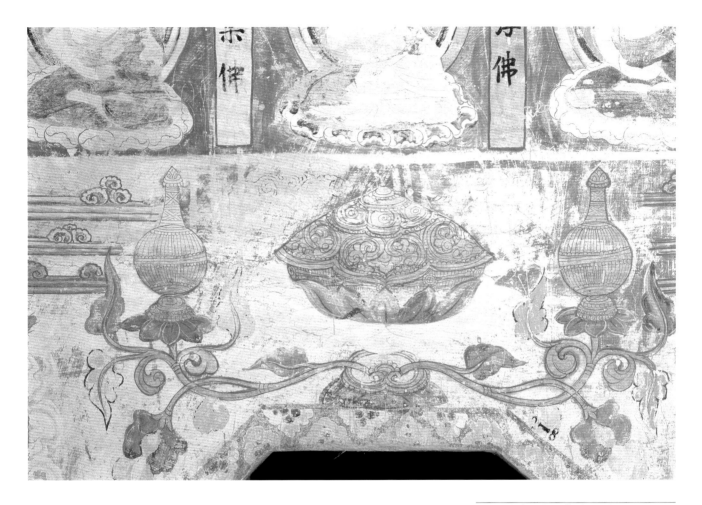

156 有桃形圖案的香爐

圖的中間為香爐，香爐蓋的下部圖案是
幾個展開的大桃形，類似捲雲圖案。蓋
的上部是幾個桃形回紋圖案的低圓頂。
寶珠蓋頂下邊有兩圈聯珠紋裝飾。香爐
有雙層蓮花底托，下邊的一層花瓣向外
展開，上邊的一層花瓣片包着香爐。下
部蓮花底托上的蓮枝向兩側伸展，蓮枝
頂端的八瓣形花葉上各托着一寶瓶。

宋 莫245 東壁

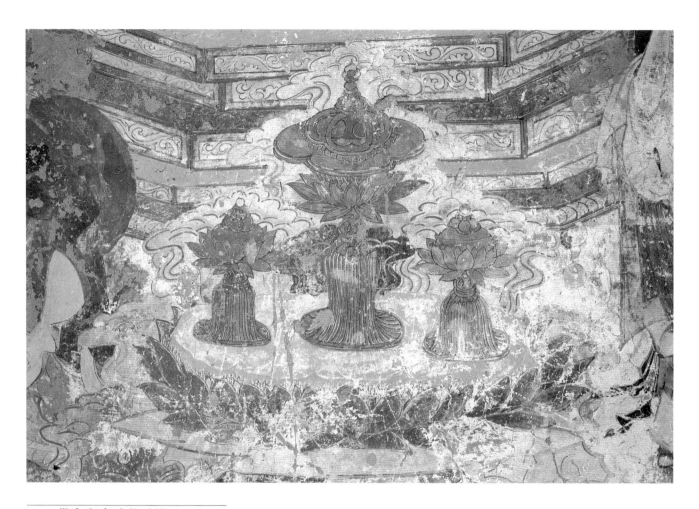

157 供案與寶珠蓋香爐

橢圓形蓮花供案上放置三個香爐，其造
型大致相同，都是喇叭形底座、蓮花形
裝飾，並有寶珠形頂蓋。三個香爐中間
的較大，兩側較小。

宋　榆2　南壁西側

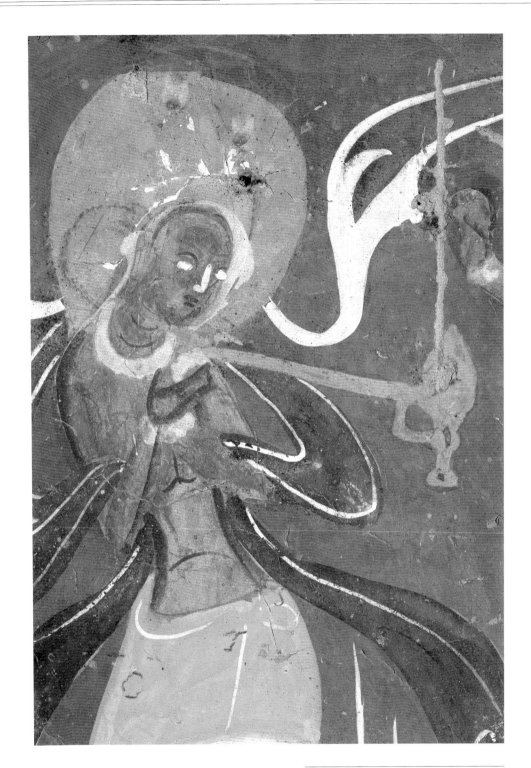

158　柄末端為鵲尾形的手爐

手爐柄很長，柄末端為鵲尾形，香爐的
爐身細高，有尖頂形蓋。柄末端為鵲尾
形的柄型香爐主要流行於北魏至隋。早
期柄香爐無蓋，後來出現了寶珠鈕，傘
形蓋的手爐。這幅畫出自須摩提女緣故
事畫，該畫是敦煌早期壁畫中的珍品。
此為須摩提女登高樓執香爐請佛圖。

北魏　莫257　西壁

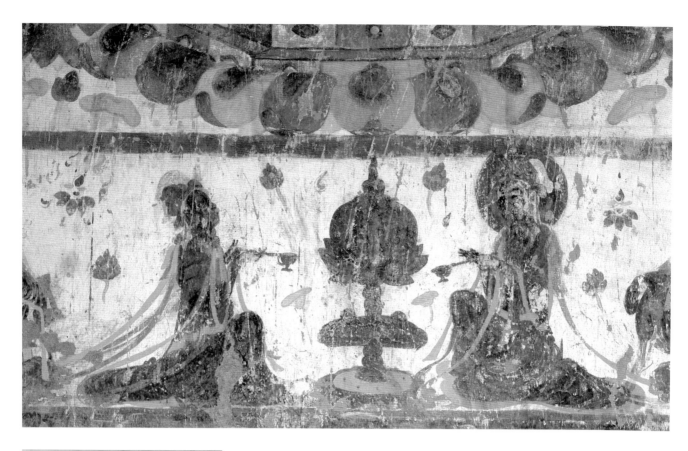

159 無蓋的手爐

兩供養菩薩各持手爐，手爐無蓋。中間
為一供器。

初唐 莫397 南壁下部

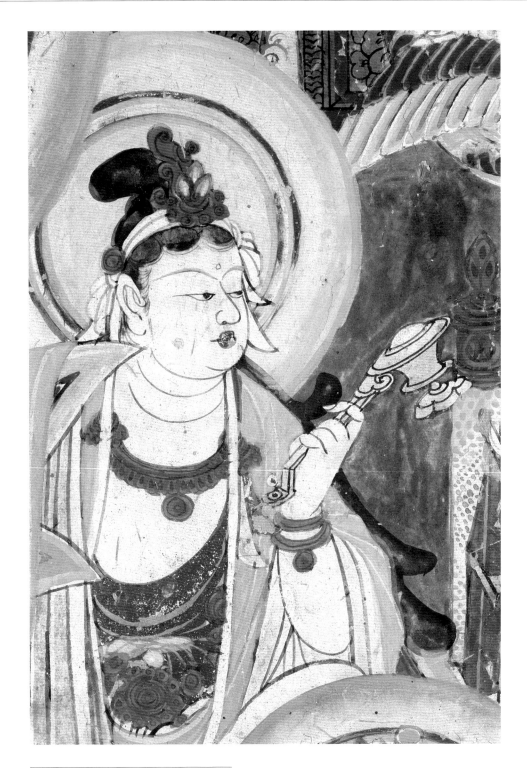

160 有寶珠形鎮的手爐

菩薩手持香爐的柄末端有寶珠形鎮，爐
身與柄相接處裝飾一桃形飾物。

中唐 榆25 南壁

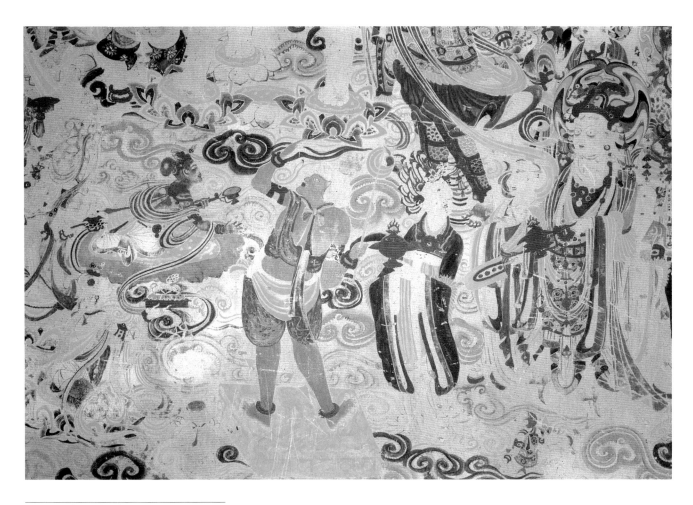

161 有桃形飾片的手爐

左側供養天女匍伏跪在大蓮花上，仰面
前視，左手舉柄香爐，右臂前伸。她所
持香爐為長柄，爐體寬平沿杯狀，下有
仰蓮座，爐體和柄相接處有桃形飾片。
在站着的神中間，一侍女雙手端寶珠蓋
香爐，大菩薩手持寶珠蓋大手爐。
供養天女雖為側面，但秀色神韻不減，
顯出內心的純潔和情緒的平靜。畫面線
條簡潔流暢，色調和諧，暈染填塗精
緻。
晚唐 莫9 東壁南側

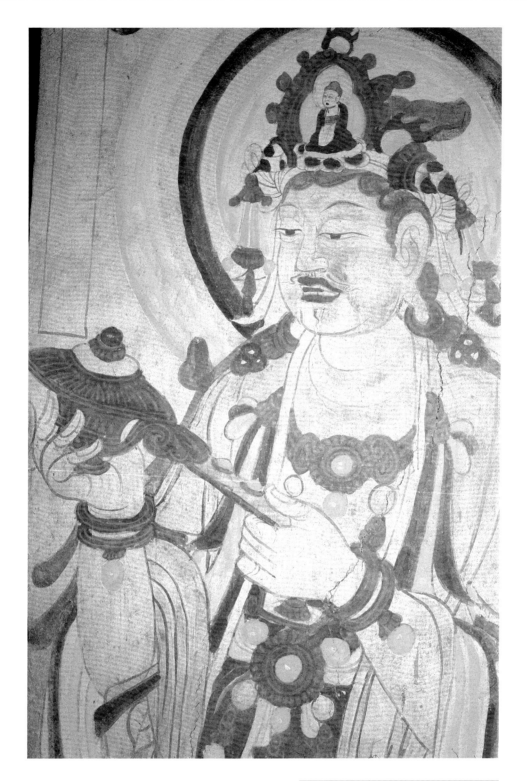

162 寶珠蓋手爐

菩薩所持手爐有寶珠蓋，在靠近爐身的
柄把上有兩個圓形裝飾紐。
北宋 莫55 背屏北側

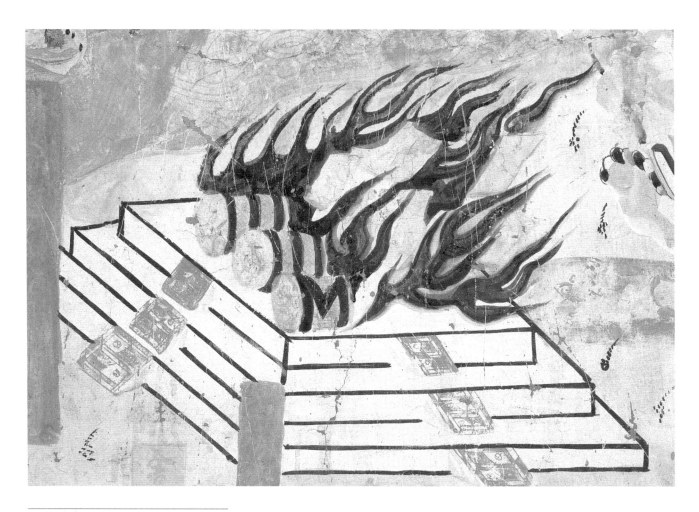

163 油桶

在三層琉璃戒台上放着三隻大桶，桶底
繪着圖案。桶口處燃着熊熊大火，火中
飄散着紙。畫面榜題："佛家道家消經
時"。此桶為油桶。

五代 榆32 南壁

彩繪顏料寶庫

　　敦煌石窟不僅是世界上偉大的藝術寶庫，還是一座豐富的顏料標本博物
館。石窟壁畫的各種顏料歷經千百年自然演變，有些至今光彩鮮艷，金碧輝
煌，它們的耐光、耐磨、耐久等性能在這座特殊的實驗室中經受了長久的考
驗。這些彩繪顏料樣品，是研究中國古代顏料發展史的重要資料。

　　歷代敦煌壁畫所應用的大量顏料，也反映了中國古代對礦物、植物成份綜
合運用的技能，對敦煌石窟彩繪顏料的來源、化學成份、應用及其生產技術進
行綜合研究，早已引起國內外專家學者的重視。現在，科研工作者正通過對顏
料的科學分析，以獲得歷代顏料樣品的化學、物理性能，了解一些顏料褪色、
變色、產生病害及膠質老化等問題的根由，為預防顏料變色、保護文物提供科
學依據。這也是敦煌學、科技史、文物、考古界及其他方面的專家學者關注的
重大課題。

第一節　絢麗奪目的彩繪顏料

敦煌石窟主要顏料的應用比阿富汗著名的巴米揚石窟、印度的阿旃陀石窟，中國新疆庫車的克孜爾石窟、吐魯番的伯孜克裏克石窟，甘肅炳靈寺、麥積山石窟，山西大同雲岡石窟等石窟所用顏料都多；比中國各地的墓室壁畫、畫像磚所用顏料更多；也比中國古代繪畫論著所記載、繪畫作品所用的顏料更豐富，特別是應用代用品更多。因此，深入研究敦煌石窟所用顏料意義重大。

敦煌石窟所用顏料大體分為無機顏料、有機顏料和非顏料物質三種類型。無機顏料中的紅色有朱砂、鉛丹、雄黃、絳礬；黃色有雌黃、密陀僧；綠色有石綠、銅綠；藍色有青金石、羣青、藍銅礦；白色有鉛粉、白堊、石膏、熟石膏、氧化鋅、雲母；黑色主要是墨。此外，壁畫、彩塑上還應用有金箔、金粉。有機顏料中的紅色有胭脂，是從紅花中提取出來的；黃色有藤黃；藍色有有機藍，即靛藍。非顏料的礦物質以白色為多，如高嶺石、滑石、石英、白雲石，還有碳酸鈣鎂石、角鉛礦、氯鉛礦、硫酸鉛礦、葉蛇紋石等，它們都是古代富有經驗的民間畫工因地制宜挑選來作顏料代用品的。

北朝時期這些主要顏料多已應用。北涼畫面以土紅為底色，着以綠色的石綠等，色調渾厚，單純豪放。壁畫人物形象均以土紅線起稿，賦色後以深墨鐵線定型，線描細勁有力。整個造型面相橢圓，高鼻大眼，體態健壯；菩薩和故事畫中的國王都穿相同的西域式衣冠服飾。此時彩塑和壁畫表現出中原傳統藝術和西域藝術相互融合的特點。北魏滅北涼統治河西後，拓跋王朝實際統治敦煌的歷史有90年。北魏的藝術帶有濃郁的漢晉文化傳統氣息，從石窟的型制、題材、色彩、造型都可以看出同北涼石窟的沿襲關係。在這一時期的西魏沒發現石綠，北周所用石青很少。

隋代顏料大致與北朝相同，石青也很少。當時出現了瀝粉堆金工藝，給成線條凸起的部位貼金叫瀝粉，給整面凸起部分貼金叫堆金。瀝粉堆金常用於衣冠花紋及裝飾圖案等，使其呈現堂皇富麗的效果。由於金粉、金箔的使用大量增多，色調更為輝煌奪目。

唐代出現有機顏料，壁畫色彩更加豐富，除各種色相分別具有許多不同色度外，又有許多調和色。特別是由於賦彩、渲染技巧發展到高度純熟的境地，使唐代前期成為敦煌莫高窟色彩最為富麗、絢爛的時期。在唐初的第322窟、貞觀十六年的第220窟和神龍年間的第217窟等，可以看到保存大體完好的當時的色彩。

唐代壁畫與早期壁畫情趣不同，畫面寫實，其裝飾效果的取得，主要是通過色彩的巧妙配置；不同階段的風貌呈現明顯的差異。一幅壁畫或整個窟室的色彩效果，很大程度受地色影響。唐代畫師在地色運用上頗費匠心，有的以土紅色塗地，賦彩濃重淳厚，含有前代的餘韻；有的以土壁為地，色調溫柔諧和，係初唐新風；有的發展了前代以粉壁為地的畫法，色彩鮮艷明快，已大體上是盛唐的格調；中唐吐蕃時期壁畫色彩上的變化更為顯著。天寶年間開始製作，到中唐之初才完成的一批洞窟，一度大面積使用土紅，或土紅加黃加黑配成的不同紅色，色彩單調貧乏，後來才逐漸豐富。中唐時期應用了紅、黃、藍多種有機顏料，而且在第112窟整窟應用了很精緻的雲母粉。在第112、159等窟，色調已是鮮麗、明快、清雅。晚唐時，由於採用土黃色或白土色作地色，壁畫色調又趨於柔和溫馨。

五代時期，後梁乾化四年至後周顯德七年（公元914年～960年）間，曹氏政權相繼統治瓜、沙州40餘年。曹氏政權效法中原王朝，在瓜沙設立畫院，以大規模地開窟鑿像。安西榆林窟第35窟供養人題名有"都勾當畫院使"、第32窟有"都畫匠作"和"畫匠弟子李園心一心供養"。這是當時留下的史證。畫院設置的初期，壁畫內容、造型、構圖和線描、賦彩，很少超出晚唐的規範。後來逐漸使用生動豪放的蘭葉描，賦彩方面創出一次暈成的獨特染法，形成畫院新風格，具有濃厚的民間情調和鄉土色彩。五代時期敦煌

還出現大量的地方特產絳礬，用於做紅色顏料。中國古代約有近30種文獻記載了關於敦煌一帶瓜、沙二州出產黃礬、綠礬、絳礬、金星礬的情況。絳礬可由綠礬焙燒製得。綠礬又名青礬，因最早用於染黑，所以也叫皂礬，為綠色結晶物，有天然產的，也有通過焙燒黃鐵礦石而製得的。綠礬在空氣中經大火焙燒，析出結晶水的同時會被空氣氧化成為紅色，驅盡其中水份後，即成為棕紅色，猶如黃丹的粉末，古時稱為絳礬。絳礬不僅是名貴的藥品、煉丹的原料，而且也是自唐以來在敦煌石窟壁畫、彩塑中使用的紅色顏料。莫高窟五代第5窟、宋代第378窟、西夏第245窟、元代第465窟及清代的紅色均為絳礬所調製。

五代至西夏時敦煌石窟中出現了"綠壁畫"，其所用顏料幾乎全部是氯銅礦。中國史書中記載了兩種含銅化合物：綠鹽和銅綠，它們最早是西北新疆等地少數民族的地方特產。唐、五代時期，敦煌東鄰的張掖、西鄰的高昌都是既大且近的顏料市場。吐魯番唐代文書中很明確地將銅綠列入顏料商品中，說明在此之前銅綠作為顏料已為人熟知。在敦煌藏經洞唐、五代時期的社會經濟文書中，關於銅綠顏料的文書有3件。通過對大量顏料的分析，可看出：北朝以來的綠色顏料既有單獨應用氯銅礦的，也有氯銅礦與石綠或石青混合的，說明早期的銅綠是從自然銅礦氧化

帶中採集的伴生礦物加工而成的。唐代以來，敦煌、新疆等石窟中綠色顏料主要是氯銅礦，這與當地製取出售銅綠的文獻記載相符。晚唐至元代單獨的石綠很少。

北宋王朝統治敦煌只有76年（公元960～1036年），敦煌地區的最高統治者是歸義軍曹氏。北宋洞窟現存40多個，洞窟型制沿襲晚唐、五代舊式，無新變化。北宋洞窟壁畫的用線，主要是墨線與赭紅線，除少數尚稱遒勁外，多數缺乏筆力。用色方面，富麗光彩的朱砂等減少，大量使用銅綠、絳礬以及鉛顏料，這些顏料後來被氧化變色成茶褐色，這種顏色的壁畫比比皆是。尤其到了後期與西夏交接的一批洞窟，幾乎是一片綠的世界。一進這種洞窟，就給人以清冷、乏力、呆滯的感覺，相沿數百年的金碧輝煌的莫高窟藝術，這時已是夕陽殘照了。

11世紀後，一方面，黨項人爭奪河西走廊，甘、涼一帶戰鬥頻繁，交通受阻，社會不寧，使敦煌壁畫顏料來源受到影響；更重要的是，由於宋代理學的興起，社會風氣、審美觀念和美學思想相應發生較大的變化，反映在美術上，簡潔樸質、淡雅清秀的風格流行於畫壇。敦煌宋代壁畫也正是如此。這種自北宋以來波及全國包括敦煌地區的潮流，直接影響到沙州回鶻時期的石窟壁畫。北宋時期新出現了黃色顏料雌黃（也稱石黃），如西千佛洞北宋第15窟等，以前的黃色大都以紅、白色調成淡黃色代替。據《本草經集注》等古文獻記載，好的石黃產於武都和敦煌，但由於敦煌附近石黃資源很缺乏，所以到北宋才得到應用。

晚期的敦煌石窟在沙洲回鶻、西夏、元諸少數民族統治下，出現了另一種景象。壁畫的敷彩大量施用鐵紅，並往往用以作大面積窟頂圖案的底色，從而使洞窟的基本色調偏暖，造成喜慶吉祥的熱烈氣氛。這種鐵紅顏料，以氧化鐵為主，常混入石膏，此外還含有微量白堊。

沙洲回鶻是9世紀中葉入居敦煌的一支回鶻部落，五代、宋時，勢力漸漸強大。從史書記載來看，在西夏統治前（公元10～11世紀初）的一段時期，回鶻在敦煌的勢力很強大。回鶻時期，由於河西走廊中段黨項人與甘、涼地區回鶻、吐蕃人的頻繁戰鬥，中西交通受阻，顏料來源困難，敦煌壁畫顏料品種相應減少，常用的僅有鐵朱（赭紅）、銅綠、石青、白、黑等寥寥數種；當時青金石、氯銅礦的應用比北宋多，還增加了雄黃。這幾種顏料的應用，使回鶻壁畫比北宋、西夏時期色彩更豐富多樣。當時的藝術風格與隋唐時期相比，出現較大變化，在色彩上，壁畫缺少豪華富麗的色調及豐富的層次；在敷彩技巧上，也趨於簡單粗放，流行"勾填法"。"勾填法"是在先勾勒好的輪廓線內淡彩平塗，留出白邊，敷彩完畢，不再描出定稿線；即使塗色時不小心覆蓋了起稿輪廓線，也不再重描。這一畫法比過去的畫法省工易行，這也使得隋唐豐厚飽滿、富麗華貴、工藝精細的疊暈技術幾乎不見。這時，除少數洞窟敷彩比較濃重以外，多數敷彩趨於單薄，有一定的透明度，加上部分顏料的變色，致使現存的壁畫多為偏冷的青綠色調。這時的一些壁畫中出現了一種紅色顏料，如第310窟等，其成份是石膏、鉛丹與雄黃，這種紅色顏料豐富了洞窟暖色調的層次；在一些洞窟頂部的裝飾圖案畫，也多用鐵紅作底，色調趨於溫暖甚至熱烈。

西夏的織物印染原料，在漢文事務分類字典《雜字》第十六顏色部有比較集中的記錄，可分為植物染料和礦物染料兩類。礦物染料有：染藍的"大青"、"石青"、"沙青"；染紅的"大硃"，應即漢族文獻中的"朱砂"；染黃的"雄黃"、"雌黃"；染白的"粉碧"，似即漢族文獻中的"鉛粉"；染綠的"銅綠"等。西夏時期還出現大量的水氯銅礦。據對敦煌石窟西夏彩繪顏料的科學分析可知，西夏彩繪顏料也很豐富，紅色有紅土、鉛丹、雄黃、朱砂；藍色有石青、青金石；綠色有氯銅礦；白色有方解石、滑石、石膏、硬石膏、白堊、雲母、石英；黑色有墨，此外還應用了金粉和金箔。

清代至民國年間的彩繪最顯著的特點是以進口合成羣青代替天然羣青。青金石是天藍色寶玉石之一，主要產地在阿富汗，中國很早就把它加工成藍色顏料，叫天然羣青，敦煌石窟從北朝至元代都有使用，用量很大，後絕跡。18世紀西歐一些國家用幾種化學物質合成一種藍色顏料，人們把它叫人工羣青或合成羣青，產品外觀為濃艷的深藍色。莫高窟清代彩塑、木建築等所用藍色顏料顏色濃艷，用量較大。根據敦煌石窟重妝彩塑的時間和中國製造合成羣青的年代來考證，敦煌石窟在清代至1940年以前應用的合成羣青是從國外進口的。

根據史料所載以及現代科學的實際勘探考察，敦煌石窟所用的礦物質顏料主要有三個來源：一是本地所產，如絳礬、雌黃、雄黃、雲母粉、葉蛇紋石等十幾種主要礦物質顏料，大部分是在當地或附近採集天然礦物，經過比較複雜的物理加工製作而成的。銅綠的記載以新疆吐魯番和藏經洞文書為早，是西北地區的特產。唐、五代時期，敦煌東鄰的張掖、西鄰的高昌都是很大的顏料市場。第二個來源是從中原內地運去的成品或半成品，如鉛白、鉛丹、一氧化鉛、朱砂等。第三個來源是從古代的 "西域" 遠道運來，如青金石，主要產地在阿富汗。

敦煌壁畫所應用的顏料達30多種，其中有些顏料在繪畫中很早使用，為史料所不載，如青金石、密陀僧、絳礬、銅綠、雌黃、雄黃、雲母粉、葉蛇紋石等顏料。所有這些都反映出中國古代在化學工藝方面長期居於世界領先地位的巨大成就。

敦煌石窟藝術彩繪顏料一覽表

類別	學名	俗名	英文	化學式
紅色	朱砂	辰砂、硫化汞	Vermilion or cinnabar	HgS
	鉛丹	紅丹	Minimum or red lead	Pb_3O_4
	紅土	赭石	Red clay (including ochre)	Fe_2O_3
	絳礬	礬紅	Crimson Vitriol or red vitriol	$\alpha\!-\!Fe_2O_3$
	雄黃		Reagan	AsS
黃色	雌黃	石黃	Orpiment	As_2S_3
	密陀僧	黃丹	Litharge or yellow lead	PbO
	金粉		Gold Power	Au
	金箔		Gold foil	Au
綠色	石綠	孔雀石	Malachite or green mineral	$CuCO_3.Cu(OH)_2$
	氯銅礦	鹼式氯化銅	Chlorine copper or alkali copper chloride	$Cu_2(OH)_3Cl$
藍色	石青	藍銅礦	Azurite	$2CuCO_3.Cu(OH)_2$
	青金石	天然羣青、佛青	Lapis lazuli or natural ultramarine or Buddha blue	$(Na.Ca)_{7\text{-}8}(Al.Si)_{12}$ $(O.S)_{24}[SO_4.Cl(OH)_2]$
	羣青	人工羣青	Ultramarine or artificial ultramarine blue	$Na_{6.88}Al_{5.63}Si_{6.35}O_{24}S_{2.4}$
白色	鉛白	鉛粉	Lead vitriol or lead powder	$2PbCO_3.Pb(OH)_2$
	高嶺土	白土、瓷土	Kaolin or white clay or china clay	$Al_2Si_2O_5(OH)_4$
	白堊	方解石	Chalk or calcite	$CaCO_3$
	雲母		Mica	$Kal_2Si_3Al_{10}(OH)_2$
	滑石	畫粉、膩粉	Talcum or painting powder or greasy powder	$Mg_3Si_4O_{10}(OH)_2$
	石膏		Gypsum	$CaSO_4.2H_2O$
	石英		Quartz	SiO_2
黑色	墨	炭黑	Chinese ink or carbon black	C
褐色	二氧化鉛	棕鉛	Brownish lead or lead dioxide	PbO_2

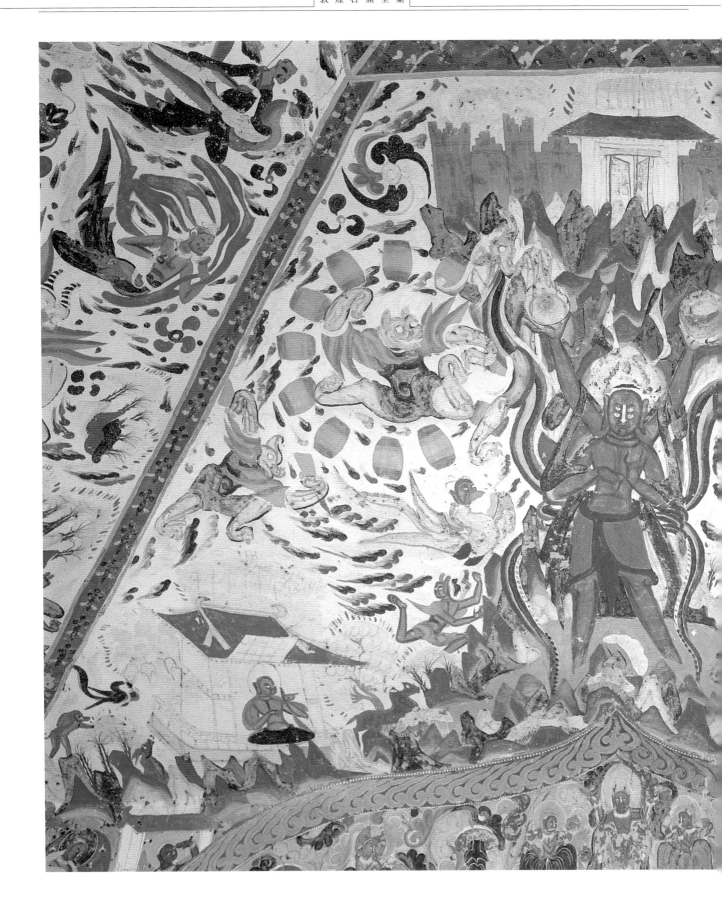

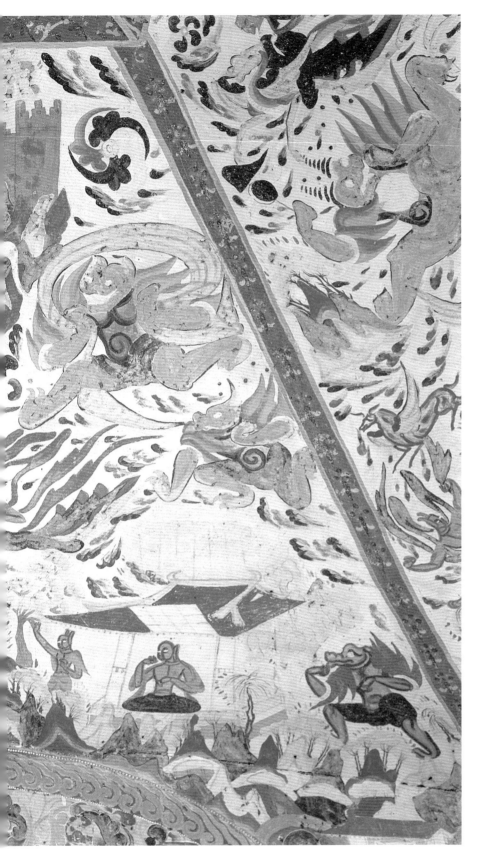

164 青、綠色窟頂

西魏出現了紅、白兩種地色在同一洞窟中應用的特殊現象。此窟窟室三壁全為土紅色，遍畫千佛。但圖中所見覆斗形窟頂壁畫，則一反常規，全以白粉為地，繪以青、綠色彩，清晰明朗。阿修羅的臉為典型的"五白臉"。主要顏料綠色有石綠、銅綠。藍色有青金石、藍銅礦。白色有白堊、石膏。黑色主要是墨。

北魏　莫249　西坡

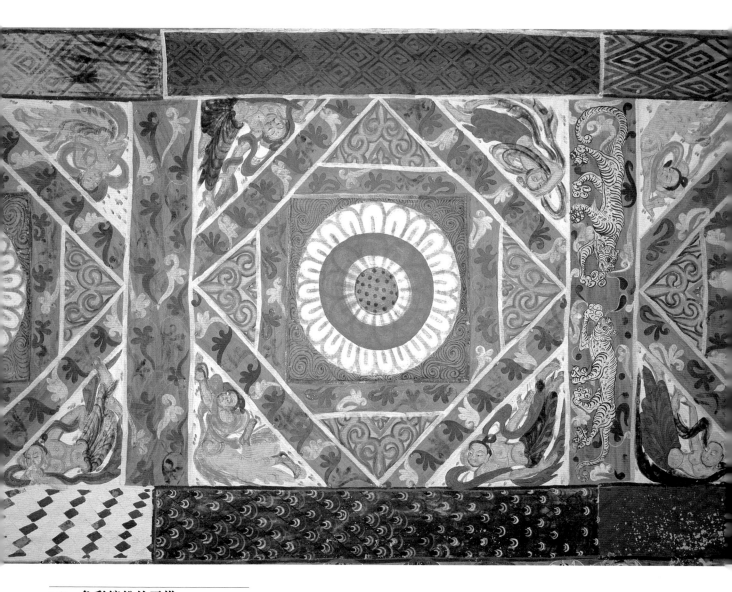

165 色彩繽紛的平棋

通道上方的平頂稱平棋。這個平棋圖案
中心為一朵簡練的圓形蓮花,四周有螺
旋形水紋、忍冬及裸體飛天。整個畫面
色彩以土紅、青、白為主。由於這些色
彩的合理運用,整個平棋給人以豪放健
康的感覺。

北周 莫428 中心柱北側

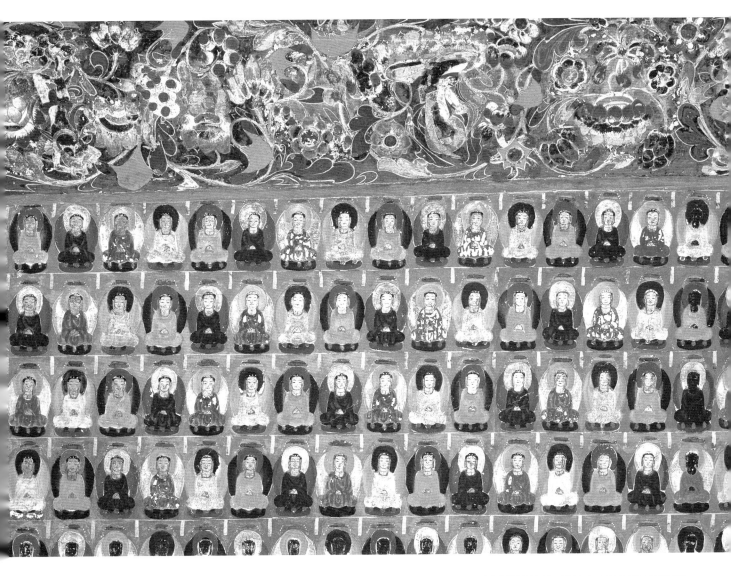

166 色彩豐富的千佛

千佛是北朝以來壁畫的主要題材，畫於洞窟四壁。千佛的色彩、造型及排列均有規律。造型以底色、華蓋、頭光、背光、袈裟、內衣、肉體、蓮座的不同顏色區分，袈裟的顏色起主導作用，可以說是各單幅千佛畫的中心色。此圖袈裟以紅、藍、黃、綠、黑等色8身為一組，每身各不相同，顏色的排列順序成組地循環，形成斜向的條條色帶，表現十方諸佛，佛佛相次"光光相接"的玄妙景況。紅色有朱砂、鉛丹。綠色有石綠、銅綠。藍色有青金石、藍銅礦。白色有白堊、石膏。黑色主要是墨。

隋 莫427 窟頂

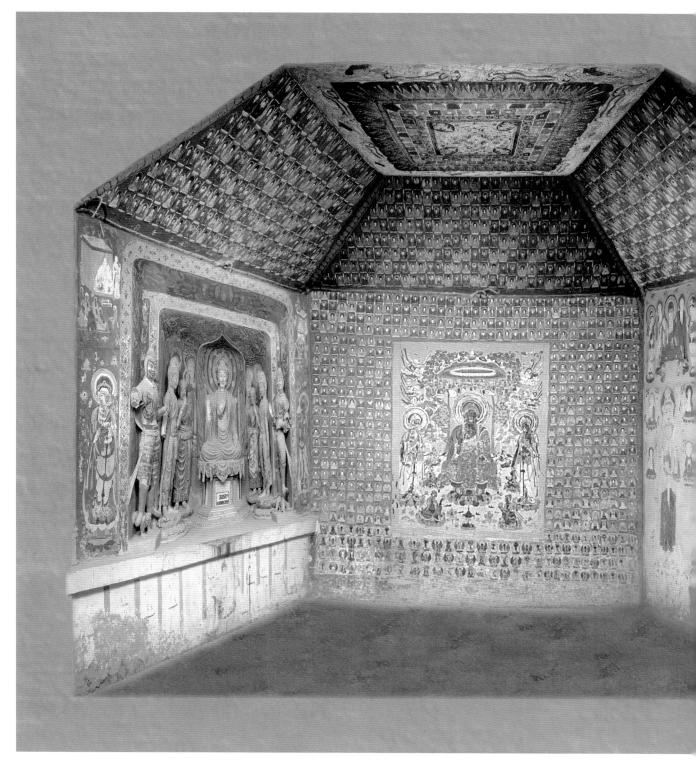

第 322 窟立體圖

該窟為覆斗形殿堂式小型窟。屬由隋風
漸轉為唐風的典型窟。主室龕內塑像完
整。壁畫風格，滿壁土紅，多繪千佛，
佛龕帳門兩側上部繪製簡單的文殊、維
摩論辯等，似未脫隋代影響；但說法圖
中菩薩的身姿已漸秀麗，色調麗而不
艷，顯示逐漸形成的初唐富麗而淡雅的
風格。

東壁門上為說法圖，佛前開始出現供養
人及發願文，人物造型也比前代寫實，
色彩單純而厚重。

初唐 莫322 立體圖

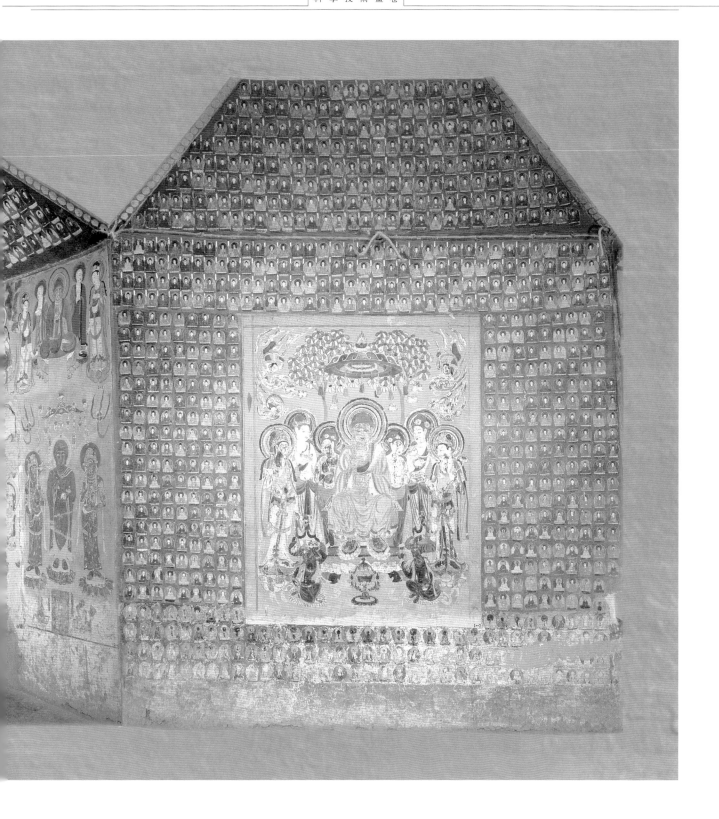

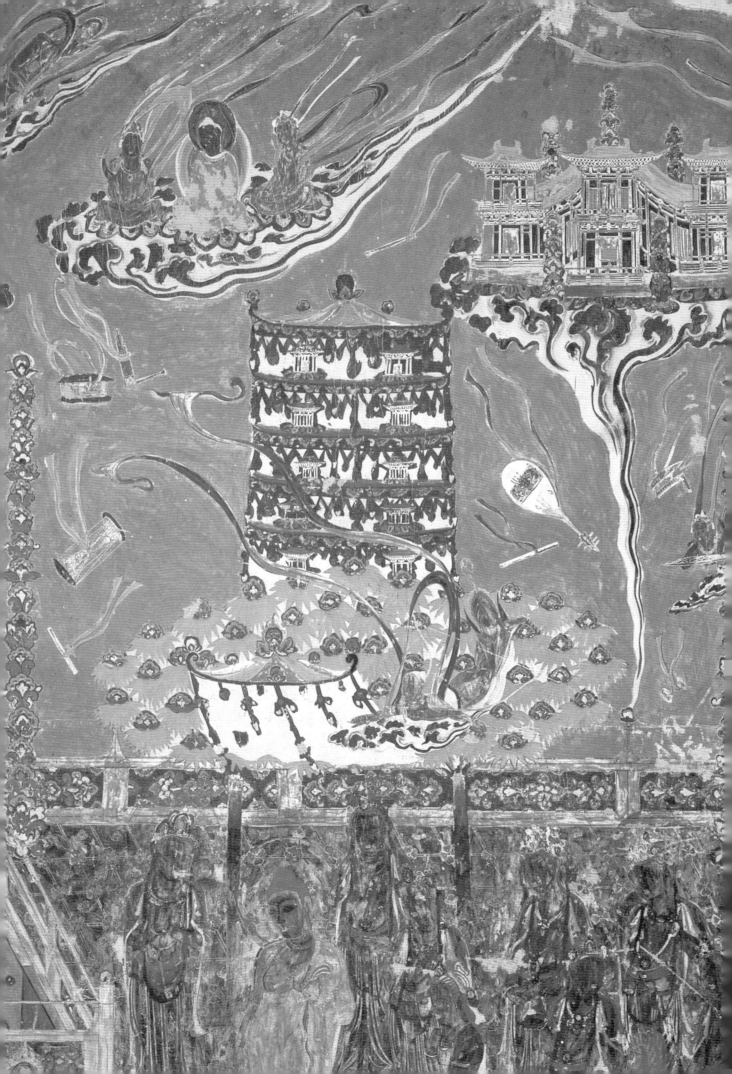

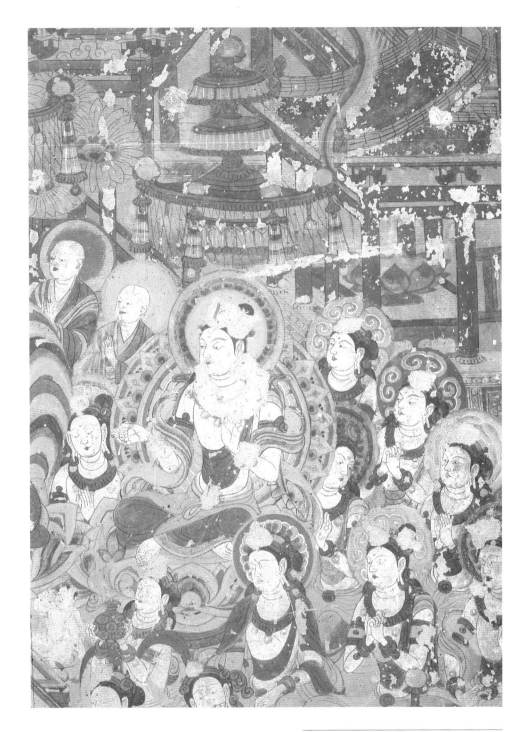

167 蔚藍色天空

上部近1/3的壁畫為蔚藍色的天空，上畫
"不鼓自鳴"的天樂、飛天、寶幢、寶
樓閣、寶樹以及"來迎圖"，滿天彩帶
飛揚。中部為水上平台、樓閣場面宏
偉。圖下部正中為無量壽佛及眾多菩
薩。飛天雖面目不清但姿態猶存，數量
亦多。所有變黑的都是鉛顏料，中部變
色最嚴重。寶樓閣、寶幡中紅色為朱
砂。蔚藍天空使用的主要有青金石、藍
銅礦。白色有白堊、石膏。

初唐 莫321 北壁阿彌陀經變東側上部

168 白雲母粉飾菩薩

這是個幾平方米的方型小窟，著名的
"反彈琵琶"壁畫就繪於此窟南壁。這
個窟不僅繪畫藝術上為唐代敦煌壁畫的
一流水平，而且顏料的加工也達到絕妙
的程度。所用的銀白色顏料閃光發亮，
以前認為是鉛粉、白土、石膏、蛤蟆粉
等，也有人認為是銀粉。但經分析得
知，其實是很純的天然片狀白雲母粉，
細碎的鱗片顯色效果極佳。

中唐 莫112 北壁藥師經變東側

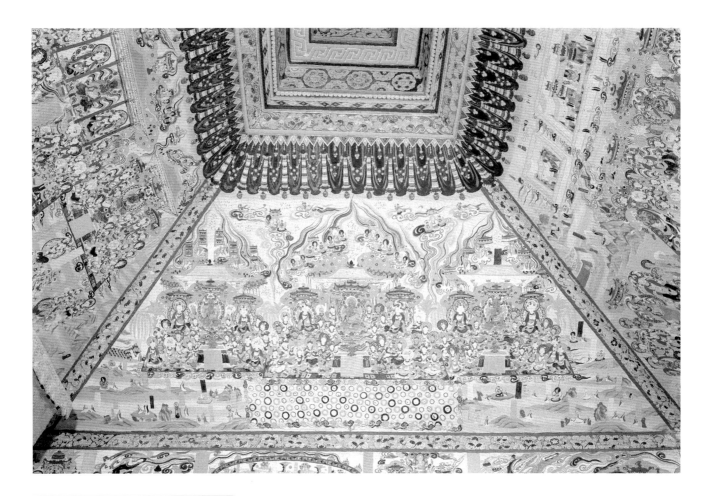

169　釋迦説法

正中的説法圖為佛及脅侍文殊、普賢等
上首菩薩，兩側為供養、聽法的眾菩薩
和眾弟子，還有護法的天王。下部華嚴
藏兩側為"善財童子五十三參"的內
容，每一情節畫在山丘上或山丘中，以
榜題區分。上部兩側各有兩飛天。主要
顏料紅色有朱砂、鉛丹，綠色有石綠、
銅綠，藍色有青金石、藍銅礦，白色有
白堊、石膏，黑色主要是墨。還有金
箔、金粉。

晚唐　莫9　北坡

170　紅眉天王

北方毗沙門天王捧塔半跪於胡床上，天
王髮、眉、鬚均呈紅色，有朱砂、鉛
丹。由於繪於窟頂，故形象、色彩保存
如新。夜叉鬼、天女、夜叉大將等左右
侍從。

五代　莫146　窟頂西北角

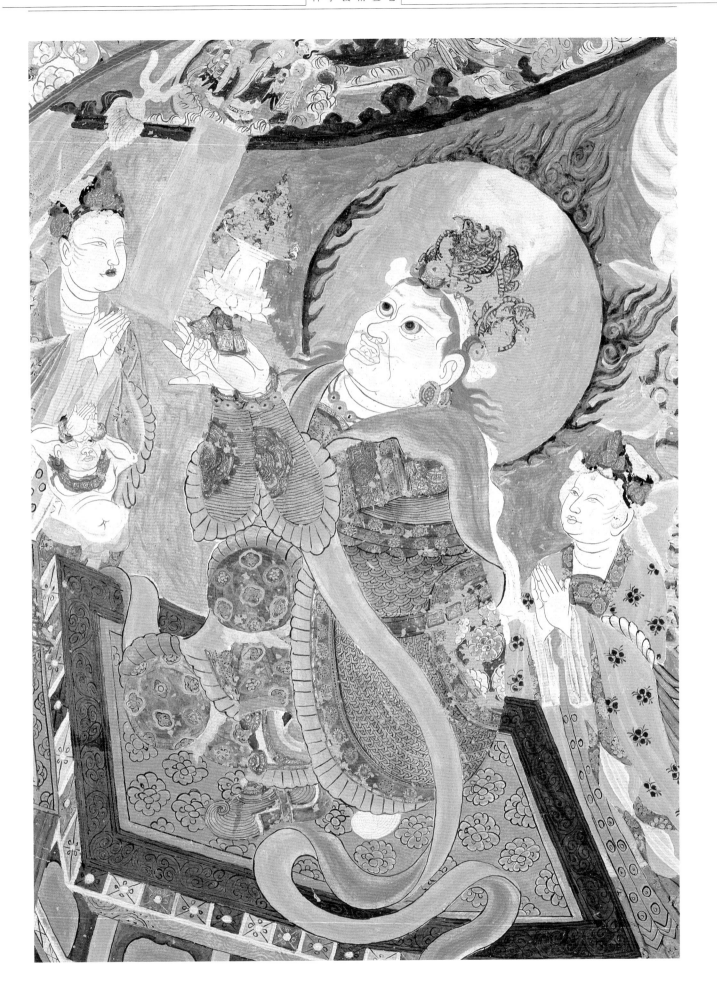

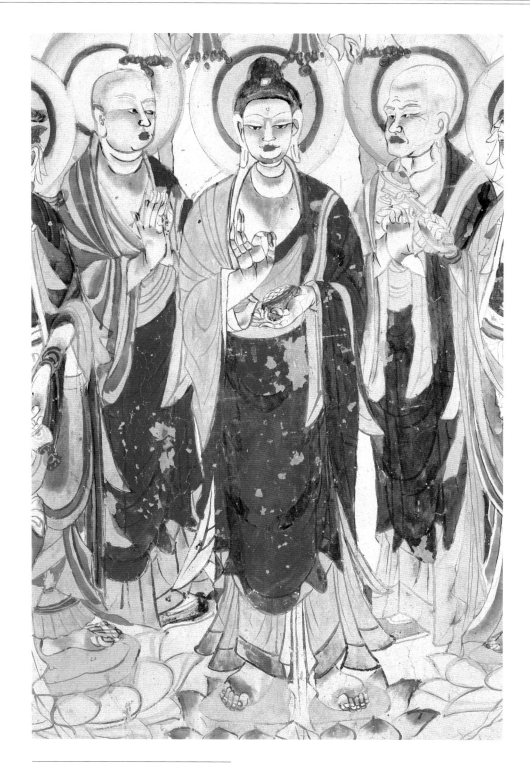

171 光彩奪目的說法圖

藥師佛說法圖有一佛二弟子。底色為白
堊、石膏，佛、弟子、菩薩身上肉紅色
的肌膚為鉛丹，佛、弟子着朱砂色袈
裟。黑色的頭髮，銅綠色的天衣，清晰
的線條光彩奪目。

該壁畫是1975年敦煌研究院將外層壁畫
剝離後才展現出來的，鮮艷如初。

五代 莫220 甬道南壁龕內南壁

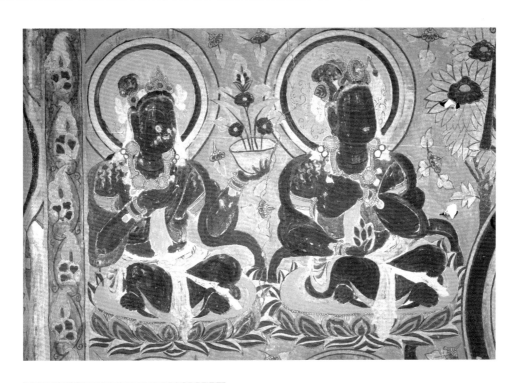

172 使用暖色調的菩薩像

二菩薩衣飾、蓮花座、花卉上的紅色顏
料中出現了雄黃，菩薩肌膚、衣飾、頭
光、花卉上的變色為鉛丹，豐富了洞窟
暖色調中的層次。白色為石膏，頭光、
衣飾、花卉上有銅綠色。人物面相均長
圓形、豐頤、柳眉、細目、修鼻，是西
夏人特點。

宋 莫310 北壁

173 青金石塗底的壁畫

回鶻時期個別洞窟出現用青金石塗底色
的現象，此窟就是其中之一。飛天頭
光、雲朵、花卉以銅綠色為主，肌膚、
頭飾、雲朵、花卉也使用了白堊、石
膏，衣飾、花卉上的變色為鉛丹，衣
飾、雲朵、花卉上的黑色主要是墨。

宋 莫245 南壁西側

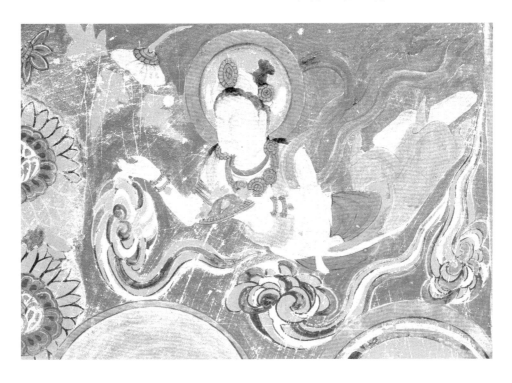

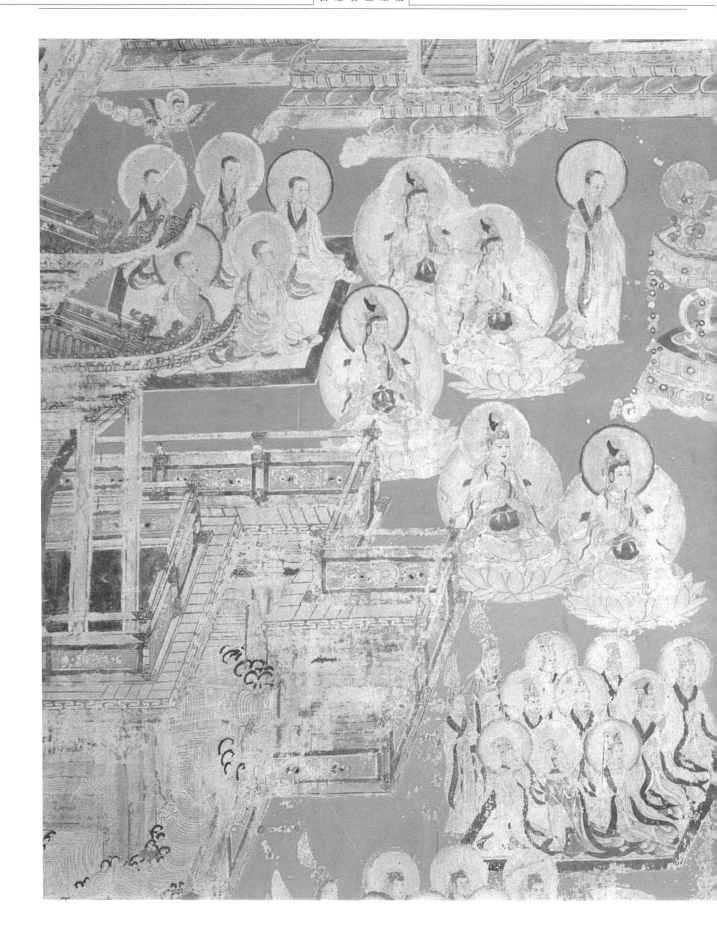

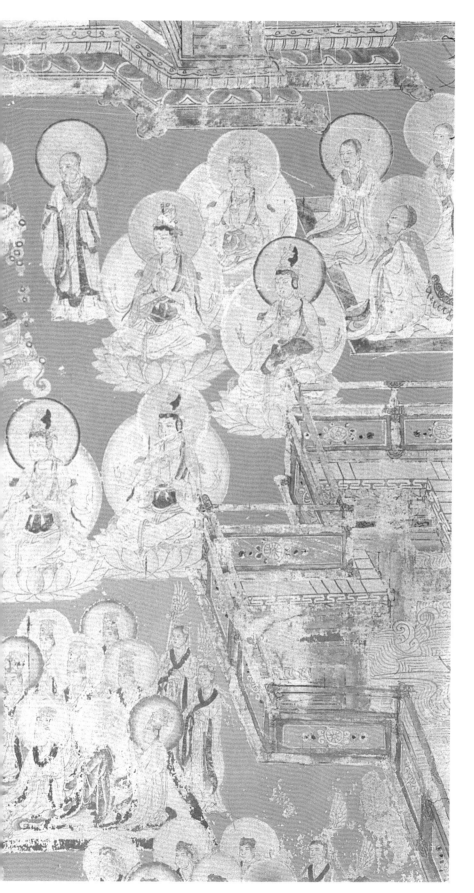

174 綠色的淨土變

在四面建築環繞的庭院正中，放一大型
金屬供器，四周聚集着佛的十大弟子
等，秩序井然。人物形體雖不大，描繪
卻一絲不苟。綠色底色顯得格外鮮明。
主要顏料有綠色的石綠、銅綠及藍色的
青金石、藍銅礦等。

宋 榆3 北壁

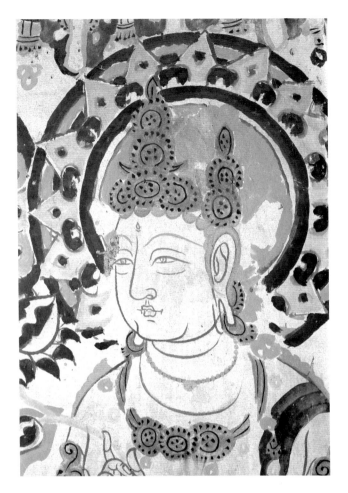

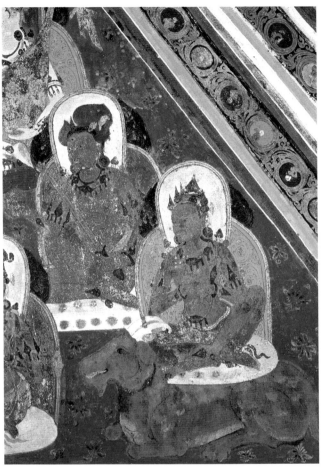

175 菩薩

主要顏料白色有白堊、石膏，白堊繪肌
膚。黃色有石黃，藍色有藍銅礦，光圈
為石青色，黑色主要是墨。

宋 莫353 西壁北側

176 菩薩

此圖為坐在牛上的聽法菩薩。主要顏料
有：青金石作底色，藍色為藍銅礦。赭
石色繪牛。綠色有銅綠。菩薩頭光、底
墊等白色有白堊、石膏。菩薩身體為鉛
顏料。

元 莫465 東坡南角

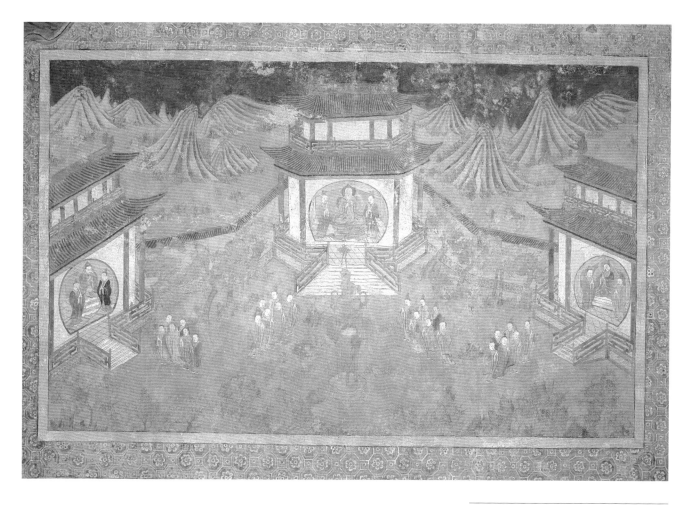

177 使用合成羣青的清代壁畫

壁畫以濃艷的藍色為主。上部底色及建築物頂等均以濃淡不同的羣青塗繪，畫面中還用了白堊、石綠、土紅、墨等。通過實地調查和顏料分析，可以確定壁畫用的是人工製造的合成羣青，而不是天然青金石。在晚清，不論中原內地，還是西北邊陲，各種建築物的彩繪，均使用顏色濃艷的合成羣青，也叫"鬼子藍"，是當時由歐洲輸入中國的。它的顏色比此前使用的青金石鮮明，價格便宜，市面上容易買到。

清 莫高窟三清宮 西房西壁

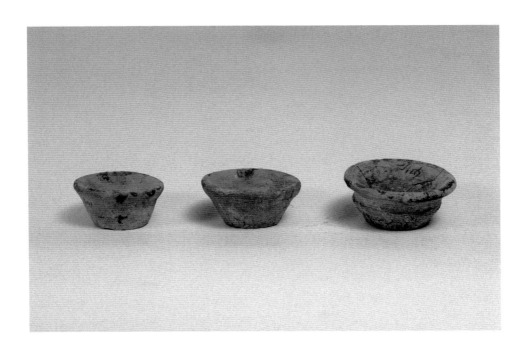

178 唐代燈碗和色碟

1964年於第487窟發現。據洞窟層位,當
為唐代畫工照明燈碗和繪畫用的色碟。
碗口徑6至10厘米,底徑4至5厘米,高2
至4厘米,泥質灰陶,局部有輪紋修整痕
跡。碗背有濃墨色油漬痕,及土紅、朱
紅、石綠等顏色。

唐 莫高窟出土 敦煌博物館藏

179 五代的調色碟及顏料

這是調色碟、石杵及藍色顏料。調色碟
是畫工用來調配顏料的陶製品。石杵是
用來研磨石質礦物顏料的,上面沾滿鐵
紅色顏料。顏料大小為8.3×6.5×3.2厘
米,重68克,為已加工好的產品青金
石,其中混有白色物質石膏,是五代畫
工的遺物。

五代 莫高窟出土 敦煌博物館藏

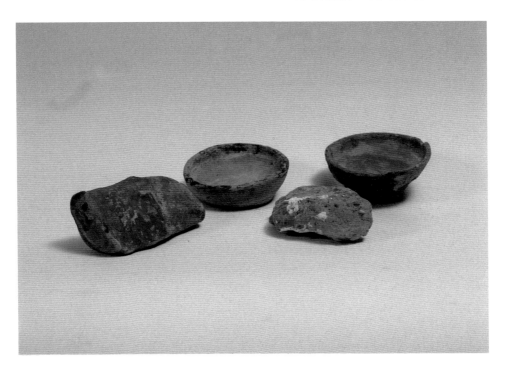

第二節　石窟顏料變色之謎

所謂壁畫變色問題，即原來畫面應該是某種顏色，而現在反映出的顏色卻是已經變了的顏色。變色的研究是顏料科學的工作，同時也是洞窟保護的工作基礎，但研究結果對美術及美術史也有重要價值。

敦煌各朝壁畫都有不同程度的變色，其中以隋、初唐、盛唐、宋、元最為嚴重。敦煌研究院通過大量實地考察和對顏料的化學分析，基本搞清了壁畫變色之謎：鉛粉、鉛丹顏料受相對濕度、光化學（特別是紫外光）及臭氧等因素的影響而變成棕黑色的二氧化鉛；二氧化碳則會引起鉛顏料的碳酸鹽化。所有這些反應都可在模擬實驗中得到相同的結果。其餘大多數無機顏料基本沒有變色，有些則完全沒變。有機顏料在壁畫中用量較少，但也存在變色現象，對壁畫的保護有一定的影響。

鉛粉，又名鉛白，它與鉛丹是中國用化學方法製造出來的最早的人造顏料，也是世界上最早的人造顏料之一。鉛粉呈白色、鉛丹呈紅色，它們在敦煌壁畫中使用較多，因此中國能最早製造人造顏料的成就，卻同時帶來變色的後果。

敦煌石窟壁畫變色部位多為原來的紅色、白色和粉色區域，變色後成棕色、咖啡色、黑色或灰色。變色大體上有兩種類型：一種是早期壁畫的變色，即北朝至隋代部分洞窟的顏色大多變為淺灰色和黑色；另一種是唐代，特別是盛唐時期，大多數壁畫變成褐色或棕黑色。過去有些人在講到敦煌壁畫變色時，總是強調早期洞窟而很少提到唐代，實際上，分析結果和實地考察都証明，壁畫顏料變色最嚴重的是盛唐洞窟。

鉛粉在敦煌壁畫中使用較多的有北涼、北魏、隋、唐等窟。北魏第259窟11世紀初重修，北魏壁畫被壓在宋畫之下，本世紀初北魏壁畫被人發現，青、綠、金、粉燦爛如新，特別是"春蠶吐絲"式的墨線和精緻的暈染相合，效果比初、盛唐藝術有過之而無不及。還有第263窟，其下層的壁畫為北魏時所繪，600年後，西夏塑畫時重抹泥層，將其覆蓋，又經過840年，20世紀40年代初，剝去西夏壁畫，北魏壁畫重見天日。由於長期隔絕陽光，畫中菩薩身上的藍色長裙依舊，肌膚仍呈肉紅色。這兩個窟的部分壁畫因為被覆蓋，其顏料中的鉛粉未暴露在空氣中，避免了化學反應變成二氧化鉛，因而仍是原來的色彩。盛唐第460窟北壁人物身上的黑色顏料，分析結果主要為二氧化鉛，次要成份為滑石及白堊，不含鉛白成份。而該窟塑像手臂呈白色，經分析，殘片除二氧化鉛、滑石及白堊外，仍含有鉛粉成份。說明鉛粉並未完全分解，因此畫面顏色沒有完全變黑。

鉛丹是紅色顏料，從北涼至清各朝都有應用。鉛丹不穩定，經過長期自然而緩慢的氧化會變成棕黑色的二氧化鉛，敦煌壁畫經過千百年日光及紫外光的長期作用，很多含有紅色的部分現已變色。但鉛丹的變色比鉛粉緩慢，而且是從顏料層表面開始，逐漸氧化變色。1975年，敦煌研究院整體搬遷第220窟甬道外層壁畫，使下層甬道南北壁五代壁畫完好地展現在世人面前。經分析，該壁畫中有大量的鉛丹顏料，但沒有鉛白顏料。第174窟人物面部的深棕色顏料，分析結果除有較多的其他成份外，還存在少量的鉛丹成份，這也證明，鉛丹會轉變成二氧化鉛而變色。

現按照歷史的順序，對各時期鉛丹變色的主要洞窟作一介紹：

北涼至北周時期，敦煌壁畫人物的暈染主要採用凹凸法，以表現"勢若脫壁"的人物立體效果。具體做法是先於人體遍塗肉紅色，次用深肉色沿肌膚邊緣、眼球、鼻翼的凹陷處疊繪二三次，每疊色一次都加深色度錯位重疊，形成深淺有別的色階，然後再於眼球、鼻梁等到高隆部位，加繪白色表現高光，經描線定型後，一個個膚色紅潤的形象即脫壁而出。疊暈法流行於北朝，終於隋代，它使用礦物色為顏料，直接繪製，基本不用混合色。疊染凹凸色有濃淡，

需加白粉調製。年久日深，肉色中混合的鉛白、鉛丹，隨混合的多少不同，有的由紅變灰，有的變黑。壁畫現狀大部分是灰色肌膚，粗黑輪廓；雙目經歲月磨損，線跡消失，僅剩白色眼球。它與鼻梁在顏面上顯得突出，形似白色書寫的"小"字，稱為"小字臉"。北周第428窟可看到變色前後的鮮明對比：中心塔柱南向面的伎樂，由於處在佛龕的遮蔽中，常年不見陽光，人體上的朱色暈染清晰可見；南壁上的壁畫，原來的肉紅色已變成灰色，圓形的朱色疊暈則變成大黑圈。變色的結果造成早期壁畫風格"粗曠"、"古樸"的假象。

鉛丹變色以隋唐壁畫尤為突出，隋第419窟窟頂經變畫的底色推測原來是使用鉛丹作原料的紅色或粉色調，現已全部變成深咖啡色或黑色。初唐第334窟的樣品顏色相對淺些，尚能檢測出鉛丹，且含量較高。第130窟壁畫殘片中有一種紅色顏料，色澤比較鮮艷，分析鑒定為鉛丹，並含有少量白堊；但是，該殘片暴露在空氣中僅僅幾年，就開始變色，這也證明了鉛丹變色的原理。

隋唐時期，流行的佛傳故事有"乘象入胎"，大意是釋迦牟尼的前身菩薩，從兜率天宮下降到尼波羅南部淨飯王家中投胎。王妃因夜夢菩薩乘白象進入臥室而懷孕，後生下太子悉達。顯然，按經文象是白色，但初唐第375窟西

壁龕北側"乘象入胎"的象為棕色，初唐第283窟及第329窟的"乘象入胎"畫面，白象全身已變成深棕色，周圍飛天的面容和肢體也變成黑紅色或黑灰色；像頭上的佛光也是棕黑色，這説明畫面發生了變色。這些主要是鉛丹等顏料變色引起的。

元代第465窟等的樣品顏色相對淺些，尚能檢測出鉛丹，且含量較高。

氧化鉛也稱密陀僧，作為黃色顏料，也會因氧化變成二氧化鉛，這在各代壁畫中也多有發現。

有機顏料則容易褪色和變色。壁畫也用了一些有機顏料，如紅花和茜草製作的胭脂、黃色的藤黃和藍色的靛藍。但由於有機顏料的用量比無機顏料少得多，因此，它們在壁畫變色中的影響並沒有鉛粉、鉛丹那樣大。

通過對歷代洞窟中壁畫明顯變色的顏料進行分析，敦煌研究院正在探討化學變化的機理，試圖通過控制引起鉛顏料變色的主要因素，來防止壁畫繼續變色，達到保護文物的目的。

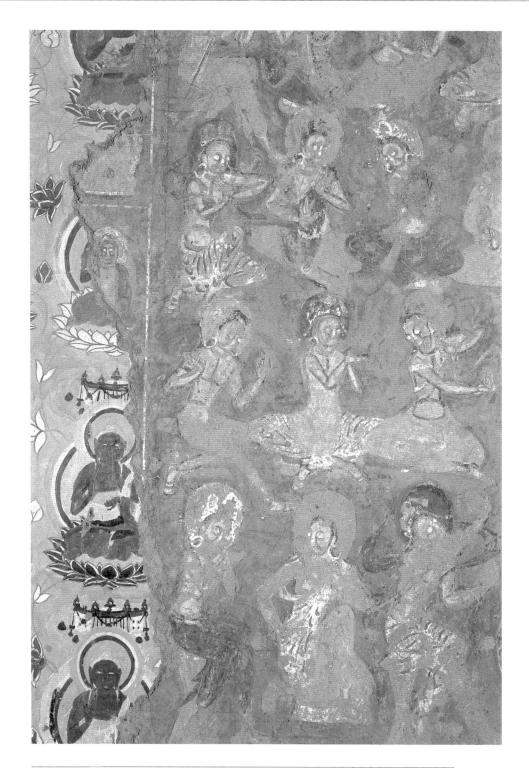

180 變色的神像與未變色的供養菩薩

這幅壁畫為我們揭開了顏料變色的秘密。圖左綠色背景、神像由上到下逐漸變黑的是西夏時壁畫，圖右是將西夏壁畫揭開後露出的北魏供養菩薩像。

分析西夏時壁畫深棕色與淺棕色兩部位的顏料殘片，發現兩者均有鉛白和二氧化鉛成份，但深棕色部位的二氧化鉛含量比淺棕色部位的多。鉛白是白色顏料，會逐漸分解、氧化成二氧化鉛，二

氧化鉛為黑色，結果使壁畫顏色變暗。北魏該畫長期被西夏壁畫所覆蓋，未與空氣、陽光等接觸，顏料中的鉛白成份未完全變成黑色二氧化鉛。故供養菩薩像仍保持原色彩，較明亮。

據此得知，多數顯得粗獷、灰暗的北魏壁畫，原本是細膩的、色彩熱烈的。

北魏 莫263 北壁東側

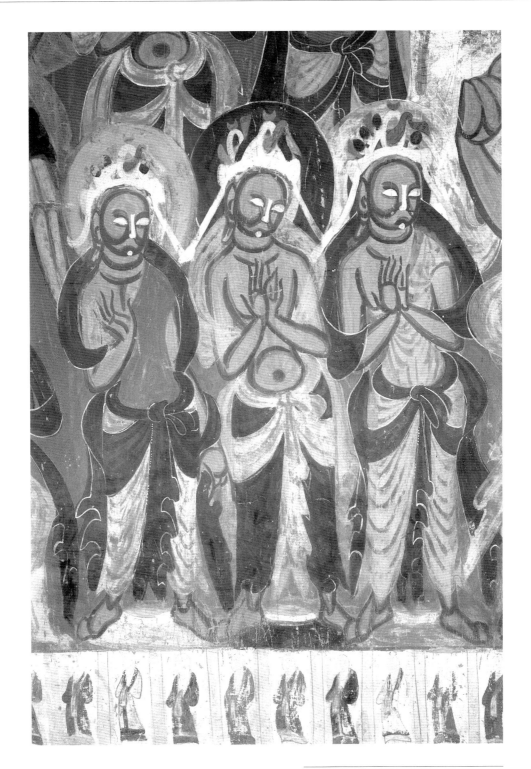

181 "小字臉"菩薩

畫中三身菩薩的眼球、鼻梁等高隆部
位,原用白色顏料白粉以表現高光;臉
部為肉紅色,並混合鉛白、鉛丹調濃
淡。年久日深,鉛白、鉛丹變黑,成灰
色肌膚。雙目及鼻梁所塗為白粉,未發
生變色,在顏面上顯得突出,形似白色
書寫的"小"字,遂稱小字臉。

北周 莫428 北壁

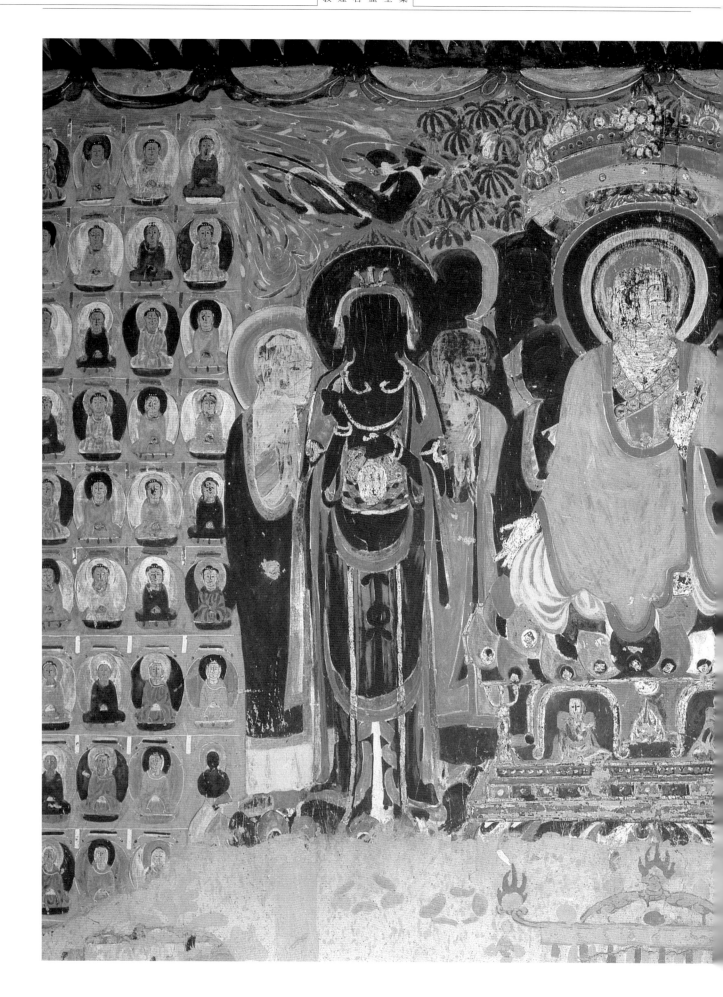

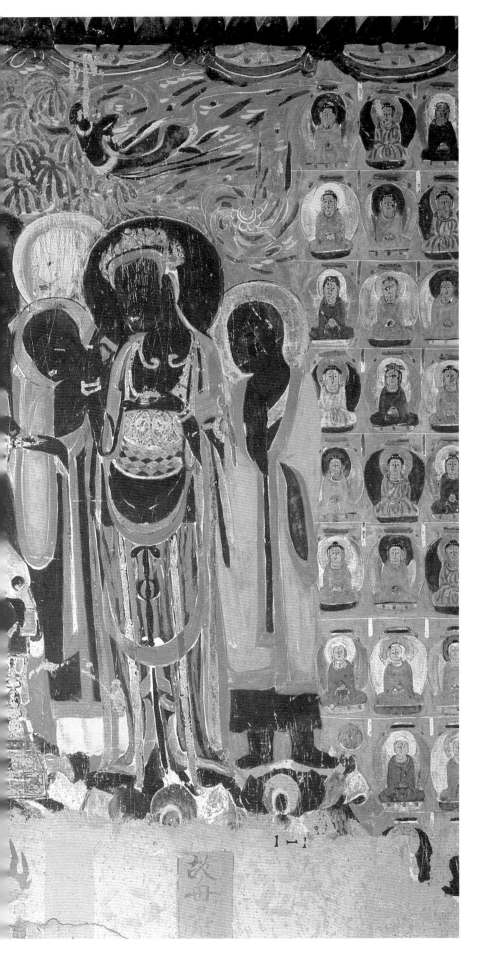

1—1

182 變色的説法圖

人物的臉、胸、背、手等裸體部分，呈現棕黑色或灰色。通過X射線衍射分析可知：棕黑色樣品是二氧化鉛，灰色樣品也有一定量的二氧化鉛 。同時還發現，有的表層呈棕黑色，內層卻呈紅色，在電子掃描鏡下，這種棕黑色顏料橫切面表層是較薄的黑色二氧化鉛，下層棕紅色顏料是較厚的二氧化鉛和鉛丹的混合物。佛及兩側三身弟子面容及頭光用白堊顏料，所以沒有變色。上部兩側的飛天與千佛也有變色。

隋 莫420 東壁上部正中

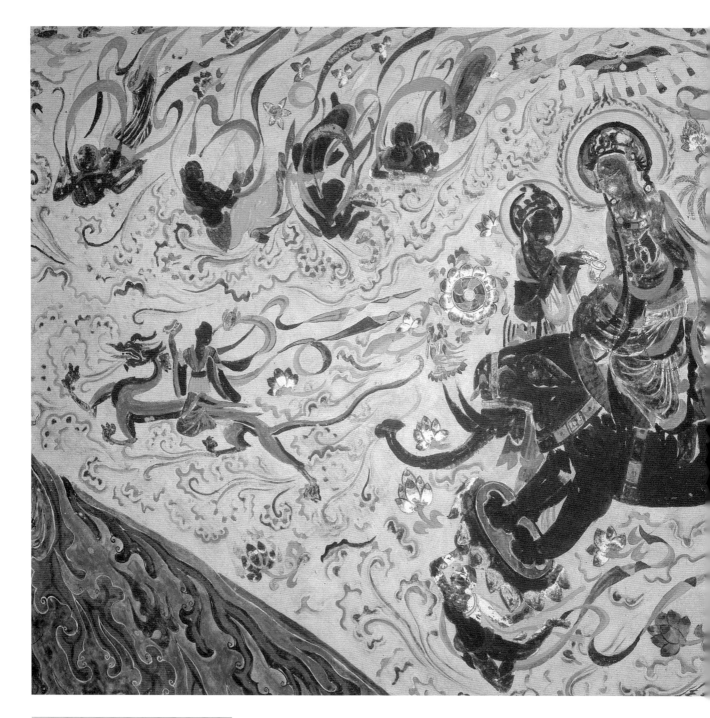

183 變色的乘象入胎圖

大象、飛天、乘龍引路的天人等全部變
色。據原來的故事，所乘本是白象，現
在白象已變成棕咖啡色，飛天的面容和
肢體也變成黑紅色或黑灰色，分析結果
主要成份為二氧化鉛，還有少量的滑石
粉。此畫上紅色有朱砂、鉛丹、絳礬。
黃色有雌黃、密陀僧。綠色有石綠、銅
綠。藍色有青金石。羣青、藍銅礦。白
色有鉛粉、白堊、石膏、氧化鋅、雲
母。黑色主要是墨。

初唐 莫329 龕頂

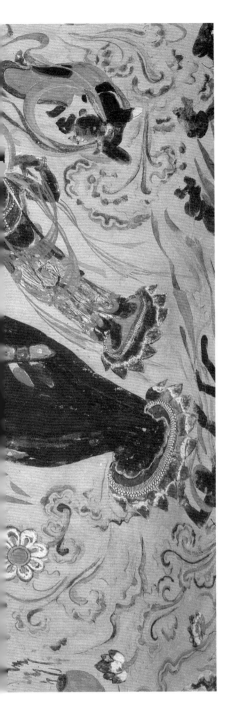

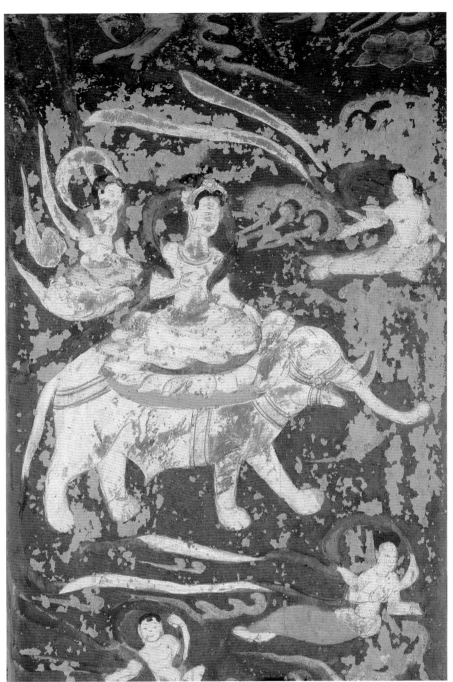

184　沒變色的乘象入胎圖

與第329窟正好相反，圖中的形象全部用
白堊等礦物質顏料繪製，礦物質顏料不
容易變色。

初唐　莫322　龕頂北側

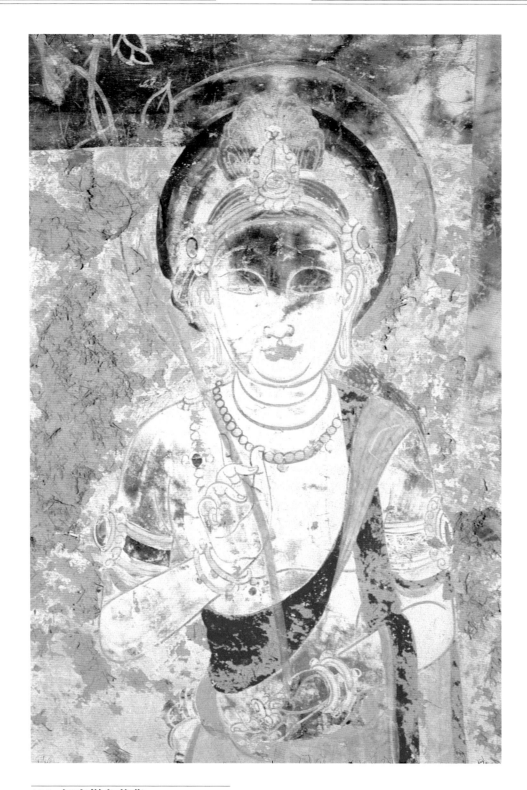

185 初唐變色菩薩

這是1944年從西夏壁畫的下面剝出的初
唐壁畫。從畫中可以看到肉色的肌膚已
經在逐漸變色。主要顏料,紅色有朱
砂、鉛丹;綠色有石綠、銅綠;藍色有
青金石、藍銅礦;白色有白堊、石膏;
黑色主要是墨。

初唐 莫220 東壁上部佛北側

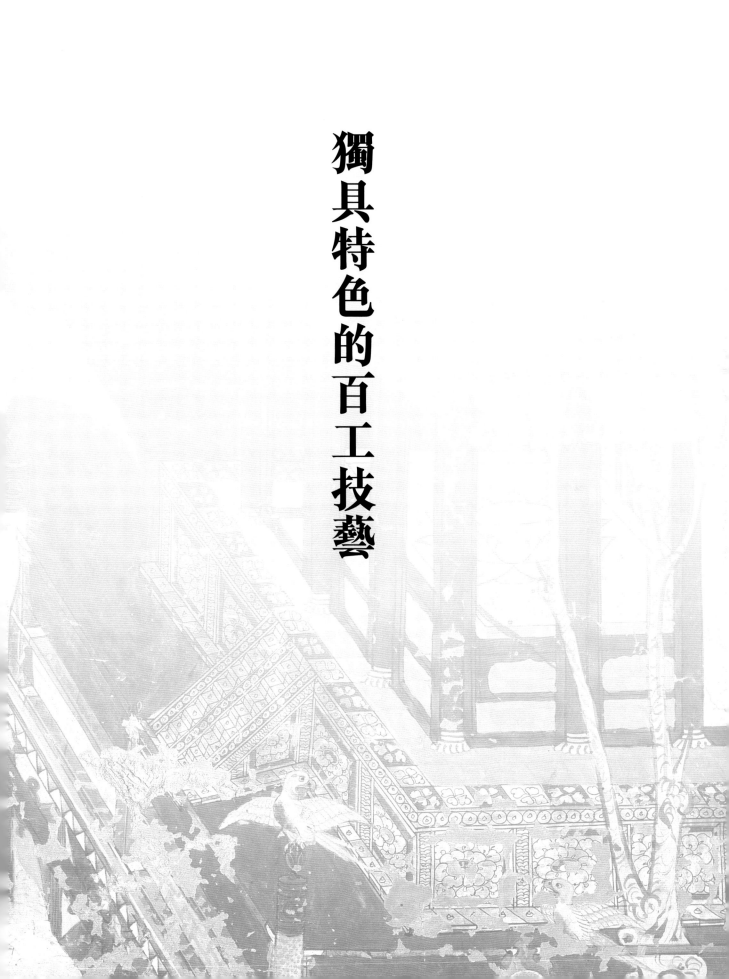

獨具特色的百工技藝

從敦煌9至10世紀的工匠史料中，我們了解到，當時敦煌已有十分發達的手工業製作與加工技術，有較細緻的社會分工，它們不僅包括與社會生產及日常生活密切相關的各種行業，而且具有敦煌地方特色。據藏經洞文獻記載，古代敦煌稱"匠"的工匠有20餘種，大致可分為兩類：第一類是製作工具和人們衣、食、住、行所需要的各行業工匠，如鐵匠、木匠、、金銀匠、玉匠、泥匠、灰匠、甕匠、鞍匠、弓匠、箭匠等；第二類是從事與石窟等相關的文化藝術活動的，也是最具敦煌特色的工匠，如畫匠、塑匠、紙匠、筆匠、打窟人等。另外，還有一些專門從事各行業勞動的家、戶等，如製作武器的駑家、榨油的梁戶、釀酒的酒戶等。這些工匠的工作情況在敦煌壁畫中有大量反映，將這些壁畫與藏經洞文獻結合研究，可以看出古代敦煌地區手工業和商業的面貌。

紡織往往被視作一種技巧工藝，因而紡織品也是技術和藝術結合的產物。紡織技術及其產品在敦煌壁畫中也有反映，在壁畫、彩塑中出現的服飾有棉、毛、麻、絲等製品，而且在一些壁畫的人物衣冠服飾中，還繪出了當時珍貴的絲綢製品。壁畫中的紡織圖案，則反映了當時紡織藝術風格及題材方面的演變情況。如壁畫、彩塑中絲綢的圖案紋飾，與莫高窟出土的北魏刺繡、唐代絲織物、藏經洞絲綢麻布等，極為相似，充分證明石窟壁畫、彩塑圖案，都取材於當時中西方交流中絲綢的圖案紋飾和真實的衣冠服飾。這些紡織品，不但繼承和發揚了中國古代的織錦工藝技術、印染技術，而且吸收了西方絲綢紡織的技術和風格。

敦煌古代工匠是敦煌石窟藝術的創造者，他們留下的藝術品和文獻，是讓子孫後代取之不盡、用之不竭的文化財富。

第一節　紡織機具及織品

敦煌作為絲綢之路上的重鎮，紡織業發達，有一支技術全面、工藝先進的紡織業隊伍。漢代陽關和墩灣遺址發現不少陶紡輪，唐代瓜州治所晉昌城遺址也發現磨製的陶紡輪，反映敦煌紡織業歷史悠久。在敦煌遺書中，不僅可以看到當地四大類紡織原料——棉、毛、麻、絲，還有從養蠶植麻、紡織到成品加工的各種工匠，如桑匠、褐袋匠、羅筋匠、洗瘡匠、染布匠、氈匠、帽子匠、鞋匠等。吐蕃統治河西時，把敦煌縣13鄉改為若干部落，其中有"絲綿部落"。敦煌遺書《吐蕃申年正月沙州百姓令狐子餘牒》（吐蕃申年即公元804年）等都載有"絲棉部落"。有的遺書中還有"新綿半兩"等語。"絲棉部落"或許以生產棉和絲為主。棉、麻、毛、絲四種原料的紡織品中，絲綢織染品品種最多，毛次之，棉、麻的品種較為單調。敦煌遺書有許多紡織品的品種名稱，從中可看出當時紡織技術的情況。藏經洞出土了4至14世紀的刺繡、絹畫等紡織品約800件；不幸的是，大都流落國外，國內所存無幾。所幸的是，敦煌壁畫為我們保留了大量紡織品及其生產技術的形象資料。

捻線是紡織工藝中最基本的工序，第465窟元代藏密壁畫有一捻線圖。圖中捻線師手持纏有毛的雙叉金屬工具。由於這種工具便於牧民攜帶，所以在新疆、青海、內蒙古等少數民族地區使用至今。

紡織技術的重要體現是紡織機具。敦煌壁畫華嚴經變的華嚴河中繪有若干個小圓形圖案，這每種圓形圖案代表"極樂世界"一種不同的行業和團體，其中就有紡織機具，包括紡車和織機兩大類。五代第98窟北壁和第6窟的"華嚴經變"圖中各描繪了一輛紡車。第98窟的紡車包括車架、繩輪和裝紡錠的錠盤，又稱錠架；第6窟的紡車亦有車架、繩輪，繩輪由木製，輪軸上可以看到明顯的手搖曲柄；車架兩豎木頂上有線狀物將兩豎木相連，可能是安放錠子的位置。第98窟和第6窟的這兩幅圖各有不明之處，但綜合起來看，其面貌就比較清楚，這是一種兩錠的手搖紡車。手搖紡車在中國約始於漢代或更早，但在唐朝以前無多錠的實物或圖像史料可查，敦煌壁畫的二錠手搖紡車，是中國最早的多錠紡車的圖像資料，證明河西走廊一帶普遍使用紡車一定遠比五代早。

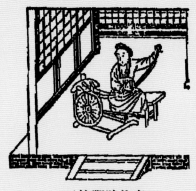

三錠腳踏紡車

中國古代織機類型較多，主要的一是無機架的織機，有人稱為"地機"或"踞織機"等，是東方世界最原始的織機，第465窟南壁繪一織布圖所表現的就是踞織機；二是有機架和踏板的平素織機，如豎機、素機。它們在敦煌發現的材料中均有反映。晚唐第196窟華嚴經變中繪有一架相

當簡單的織機,是敦煌壁畫中最早出現的
織機;第98窟"華嚴經變"中繪有一架織
機,雖然構圖簡單,但從型制來看,可以
確定為一架腳踏式豎機。豎機是世界上使
用甚早的一種織機,中國與西方的豎機結
構不同。西方早期也使用豎機,但不使用
腳踏板,而是用手提取織成的織物;中國
則使用有腳踏板的斜織機。從傾斜角度來
看,外國的豎機沒有傾斜角度,而中國傳
統的腳踏式斜織機,到東漢時傾斜角度接
近垂直線,這從東漢畫像石可以看出。外
國的豎機與敦煌所繪區別頗大,因此,敦
煌所繪的腳踏式豎機應是繼承中國傳統斜
織機的,並一直沿續到宋元明清。歷代均
有豎機的圖像發現可以證實這觀點。敦煌
文書中也有不少關於立機及其紡織品的記
載。因此,敦煌壁畫所見的立機當是世界
上最早的腳踏式立機。

　　敦煌古代紡織生產方面的情況,現在
已無直接的文字記載,但壁畫中紡織工具
的出現,卻再現了當時河西地區的桑蠶業
及紡織業發達的歷史,也記錄了紡織技術
西傳的歷史。

　　北朝至元代壁畫中有極為豐富的衣冠
服飾和藻井、裝飾圖案。從題材來分有三
類:一類以禽獸動物紋樣為主;一類以花卉
圖案為主,有時穿插以部分禽鳥;一類是幾
何形圖案。此外還有山水等圖案和依靠工藝
技術形成的特殊效果,數量相對較少。

　　從隋代開始,佛的袈裟和菩薩的天衣

上描繪了漂亮的織錦圖案,如第402、419
窟等有"聯珠狩獵紋"、"聯珠飛馬
紋"、"菱形獅鳳紋"、"菱形團花"、
"棋格團花"等許多種紋樣。佛、菩薩往
往佩金玉、被錦罽,他們衣着的變化,是
當時蠶桑絲織業發達、絲綢貿易興盛的反
映。如隋第420窟觀音裙上滿繪着的聯珠狩
獵紋織錦圖案,最初來自古代波斯,它是
中西絲路貿易文化交流的產物。唐代壁
畫、彩塑中也有大量精美的織錦、染織圖
案。中唐第159窟兩菩薩端莊生動的姿態與
紋飾富麗、色彩清新淡雅的裙披和諧地融
於一體,富有動人的魅力。阿難的內衣、
迦葉的錦裙,都呈現出紋飾華麗的織物質
感。第138窟女供養人的衣服上繪有花獸織
錦圖案,服飾上對稱的狻猊作歡騰活躍
狀;狻猊周圍有雲紋環繞,其上還繪有五
彩的花朵,以朱紅色作襯地,這是當時貴
族婦女的服飾。

　　古代紡織品也用作建築物材料和裝飾
品,這在壁畫中很多。這些紡織品不僅用
於漢族,也用於少數民族,主要用作穹
廬、帳、幃、束帶及門、窗或牆的捲簾。
唐代壁畫的建築物上有一種可以捲起來的
物品,應是簾,上有花卉圖案,如一些
"藥師經變"中的捲簾出現在多種建築
中。壁畫中的捲簾有高有低,有的建築上
一邊的簾子全部放下,一邊的捲起,對比
非常明顯,從其外觀效果和用途來看,應
是氈、毯、褐等較厚重的紡織品。

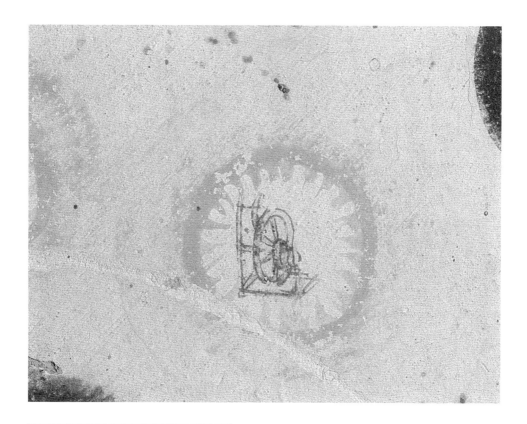

186 紡車

紡車有車架、輪軸，均由木製；輪軸上
可以看到明顯的手搖曲柄；車架兩豎木
頂上未繪錠盤，但有線狀物將兩豎木相
連，可能是放錠子的位置。紡車左側可
見一精巧別緻的鳥首瓶，是唐宋常見的
器形。

五代 莫6 北壁

187 紡車

紡車包括車架、繩輪和裝紡錠的錠盤。
中間一木應為着地的木架，豎木應是安
裝輪軸的地方，豎木頂上裝有錠盤，錠
盤木製，呈弧形，上有兩個明顯的置錠
孔。這幅畫是中國最早的多錠紡車的圖
像資料。

五代 莫98 北壁

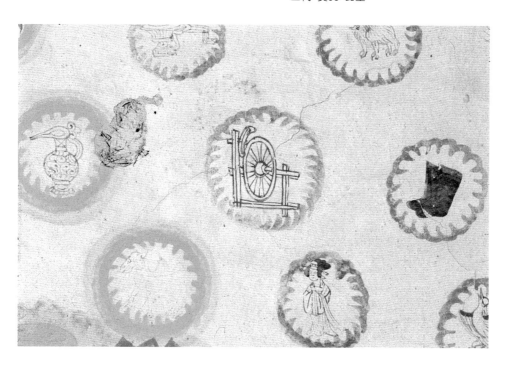

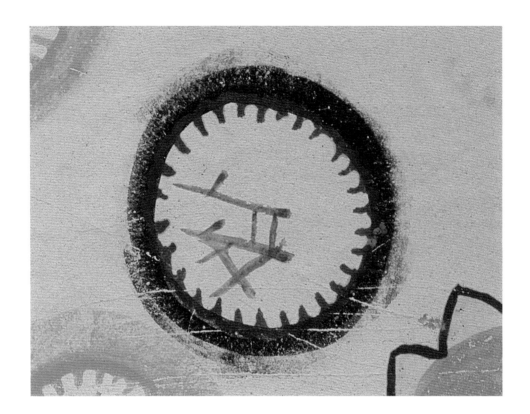

188 織機

此圖繪得相當簡單，有許多不明之處，
但它是敦煌壁畫中最早出現的織機。

晚唐 莫196 北壁

189 腳踏式立機

圖中部圓圈內的織機構圖比較簡單，亦
有許多不明之處，但從形制來看可以確
定為一腳踏式立機。 敦煌文書中有不少
關於立機及其紡織品的記載，敦煌壁畫
所見的立機當是世界上最早的腳踏式立
機。

五代 莫98 北壁

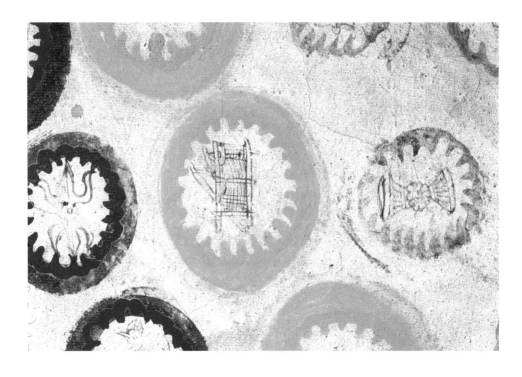

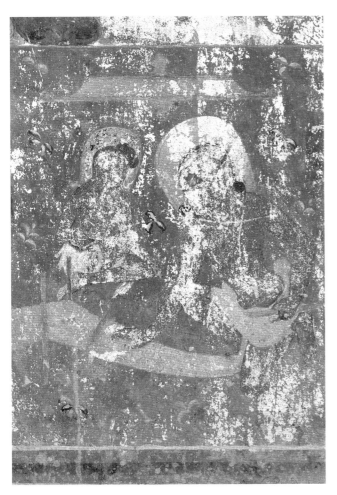

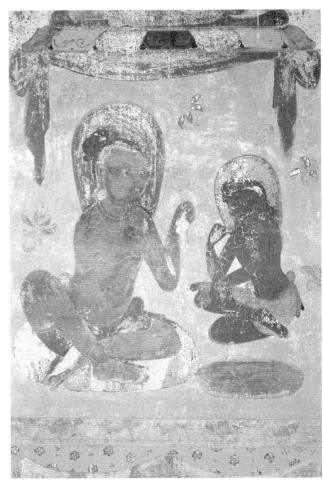

190 踞織機

織布師腰間束物與布相連，一手將布的一頭提起，一手拿着梭子，似正在投梭織布。布上橫放一物，即為綜片。布邊穿入橫木，橫木兩頭用高木桿固定。圖上原有漢藏兩種文字對書的榜題："織布師"。

從畫面情景來看，這種織機還沒有一個象樣的機架，操作者需坐在地上或竹榻上織造。這種機在青海省恰卜恰地區藏族牧民中還有使用。

元 莫465 南壁

191 捻線

尊者裸上身下短裙，作遊戲坐式，手持纏有毛的雙叉金屬工具，手工捻線，毛杈下垂着紡縛及線團。對面侍者坐地，裸上身短裙打扮。畫上有帷帳，旁有籮筐，富有生活情趣。

元 莫465 北壁

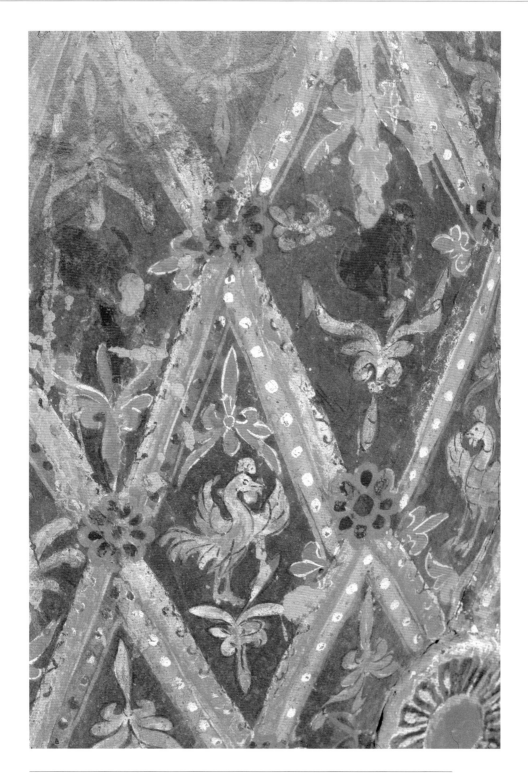

192 菱形獅鳳紋錦

這是塑像身上的服飾，菱格為聯珠菱格
紋，相交處繪單層多瓣蓮花；白獅與青
鳳安排在菱格中，黑色底襯托着青鳳與
白獅。獅、鳳橫向排列，每組四獅或四
鳳，姿態各不相同，做多次重復。在
獅、鳳圖案的上、下、左、右各角都繪
一忍冬紋。白獅已變色，青色的鳳在花
叢中舞翼而徘徊。畫面表現出織錦厚重

沉着的感覺，是獅鳳紋中的佳作。這種
圖案最初來自古代波斯，它是中西方絲
路貿易交流的產物。

隋 莫427 西壁龕外南側

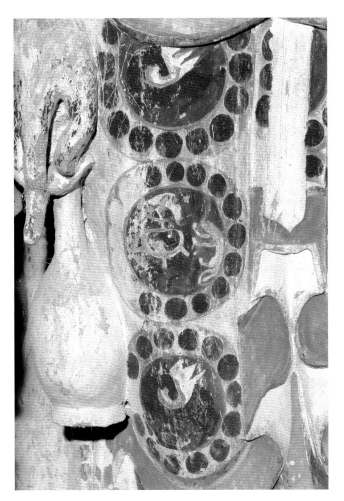

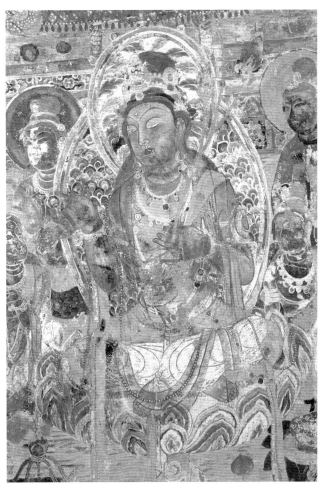

193 聯珠、飛馬、狩獵紋錦

這是彩塑菩薩裙上的紡織圖案，圖案結構規整，有簇四聯珠及交波形的捲雲。此紋錦的題材是飛馬、狩獵、獅、鳳等。這些波斯的聯珠紋、西方的獅及飛馬等圖案說明該紋錦受到西方紡織風格的影響。

隋 莫420 西壁龕外南側

194 青紗透體衣

菩薩頭束鬟髻，戴寶冠，斜披天衣，輕紗透體；腰束錦裙，瓔珞嚴身，光彩照人。

初唐 莫220 南壁

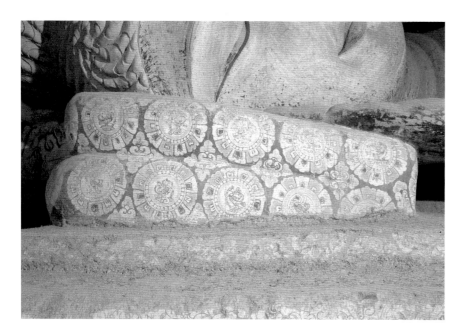

195　綬鳥錦枕頭

臥佛枕頭為紅地中窠花瓣含綬鳥錦,此
錦紋與青海出土的許多含綬鳥錦一樣,
與新疆克孜爾壁畫中的聯珠含綬鳥錦風
格亦相同。

中唐時期,也許是吐蕃佔據河西走廊的
原因,一些明顯帶有中亞地區風采的圖
案流行於敦煌,此綬鳥錦枕頭就是典型
的一例。

中唐　莫158　臥佛

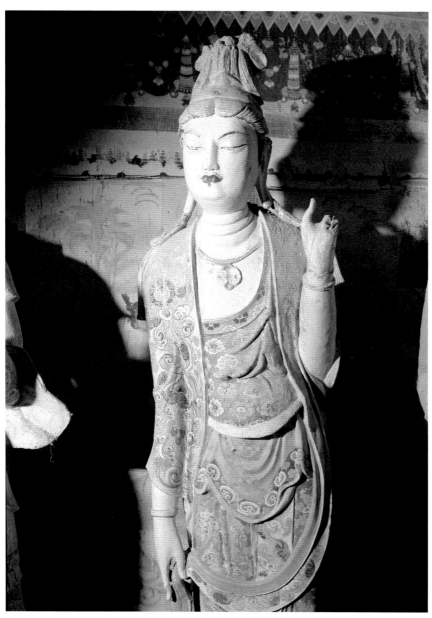

196　菩薩服飾圖案

菩薩一手輕輕上舉,一手執握披巾,肩
膀披海石榴捲草紋半臂,上着茶花紋內
衣,下繫團花紋紅羅裙。素白如玉的胸
部外露,佩掛項圈。此像造型端莊,神
情含蓄、自然。身軀輕微扭曲,肢體起
伏變化,衣裙華美,富有輕軟質感。

中唐　莫159　西龕南側

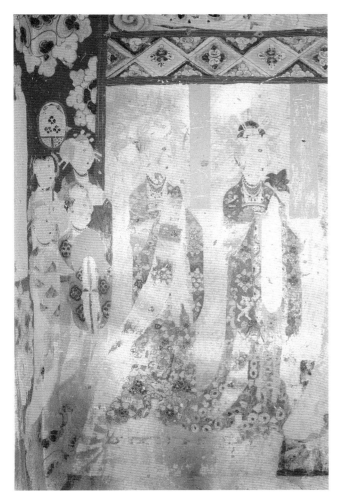

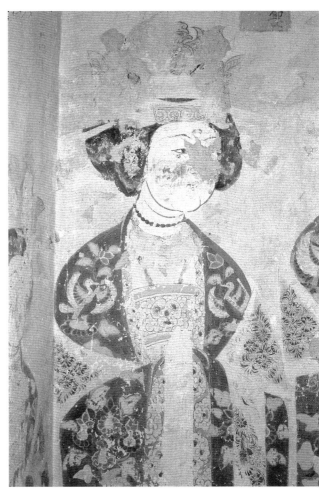

197　着大袖裙襦的供養人

女供養人主人立於華麗的地毯上，最後
是奴婢，還有小兒3身，她們均着大袖裙
襦，輕紗帔帛，足踏雲頭履。女尼素
面，裏穿花色內衣，胸繫花帶，外穿曳
地袍裙。衣服的染纈紋飾，線條清晰，
服飾色澤艷麗，質地細密，輕薄、柔
軟，有薄透的質感。

晚唐　莫9　東壁北側下部

198　女供養人服飾

此窟大型供養人68身，小官吏供養人近
200身。眾多供養人身份、民族、衣冠服
飾各不相同。圖中漢族女像高髻花釵，
面飾花鈿，大袖襦裙。此窟是研究五代
時期回鶻、于闐、漢各民族婦女時裝的
珍貴資料。

五代　莫98　東壁

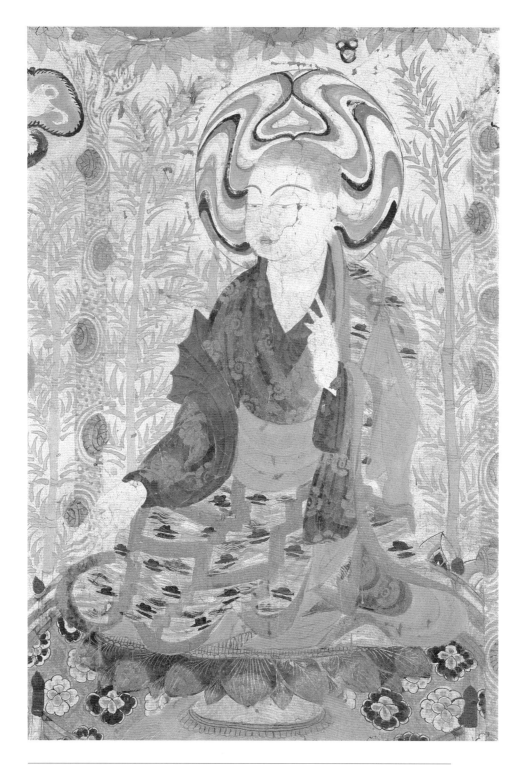

199　田相袈裟

僧着田相袈裟。田相袈裟為袈裟的一
種，它不縫綴，由橫豎裁割而成，似田
畔，所以稱田相袈裟。唐王維《過盧四
員外宅看飯僧共七題韻》詩云："乞飯
從香積，裁衣學水田。"故又名水田
衣。田畦貯水，生長嘉苗，以養形命。
袈裟似田，意在以養法身慧命，因而田

相袈裟具有象徵意義。敦煌壁畫、絹畫
和彩塑中，僧侶及佛陀形象，着田相衣
者最多。

五代　榆16　東壁

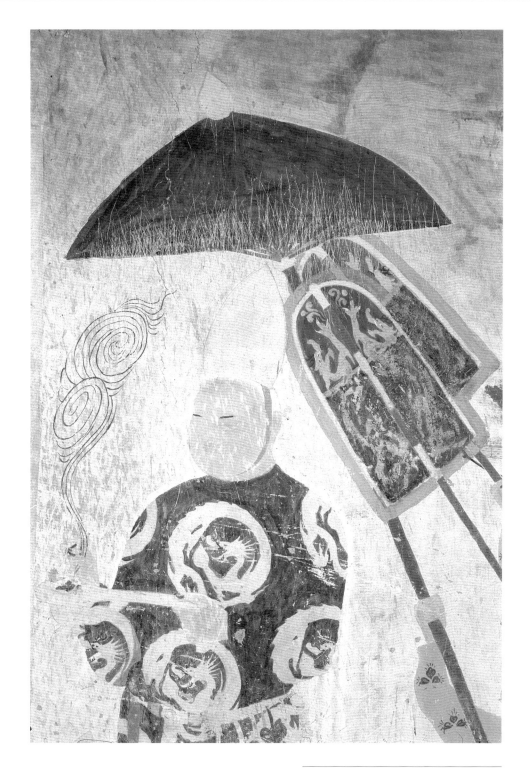

200 回鶻王服飾

宋 莫409 東壁南側

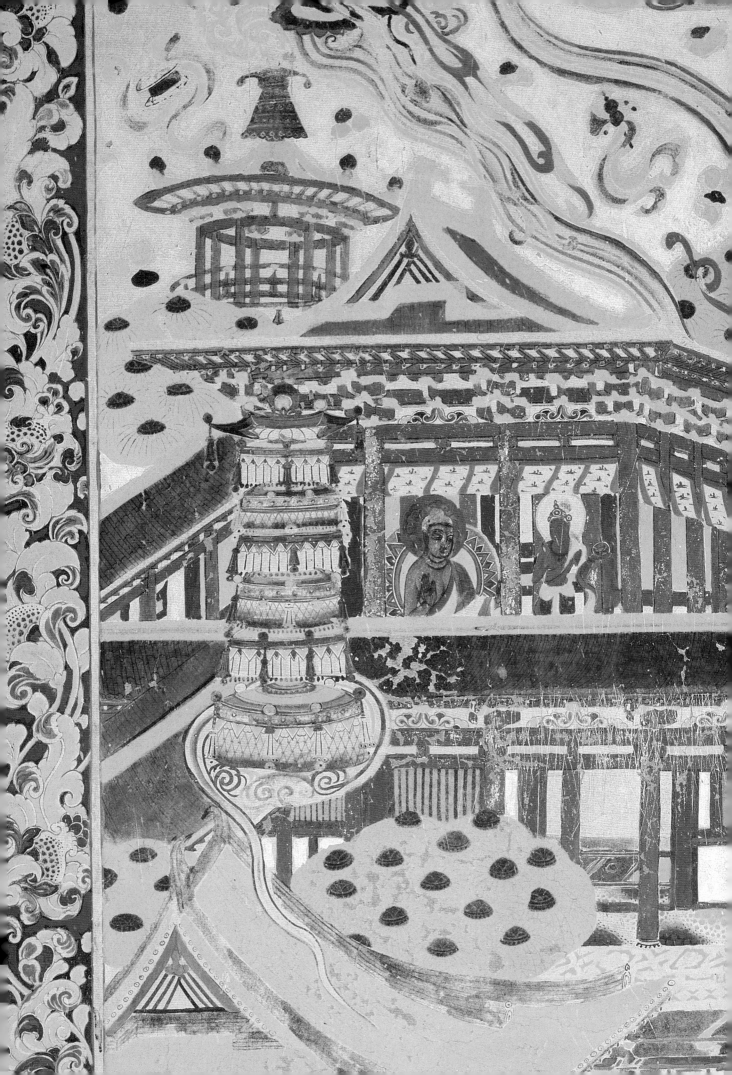

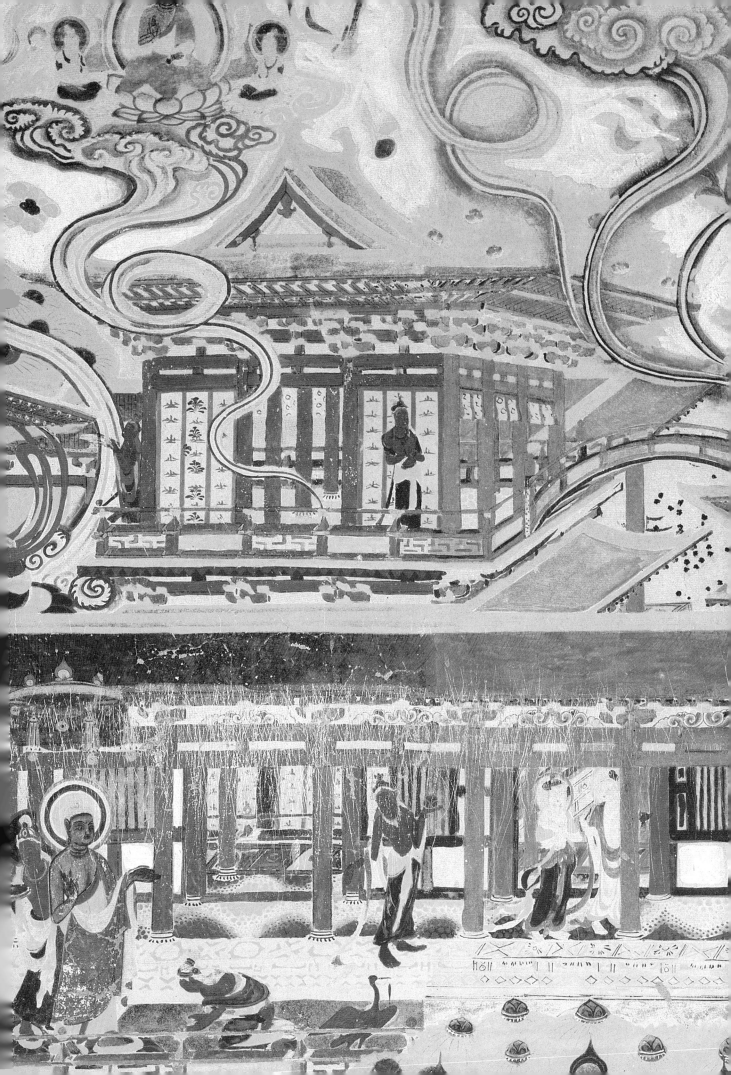

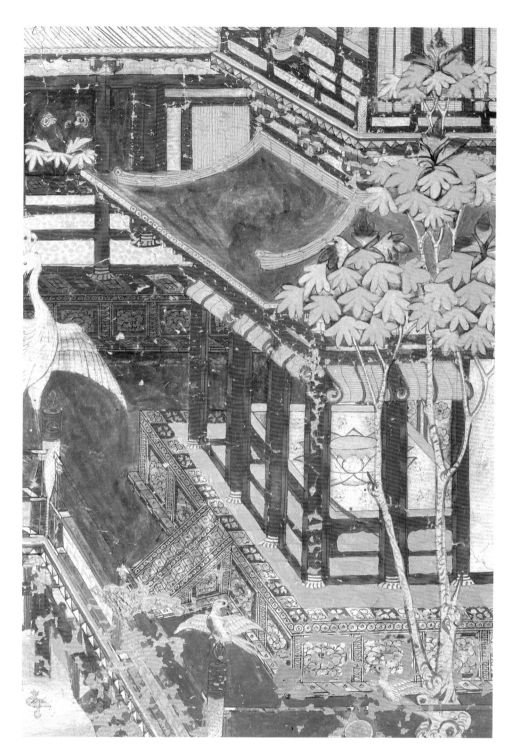

202　捲簾

觀無量壽經變中建築，其上下兩層正面和兩側均有捲簾，這是右側部分，上層一側面的捲簾全部落地，其餘捲起。下層三面均捲起。建築物的台階全用釉面花磚包砌。

中唐　榆25　南壁

201　捲簾　　　　　◀見上頁

建築上捲簾有花卉圖案。這些捲簾有高有低，有的全部放下，有的一邊尚捲起，對比非常明顯。

盛唐　莫148　東壁北側

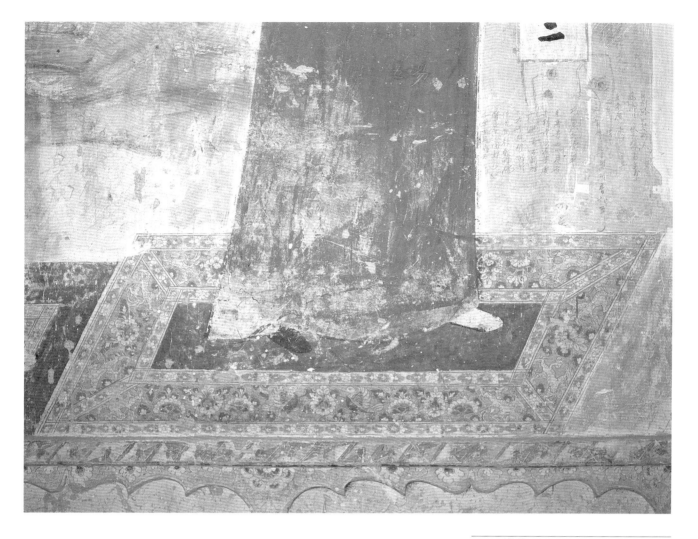

203 地毯

地毯是平行四邊形，花紋為花禽鳥間
配，花葉較單純，對稱排列，色彩簡
潔，是五代、宋慣用的花紋題材。地毯
風格傾向於淡雅，不再像盛唐那樣疊暈
層層，繁華縟麗。

五代 莫98 甬道

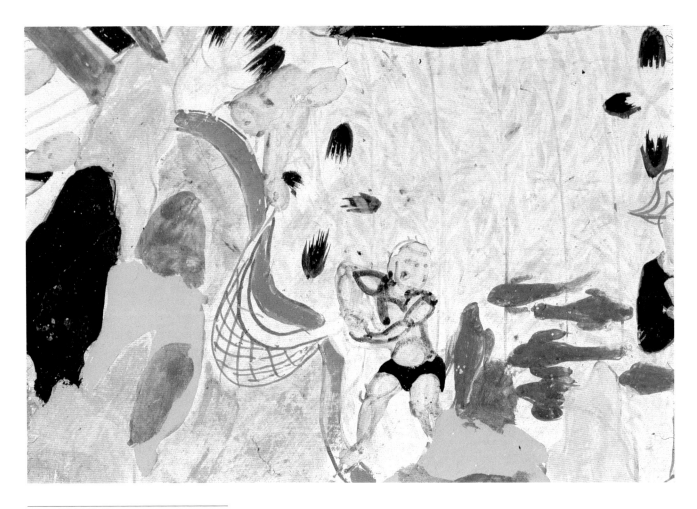

204 撒網捕魚

兩個只穿褲頭的男子一人拉着魚網的一
邊正撒網。古代魚網大都用麻纖維織
成。

北周 莫296 南坡

第二節　包容百項的能工巧匠

　　古代敦煌手工業發達，工匠隊伍分工明確、技術先進，他們是在本地資源、本地需要的基礎上發展的。公元966年五六月間，河西節度使曹元忠與夫人翟氏組織重修莫高窟北大像96窟前五層樓閣的底下兩層，使用大量木匠、泥匠，歷時半月。敦煌遺書《乾德四年重修北大像記》載："一十二寺每寺僧十二人；木匠五十六人，泥匠十人。其工匠官家供備食飯；師僧三日供食，已後當寺供給"。以此推算，在一個總人口只有兩萬左右的地區，工匠所佔比例當相當大。作為一方重鎮及四維八荒景仰的佛教聖域，敦煌造就了一代又一代工種齊全、技術高超的石窟營造隊伍，包括石匠、木匠、泥匠、灰匠、鍛造匠等。敦煌古代各個行業的工匠已經按技術高低，劃分為都料、博士、匠、生等級別。都料在工匠中技術級別最高，也是本行業工程的規劃、指揮者，他們經常親自參與施工造作；博士是區別於一般工匠的高級工匠，這在9世紀以後的敦煌文獻中有記載；被稱作匠的，是能獨立從事一般技術勞動的人，他們在工匠隊伍中佔多數。匠和博士兩級工匠，是敦煌工匠隊伍中的基本力量。"生"是工匠的最低一級，是學徒。

　　木匠在石窟營造中主要是營造窟檐，包括都料、博士及以下的各級木匠。都料負責窟檐的總體設計、用料計算、施工的組織和指揮等，其他木匠負責承擔木構零部件加工及營造施工等。宋代初年重修的第454窟西壁，有一幅"木工締構精舍圖"，畫面為一房屋的木構間架，手握矩尺的都料指揮施工，眾多的木匠們在加工材料、扛運、安裝。按常理，安裝者應為博士，加工和運送者當為一般匠工；這是一幅木匠集體勞動的圖像。第454窟甬道頂還有一幅"木工建房流程圖"，從木構建築的備料到架構都有描繪，是完整的流水作業過程。整個施工過程井然有序，畫面展示一派緊張而和諧的氣氛。初唐第321、372窟等壁畫中都繪有修塔建房、修樓閣、建佛塔等施工場面。五代第98窟中也有一幅建佛塔的施工畫面。

　　與修造圖相反，敦煌唐、五代、北宋各時代所繪彌勒經變中有許多"外道拆除寶幢圖"，圖中的寶幢分為"寶幢車"和屋塔式建築兩類。拆除屋塔式寶幢的畫面也就是一般的拆房圖，這類圖以唐代第445窟北壁的"拆寶幢圖"最有代表性，而宋初第55窟的拆寶圖是敦煌壁畫同類畫中場面最大的。

　　在公元10世紀的石窟壁畫中，出現了較多工匠的供養像及題名，壁畫、絹畫中也有木匠供養像，如五代第39窟的木行都料像奴；宋代初年重繪的第370窟的木匠令狐海員等。

　　除了以上所舉實例中木匠所用的工

具之外，在別的畫面中也出現了一些木匠工具。例如木匠用來確定直線、畫線的矩尺和用來彈線的墨斗，最早出現在西魏第285窟東坡所繪伏羲、女媧兩手中。還出現在唐、五代、北宋時期壁畫中阿修羅的雙手中。

泥匠在石窟營造中主要是抹製地仗及木構窟檐的營造。灰匠是製作白灰的工匠。從石窟遺存及文獻記載看，白灰在古代敦煌的土木建築中大量使用，因此也就需要一定數量的灰匠。隋代第302窟"築堂閣"施工畫面有七個穿犢鼻褲的男子，他們分別是木匠、泥匠、灰匠等，正從事伐木、運料、抹牆、上泥的修建活動。在隋代第302窟、初唐第321、372、386窟及唐、五代、北宋各時代所繪的許多"外道拆除寶幢圖"中，都有泥匠勞動的場面。

古代敦煌一帶從事礦物的冶煉和生產工具的鍛造技術是很早就有的。古代敦煌一帶很早就有從事礦物冶煉和生產工具鍛造的工匠。《大蕃故敦煌郡莫高窟陰處士修功德記》和敦煌遺書《張淮深造窟記》記載，莫高窟每次要大規模修建洞窟時，地方統治者都要到各地"貿良工，招鍛匠"。為開鑿洞窟加工鐵器工具而專門設立的鐵匠鋪，使開鑿洞窟的打窟人得以"攢鐵錘以和石，架口鑿以傍通"。在有關敦煌石窟營造的碑、銘、記、讚文中，幾乎都有描述這些營造石窟的"良工"、"巧匠"，也有他們的形象出現。

敦煌古代還有專製兵器的駔家，完整的弓箭製造行業為大漠戰爭提供了大量遠距離殺傷性武器。從敦煌遺書《唐開元二十二年秋季沙州會計曆》可知，敦煌當地可製造甲、槍、駔、弦、戎祖弩弓、陌刀、弩箭、鈹斧、板排等多種兵器。敦煌博物館的晉代弩機上，就有"敦煌庫造"四個字。敦煌壁畫中有大量的兵器形象，敦煌製造武器的駔家在壁畫中也有描繪，榆林窟第34窟的供養人畫像題記中，就有兵馬使兼弓行都料趙安定等。

金、玉資源的豐富，使金銀匠、玉匠隊伍應運而生，並擴大為行會作坊。榆林窟第34窟的供養人畫像題記中，有金銀行都料郁遲寶令等。唐及宋初敦煌地區流行一種稱為"社"的基層組織，它由民眾自願結合，人數一般為十餘人到三四十人，入社者成為社人，推舉社長主持社務。主要從事佛教活動，如營窟、修寺、齋會、寫經、燃燈等及進行生活互助，有的佛事完成即行解散。沙州金銀行的行中之人，也曾參加過"社"，如榆林窟第24窟窟內東壁門南供養人像第二身題名：社長押衙知金銀行都料銀青光祿大夫檢校太子賓客郁遲寶令一心供養，即是說金銀行都料郁遲寶令曾擔任社長之職。

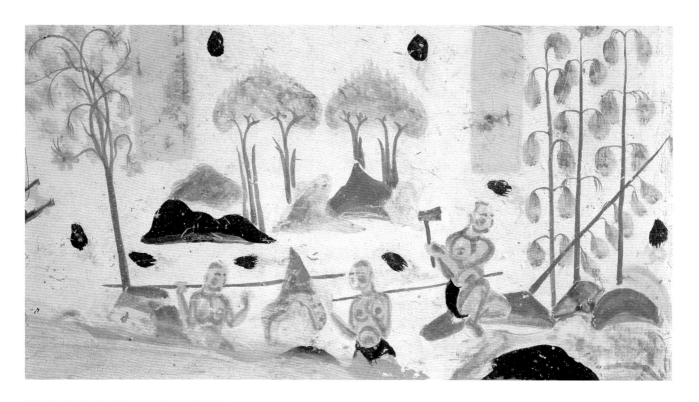

205　木匠伐木

三個穿犢鼻褲的工匠正在伐木，為營建
寺塔備料。一人高舉利斧砍樹，伐木的
斧頭與現代使用的基本相同；兩個肩扛
木材的匠人在運料。

隋　莫302　人字坡西坡

206　都料指揮建塔

一座兩層、四門、中心置相輪的塔正施
工，塔下都料執矩尺，兩手高舉，指揮
工作，還有一人在抹牆。塔上一人在修
塔檐，另一人正用滑車吊運材料。

隋　莫302　人字坡西坡

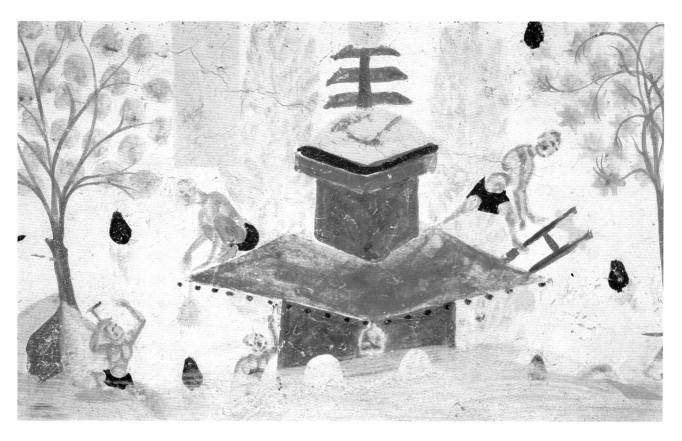

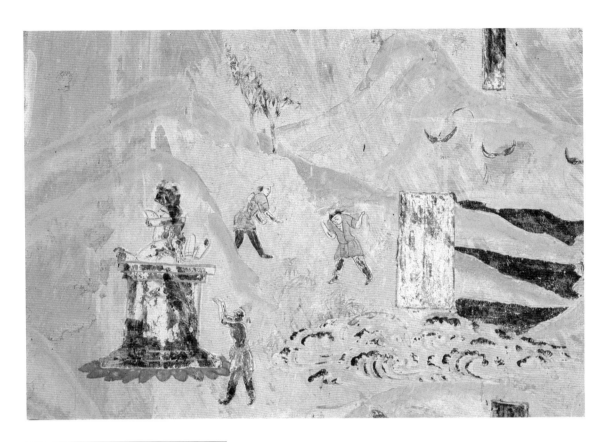

207 工匠與農夫

兩工匠正在第二層安裝塔剎，下面一工
人雙手高舉正遞磚瓦。旁有一農夫頭戴
涼帽，似用鋤頭正在鋤地；另一農夫背
着一捆嘉禾，近處山坡上幾頭牛正在吃
草。

初唐 莫321 南壁

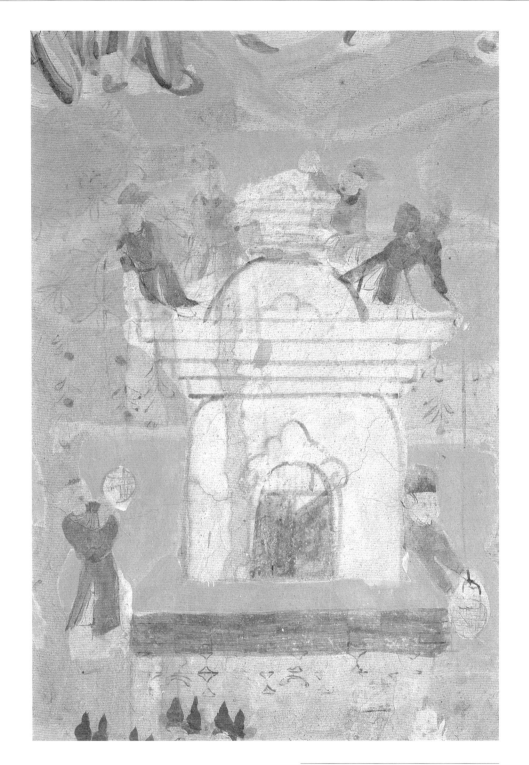

208 泥匠建佛塔

這是一座即將完工的二層泥塔。上層有
四個工匠正在施工,其中兩人在頂部抹
泥;另兩人分別從兩邊用繩把下層桶裝
的泥料往上吊;下面兩人用手扶着盛泥
料的桶,幫助把桶順利吊上去。

五代 莫98 北壁屏風

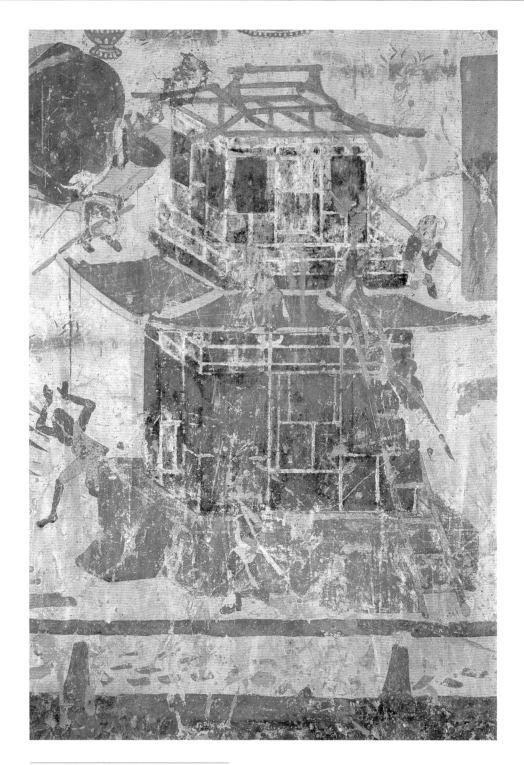

209 唐代拆樓圖

由於拆樓圖難以反映，壁畫中描繪的大
都像修建圖。七八位工匠在拆除一座造
型精美的兩層小樓，樓的頂蓋已被揭
去，現出屋頂的木架結構。

盛唐 莫445 北壁

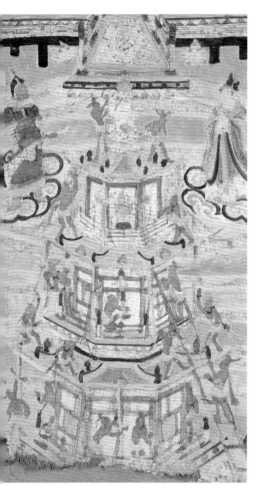

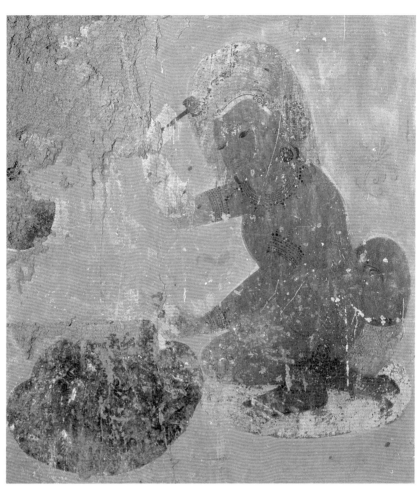

210　五代拆塔圖

從畫面上看，準備拆除的寶塔為三層木
結構，還完好無損，但工匠已經站到各
自位置，準備動手，參與拆除的工匠有
20多人。

五代　莫55　南壁

211　鑿磨

尊者面前有圓形石磨，他左手持釺，右
手舉錘，正在鑿磨。尊者有頭光，裸上
身穿短裙，身飾瓔珞環釧。

元　莫465　北壁

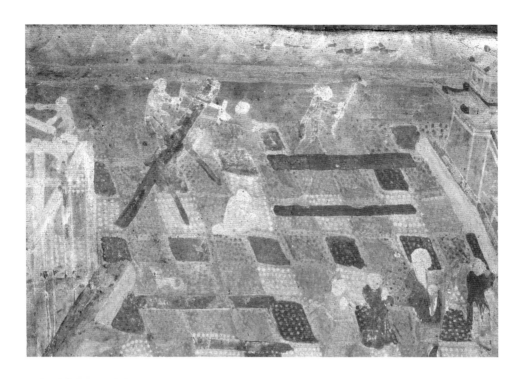

212 木匠及工具

左側為一座正在建造的房屋,已有了木構間架。眾多木匠有的在拉鋸,有的在扛運,有的在屋頂安裝,手握矩尺的都料匠在指揮施工。在木匠手中,有鋸、刨等各種木工工具。

北宋 莫454 甬道頂

213 生產工具

壁畫中繪有斧、鋸、鑄、墨斗、曲尺、鏟、釘鈀、鋤、簸箕、木斗、木升、鐵鉗、鐵鎚、熨斗、剪刀等工具和日常用具,特別是木匠工具鋸、鏟、矩尺、墨斗等形象準確、細緻。說明西夏在農業及牧業方面都有發展。這和史籍上西夏"耕稼之事,略與漢同"的記載吻合。

宋 榆3 東壁千手千眼觀音左下部

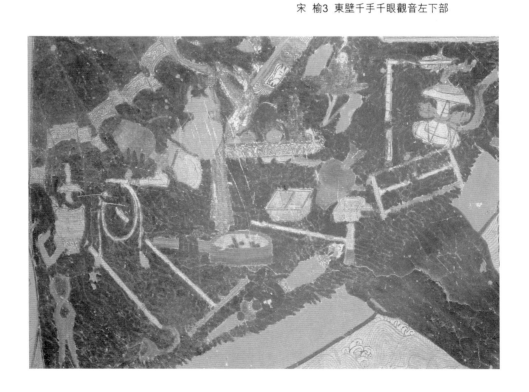

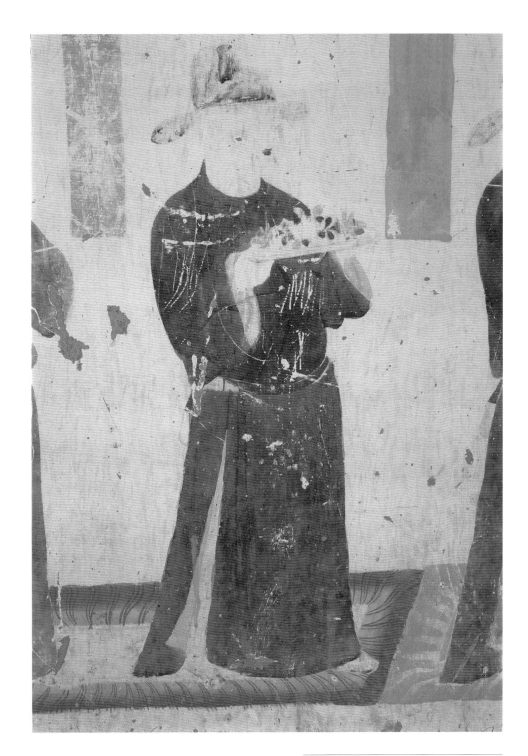

214　紙匠都料何員住供養像

此供養人為紙匠都料何員住。其旁題名
"故父紙匠都料何員住一心供養"。此
窟建成於9世紀末。紙業在當時的敦煌已
很發達。

晚唐　莫196　東壁北側

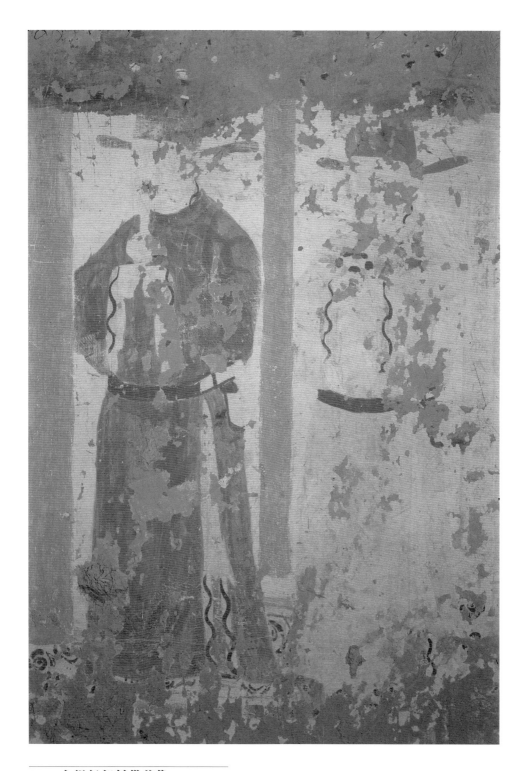

215 金銀行都料供養像

左身供養人為金銀行都料郁遲寶令。

北宋 榆34 東壁門南

第三節　丹青妙手繪彩壁

　　古代敦煌有一批從事文化活動的工匠，即畫匠、塑匠。與之相關的還有石匠、紙匠、筆匠等。正是他們的藝術創造，為人類留下燦爛的敦煌壁畫。畫匠與塑匠，在現代應該稱為藝術家，但在古代也是同其他手工業一樣的匠人。作為藝術家的塑匠與作為一般匠人的泥匠在待遇上並無差別。如敦煌遺書《淨土寺諸色入破歷》有云："麵五升，塑匠泥火爐用。"可見塑匠也從事一般的簡單技術勞動。

　　營造石窟主要有以下幾個步驟：選擇開窟地址、開鑿成形、抹製地仗、塗刷底色、構線並填色彩繪。石匠就擔負整修崖面和開鑿岩洞的任務，敦煌遺書《庚辰——壬午年歸義軍衙內》對石匠有記載："準舊石匠工場賽神燒餅麵叁斗、油壹升、燈油貳升"。石匠之外，敦煌還活躍着一支"打窟人"隊伍，他們是在莫高窟崖壁上鑿岩石鐫窟的工匠。打窟人在文獻中沒有被記載為匠，似乎還不能算是匠人，但他們是古代敦煌一支專門的施工隊伍，實際上在敦煌工匠中亦很重要。

　　在敦煌石窟的營造中，最重要的是畫匠和塑匠。畫匠負責佛窟壁畫的製作，除洞窟前後室的四壁、窟頂之外，還包括泥塑、窟檐的彩繪與裝飾。塑匠負責窟內塑像的製作。五代時瓜沙曹氏政權仿照中原設立了畫院，畫院裏包括畫師、塑匠、石匠和管理畫院的"都勾當畫院使"，畫匠行業中分為都料、博士、匠、工各級別，有師徒之分。 1983年，敦煌研究院副研究員霍熙亮曾在五代第32窟南壁東下角久已漫漶的殘色斷線中，辨識出四身李園心等畫匠供養像，供養人題記證明當時瓜沙曹氏政權設立了畫院。從事畫業的"沙州工匠"，除組織為"畫行"以外，又與官設"畫院"建立了聯繫。榆林窟第35窟第三四身為供養人竺保、武保琳。中國唐以後稱古印度為天竺，凡印度人皆冠以竺姓，竺保當為古印度人。從題記上看，他們都是都勾當畫院都料級高級工匠或者在節度府衙擔任一定職務的工匠。該窟供養人題名中又有敦煌王曹延祿，據考定，曹延祿公元976～1002年在位。由此條題記推知，此時，即宋太宗太平興國元年至宋真宗咸平五年之間，敦煌設有畫院。當時曹府酒帳單上有"支打窟人"、"支畫匠"酒幾甕的記載；在曹府"宴設司"的供應單上還有"大廳設畫匠並塑匠用細供"，而其他人員中有用"下中次料"或"下次料"的記載。可見畫院匠師在生活上受到一定的優待。

　　從現存各時代的石窟看，壁畫的製作一般為集體作業，間或也有一兩名畫家畫完一座佛窟的。榆林窟第20窟就由一人創作完成。窟中有屬曹氏歸義軍後期的北宋端拱元年（公元988年）沙州押銜令狐信延畫窟的發願文題記，謂從三月十五日到五月三十日，一位畫匠完成了一座中型洞窟的全部100平方米壁畫。榆林窟第20窟由前甬道、前室、後甬道及主室四大部分組成，可供繪製壁畫的壁面近100平方米。該窟內沒有發現其他畫匠畫窟的記錄，因此可以肯定，此窟壁畫全部出自令狐信延一人之手。這段文字為我們提供了繪畫工匠的工作量以及石窟營造速度方面的珍貴資料。

從壁畫中，可以直接了解到敦煌塑匠、畫匠從事石窟藝術創造的情景。五代第72窟有"修塑大佛圖"和"臨摹佛像圖"的內容。"修塑大佛圖"表現的是六位塑匠調整巨身立佛頭部位置的場面；"臨摹佛像圖"分量佛像尺寸和摹繪佛像兩部分。第296窟建佛塔圖描繪了工匠端盛顏料繪畫的情景。

在敦煌還有僧人任畫師的，這在敦煌史籍中有載。敦煌遺書《莫高窟再修功德記》有云：遂請丹青上士，僧氏門人，繪十地之聖〔賢〕，彩三身之相好。同號文書的《頌》說：遂請僧氏，彩畫神儀……。此功德記稱彩繪壁畫的畫家為"丹青上士"與"僧氏門人"，顯然，他們就是僧人畫家。僧人畫家在莫高窟一直活躍至北宋，如第444窟題記有"太平興國三年戊寅歲正月初三日，和尚畫窟三人，壹汜定全"。其時有三位僧人畫家在窟裏繪畫。

供養像及題名也是我們了解壁畫製作及畫師生活的重要史料。北周時石窟壁畫就出現了工匠的供養像及題名，如北周第290窟北壁上端圖案紋樣中題寫"辛杖和"三字，當是畫家的名字。隋第305窟西壁北側發願文："大業元年八月十六日……畫師之書"，記載了隋代莫高窟畫師在畫壁。在第303窟中心龕柱上寫有"盡師平咄子"，即畫師平咄子。敦煌遺書《敦煌社人平咄子一十人並於宕泉建窟一所功德記》提到，"有邑人義社某公等十人"，表明平咄子等十人組成"邑人義社"。該記略謂："社眾一等，修建之歲，正遇艱難，造窟之年，兵戎未息。於是資家為國，創建此龕"。此功德記中有"手為功德已畢"一語，就是說親自畫完了一窟功德。這是沙州畫行中的"畫師"亦參加"邑人義社"組織的一個証據。五代第129窟為安家窟。安氏似為昭武九姓鄧粟特人。窟主的兒子及女婿均為在節度使衙門供奉的"繪畫手"；"繪畫手"應是供奉聘位，可視為士人畫家。第322窟五代供養人題名中有"社人節度押衙知畫匠錄事潘"，潘顯然是一位管理畫匠的低級官吏。

工匠供養像並題記在公元9至10世紀的歸義軍時代出現最多，這些從事畫業的工匠組織了"畫行"，並與官設"畫院"保持密切的聯繫。都是都勾當畫院都料級高級工匠或者在節度府衙擔任一定職務的工匠。

敦煌文書《塑匠都料趙僧子典兒契》告訴我們：趙僧子是一位一貧如洗的高級匠師，所賺報酬還不足以養家糊口，只好將親生兒子典與他人。他的出身可能也很卑微，沒有官府授予的頭銜，由此生活貧困。敦煌文獻《王梵志詩》一針見血地指出："工匠莫學巧，巧即他人使。身是自來奴，妻是官家婢。"趙僧子就是如此詩所慨嘆的一位能工巧匠。當然，工匠中也有家資豐足者，包括所有在洞窟上作為供養人有畫像和題名的人。他們一般是在官府擔任一定職務的高級工匠，或者是出身於貴族和官僚家庭的工匠。當然這只是極少數，而絕大多數的工匠都是貧苦勞動者，絕不可能以窟主或施主身份，即作為供養人在窟內畫像和題寫姓名。

活字印刷是用膠泥刻字，火燒使堅，排版印刷，宋仁宗慶歷時（公元1041～1048年）畢升發明。活字印刷是中國偉大的創造，比歐洲最先用活字印《聖經》的德國人谷騰堡要早400年；元代又創木活字。

1908年，法國人伯希和在敦煌莫高窟的465窟盜掘回鶻文木活字桶，計有960餘枚之多，悉數劫走，後又有所流散。這些珍貴文物大部分至今尚沉睡在法國國家博物館裏。公開刊佈的隻有4枚。1995年，中國學者在法國巴黎的吉

美博物館找到了這些文物，共有860枚，而且印刷在5張大宣紙上。伯希和根據這些木活字存放地點和其它遺物等因素，將其考訂為公元1300年左右的遺物。至今國內外學者對此斷代沒有提出異議。實際上，這隻能是活字因被棄用而封存的年限，而雕刻與使用它的年代必定比之更早。俄國人謝爾蓋·奧登堡（Sergei·F·Oldenburg）於1914年—1915年在敦煌考察時，也從莫高窟北區洞窟內盜掘回鶻文木活字130枚，如今，這些劫往俄國的珍貴木活字已不知下落。1944年至1949年，國立敦煌藝術研究所曾收集到回鶻文木活字6枚，至今仍在敦煌研究院珍藏。值得慶幸的是，1988年至1995年，敦煌研究院在對莫高窟北區洞窟的大規模考古發掘中，從北區B56、59、160、162、163及第464窟等6個洞窟內，新發掘出回鶻文木活字48枚。至此，在莫高窟北區已總計發現回鶻文木活字1144枚。

古代敦煌毛筆的用量相當大，出現了製筆行業和筆匠。敦煌至遲在西漢時期開始使用毛筆，懸泉驛遺址出土的15000多枚簡牘都是用毛筆書寫的，還有毛筆字的麻質紙4塊。特別是用毛筆題書在懸泉驛北壁房舍內牆壁上的詔書和醫藥方，書寫規整，引人注目。而出土的石硯和毛筆，則是敦煌文物中較早發現的文房四寶中的兩種。藏經洞保存

的五六萬件遺書等，絕大部分遺書和繪畫作品都是用毛筆書寫繪畫的。敦煌石窟500多個洞窟內的5萬多平方米的壁畫等彩繪藝術，無一不是用毛筆描繪的。由此可見，古代敦煌毛筆的用量是相當大的。

敦煌的製筆業最遲出現在五代後唐清泰年間（公元934~936年），並且有了筆匠。敦煌遺書有敦煌本地造筆的記載，如《諸雜齋文》卷末題云：“清泰三年丙申歲十一月十一日，新造筆一管，寫此本”。《諸雜齋文》本係僧人所備的釋門應用文，就此分析，這位造筆者可能是一位僧人。歸義軍屬下各級機構需要大量毛筆，不能沒有人製造。敦煌遺書《樊崇聖納筆帳》就是歸義軍製筆工匠交納產品的記錄單。

敦煌石窟壁畫中也描繪了古代應用毛筆的實況。如榆林窟第25窟的“寫經圖”，凡修塔立寺，繪采供養，讀經寫經，都是佛教信徒修“福田”的善行。五代第36窟西壁的八大龍王，其中隨行的二龍王左手胸前持卷，右手提筆書寫。壁畫用色艷麗，線描運用多樣。這幅壁畫是五代時期的優秀作品。

文化的發達又使敦煌有較大規模的造紙業。唐五代時，造紙業是敦煌重要的手工業，從事這種手工業的工匠稱為紙匠。9世紀末建成的第196窟就有紙匠都料何員住、紙匠何員定兄弟的供養像。其中，第四身為何員住，第九身題名“故弟子紙匠何員定一心供養”。

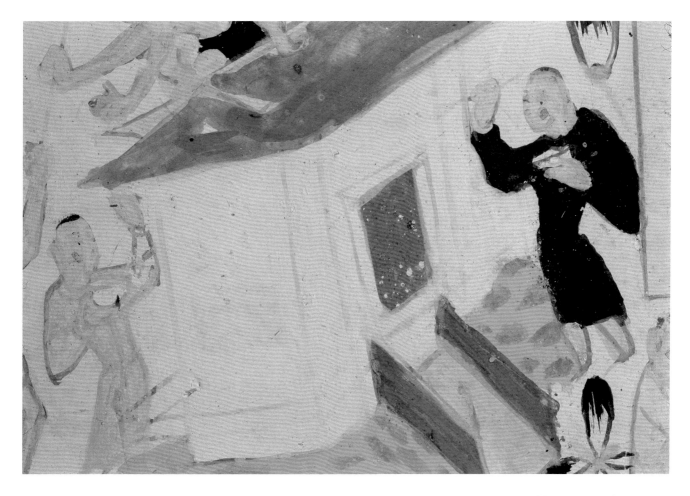

216 畫師畫壁

一座在建的房屋，東西兩面各有一位着褲褶的工匠，他們一手端盛顏料的碗，一手持筆畫壁。一赤膊泥工在屋頂，正接房下遞上來的泥料。廡殿起脊屋頂，下面有磚砌的台基，四周有欄杆，東面有階陛直達大門。

北周　莫296　北坡

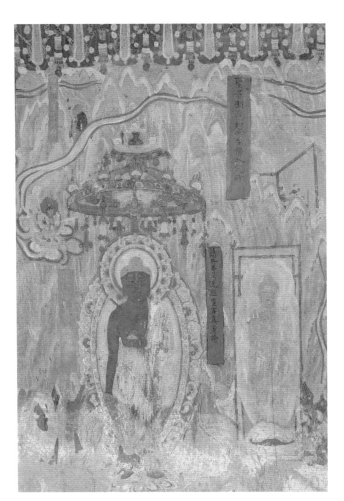

217 臨摹佛像

圖左一位衣冠整齊的工匠正用長尺丈量
佛像尺寸；圖右為一與佛像尺寸相當的
繪畫板架，畫板上已有所繪佛像的輪
廓，但比原佛像小一些。一位上身赤裸
的畫匠正在畫架前調製顏料。畫架左右
兩邊分別為一和尚和一上身赤裸的工
匠，他們正用手扶着畫架。

五代 莫72 南壁

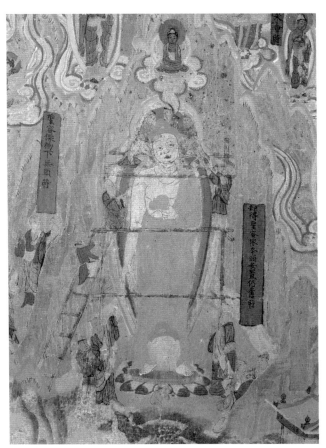

218 修塑大佛

這身佛像高達十幾米，像前搭起上下三
層的腳手架，像的右側有工匠架的木
梯。腳手架的最上層與佛像的肩部相
齊，六位赤裸上身的工匠們立於架上安
置佛頭。

五代 莫72 南壁

219 畫師作畫

畫師剛剛起筆作畫。他作胡跪狀；上身
傾伏，一手壓紙，一手操筆。通過身軀
態勢和重心的配合，畫師神情表現得淋
漓盡致。這是當時畫師繪畫形象的再
現。

元 莫465 東壁南側

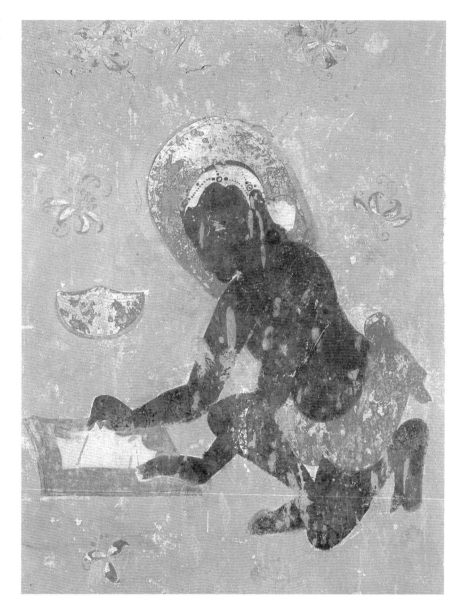

220 用墨斗彈的直線

該窟中心柱南、西、北側平棋均繪蓮
花、忍冬、飛天斗四藻井圖案十一方，
其中藻井中心有一條用墨斗彈的直線將
幾個藻井連通。

北周 莫290 中心柱南側

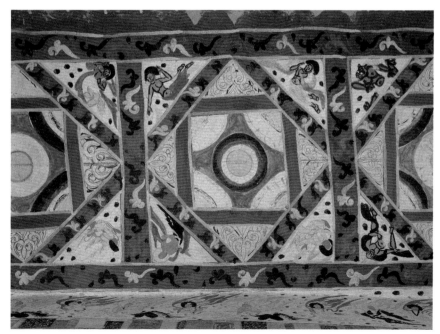

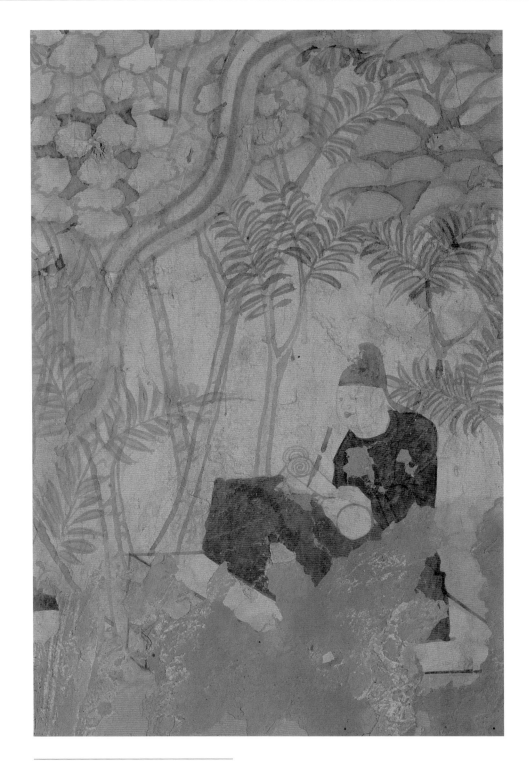

221 寫經圖

在林間景色中，一信徒在床上伏案執筆
書寫經卷。當時的書寫工具有毛筆和硬
筆兩種，圖中所用的是毛筆。
中唐 榆25 北壁

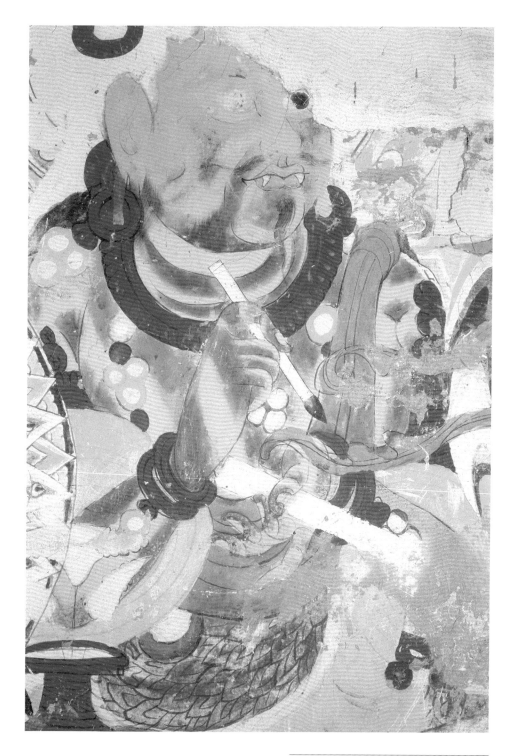

222 拿紙、筆的龍王

龍王紅面環眼，閉唇露齒，"个"字
鬚，左手胸前持卷，右手提筆書寫，前
額及頭光半毀。整幅壁畫色彩艷麗，線
描運用多樣化，其中"蘭葉描"線條剛
柔相兼、豪放流暢，"鐵線描"線條細
勁有力，畫中還出現了"折蘆描"的雛
形。這說明當時的畫筆已能滿足畫師多
樣性的需要。這幅壁畫是五代時期的優
秀作品。

五代 莫36 西壁

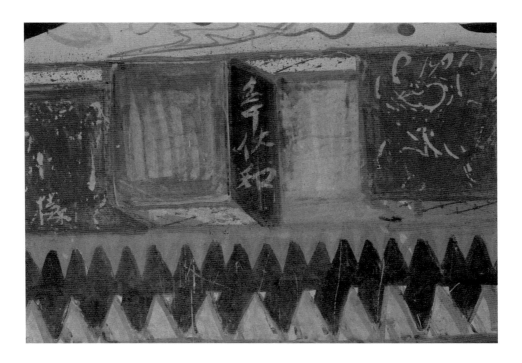

223 畫師"辛杖和"題名

上端圖案中題寫"辛杖和"三字。

北周 莫290 北壁西側上部

224 畫師平咄子供養像

上層中央供養人題名：僧是大喜，故書
壹字，畫師平咄子。有專家認為，此題
記雖然"語意難解，但可知畫師是平咄
子，而且是一名和尚"。

隋 莫303 中心柱東面下部

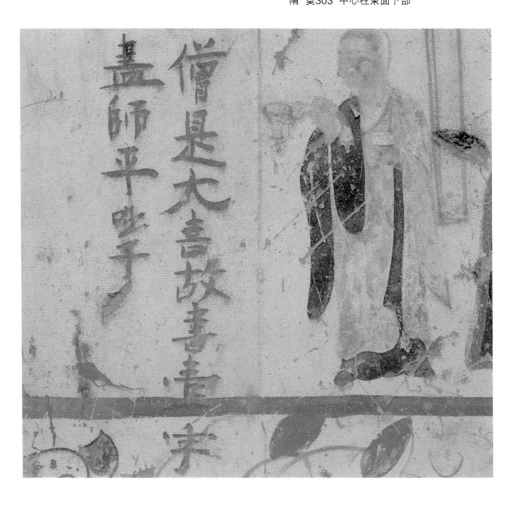

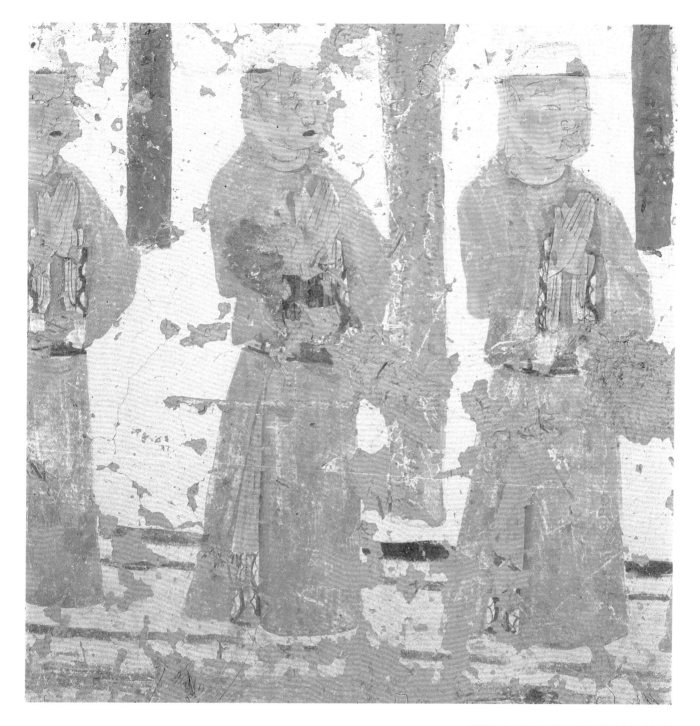

225 繪畫手供養像

兩供養人雙手合十，他們分別是繪畫手
安存立和其婿張弘恩。

中唐 莫129 南壁下部

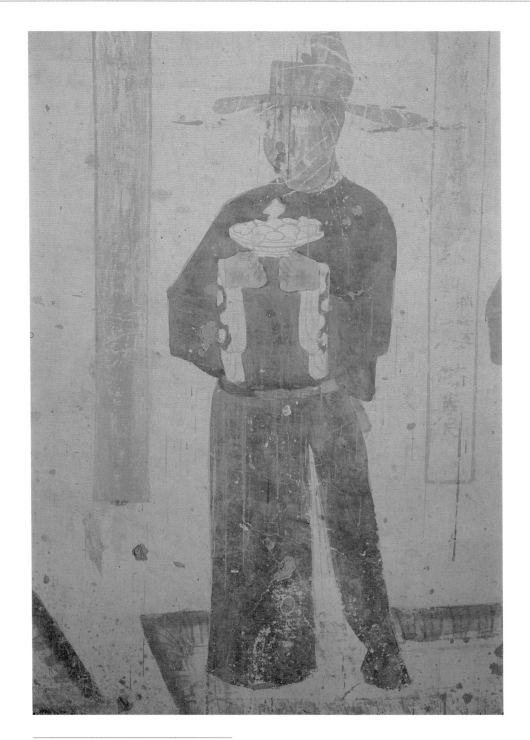

226 勾當畫院使竺保供養像

供養人穿赭紅袍，花領彩袖，腰束紅
帶，雙手端淨瓶，作禮佛狀。此供養人
即為沙州工匠都勾當畫院使竺保。

五代 榆35 東壁南側

形象生動的醫療衛生畫面

　　敦煌壁畫不僅是藝術珍品，而且也是一部生活與藝術相結合的歷史。其中有的畫面不但藝術精湛，同時也反映了當時醫療衛生的一些實況，展示了當時醫療衛生所達到的水平。從豐富多彩的敦煌壁畫中，可以看到當時社會各階層在生產、生活中的喜、怒、憂、思，以及由此產生的生、老、病、死的生命運動現象。這些畫面不僅是獨具匠心的佛教藝術珍品，而且還是一部蘊藏豐富的"形象醫學"史記。

　　屬於人們日常生活和環境衛生方面的內容在壁畫中有大量的反映，如灑掃庭院，攔護水井，建造廁所。壁畫中還有大量衛生保健方面的圖像，如講究個人衛生、剃頭洗浴、揩齒刷牙等。同時，敦煌壁畫以直接、間接和折光等不同的形式，反映了當時現實生活中的各種醫療衛生場面，雖然它們只是圍繞佛教內容所畫的一些小品，但卻意義重大。如北周第296窟的"施醫藥"、隋第302窟的"常施醫藥療救眾病"，初唐第321窟病人得醫服藥的場面等。

　　東方藥師變在唐代很流行，藥師佛是佛教諸佛之一，因他樂於為人醫治無明痼疾，解除病苦，是一位令人身心安樂的醫生，所以又被尊稱為大醫王佛。莫高窟的藥師經變基本上描繪了這些內容。

　　敦煌壁畫作為"形象醫學"，同敦煌遺書中大量的中醫藥學文獻一起，構成敦煌中醫學的兩大基本骨架。它們從理論到形象，從經文到壁畫，顯示出敦煌中醫藥學有別於其他學科的優勢和內涵，是一份不可多得的世界傳統醫學極其寶貴的文化遺產。

第一節　環境衛生與保健

佛教比較重視環境衛生與個人保健，這在敦煌壁畫中有較多的反映，包括清掃院落、水井加蓋、刷牙漱口等。

環境方面，《佛説諸德福田經》宣揚"廣施七法"，其中有"二者果園浴池，樹木清涼"，"七者造作圊廁，施便利處"。北周第290窟人字坡頂東坡的清掃圖，畫兩人清掃院落，院落內滿栽花木，環境幽靜清新。隋代第302窟的"福田經變"中繪了植果園、修浴池的場面，兩個人在四周有樹木的浴池內洗澡。

竺法護譯《彌勒下生經》："翅頭城中，有羅刹鬼名曰葉華，所行順法，不違正教，每向人民寢寐之後，除去穢惡諸不淨者。""彌勒經變"宣傳的是彌勒淨土無限美好，所以在壁畫中就描繪彌勒入城乞食説法時，龍王夜雨、葉華（羅刹）掃城的場面，用以告誡人們美化環境，搞好清潔衛生。敦煌石窟"彌勒下生經變"中繪有16幅龍王夜雨圖，18幅葉華（羅刹）掃城圖，27幅沐浴太子圖。它們始見於盛唐，終於宋，內容均是羅刹鬼清掃大街小巷，龍王每天晚上降微微細雨。第148窟繪一孩童立於台上，頂上有華蓋，台左右各立一人。此即九龍吐雨沐浴彌勒。此圖以華蓋代替九龍吐雨。有些窟內畫面所繪的孩童頂上，烏雲中有九條龍口中吐水，噴淋孩童。經文："龍降清涼水，澡沐大悲

身"。畫面借用了佛傳釋迦降生後九龍灌頂的表現方法。

在這裏，畫工筆下的清掃、降雨圖與其説是對彌勒淨土的宣傳，倒不如説是對清潔工人現實生活的客觀反映。

大西北飲用水主要是井水，風沙大、灰塵多，在交通路道旁的水井還是人畜同用，牲畜糞便很容易吹落井內，因此保護水井衛生非常重要。當時人們採用了給井加蓋和在水井邊修圍欄的辦法。北周第296窟和隋第302窟的"福田經變"及唐宋時代的一些佛教史跡畫中，都繪了加蓋的水井。從北朝至宋代所描繪的水井來看，水井大都建有較高的圍欄，圍欄下部用石條或磚砌成，上部用木柱和木板修建。使用這種設施，一是汲水的人比較安全，更主要的是可以防止雜物、灰塵落入水中。晚唐第340、五代第39、第334窟等洞窟甬道頂部以及榆林窟第38窟南壁的佛教史跡畫中，畫有一方形的井欄，井旁一人，戴襆頭，着長袍，挽起長袖，一臂伸入井欄中，作汲水狀。

在清潔牙齒方面，早在戰國時期，中國人就知道早晨起來要漱口，如《禮記》説，"雞初鳴，咸盥漱"。中國先後使用揩齒和刷牙兩種清潔牙齒的方法。中國從甚麼時候有揩齒一説呢？有關記載最早見於南朝梁劉峻撰《類苑》一書，其中西嶽華山峰碑載治口齒《烏髭歌》一

首，謂："豬牙皂角及生薑，西國升麻蜀地黃，木律旱蓮槐角子，細辛荷葉要相當。青鹽等分同燒鍛。研熬將來使更良。揩齒牢牙鬢鬢黑，誰知世上有仙方。"詩中提到揩齒，所用藥物主要是鹽，有時還加入幾味其他藥品。揩齒的方法，宋代張銳《雞峰普濟方》卷20所載，為"用指頭捏藥揩齒"，宋代洪遵《洪氏集驗方》介紹也近似，是"手點藥揩牙"。晚唐第196窟"勞度叉鬥聖變"中的揩齒圖，一個受戒者剃光了頭，蹲在地上，左手拿着漱口的水瓶，用右手中指揩前齒。其他壁畫中的揩齒圖與此大致相同。北宋揩齒的風俗仍很普遍，大量宋代史書中的記載充分證明這一點。

牙刷是中國口腔衛生史上的重大發明之一，東漢時就出現最原始的牙刷。佛家認為，嚼楊枝有十大好處：消宿食、除痰癊、解眾毒、去齒垢、發口香、能明目、濕潤咽喉、唇無皸裂、增益聲氣、食不爽味等。時人常將楊枝的一端或兩端打扁成刷狀製成牙刷，用以蘸藥刷齒。唐時用楊枝刷牙很普遍，並出現許多牙藥良方。這在敦煌壁畫中有很形象的反映。第159窟的"剃度圖"，一和尚右手二指伸在口內，左手持淨瓶。淨瓶內放着一物，外露部分類似現代牙刷柄。此窟建造於中唐吐蕃時期（公元781～847年），這可説是中國最古的一幅有關口腔衛生方面的繪畫。

牙刷及刷牙的最早記載見於北宋寶元（公元1038~1040年）中溫革《瑣碎錄》謂"早起不可用刷牙子，恐根浮兼牙疏易搖，久之患牙痛。蓋刷牙子皆是馬尾為之，極有所損。今時出牙者盡用馬尾灰，蓋馬尾能腐齒齦"。北宋牙刷所植的毛束是馬尾。南宋時，則有使用毛鬃牙刷。嚴用和《嚴氏濟生方》介紹："每日清晨以牙刷刷牙，皂角濃汁揩牙，旬日數更，無一切齒疾。"內蒙赤峰縣大營子村遼應曆九年（公元959年）駙馬衛國王墓的陪葬品裏，發現兩把骨製的牙刷柄。它的形狀與現代牙刷柄的形狀相似，長短也差不多，頭部有兩排共八個植毛孔，只是因為年代久遠，毛鬃已經沒有。這兩把牙刷柄，是至今發現的中國最早的牙刷。

壁畫中還有大量其他衛生保健如洗髮、剃頭、刮臉等方面的圖像。唐至北宋有幾十幅"彌勒經變"，其剃度圖有男女剃頭、洗浴、刮臉、漱口、揩齒、刷牙等衛生保健方面的畫面。盛唐第445窟"彌勒經變"中的剃度圖，描繪比丘和比丘尼出家時剃頭的情景，已十分講究衛生。理髮者肩披護巾，落髮收集到專門的籮盤內，旁邊放着盛滿聖水的沐壺及精製的沐盆，以備理髮後洗頭。晚唐、五代、北宋時期的18幅"勞度叉鬥聖變"壁畫中，大都描繪有外道皈依佛法時洗髮、剃頭、刮臉、揩齒的情景。

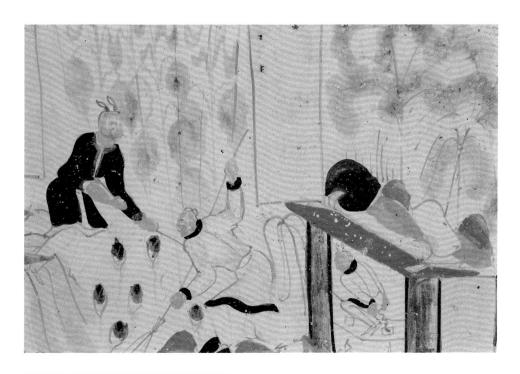

227　清掃院落與廁所

兩人清掃院落，另一人在有屋頂的廁所
內大便。院落內滿栽花木，環境幽靜清
新。

北周　莫290　東坡

228　沐浴太子

一孩童立台上，頂上有華蓋，台左右各
立一人。孩童頂上，烏雲中有九條龍口
吐泉水，為太子沐浴；諸天護法俱來守
衛太子。

北周　莫290　東坡

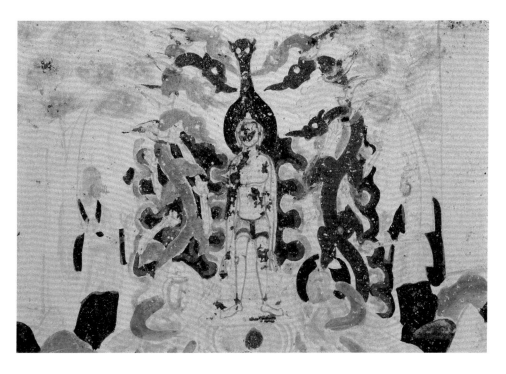

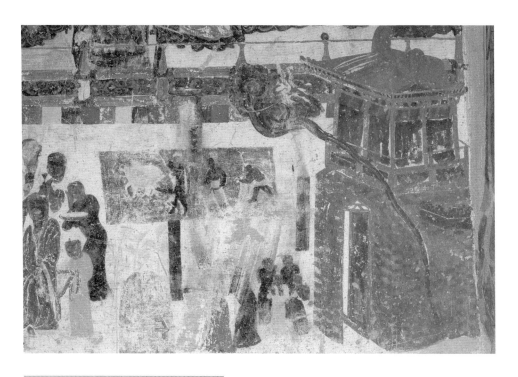

229 龍王降雨羅刹清掃

城上烏雲翻滾,龍在雲頭佈雨;羅刹鬼
手握茇茇草大掃把將城中大街小巷打掃
得乾乾淨淨。佛經説,龍王每天晚上降
微微細雨,使大地濕潤,空氣清新。

盛唐 莫215 南壁

230 掃街、降雨

翅頭城內,宮殿排列,樓閣聳峙。龍王
在雲頭降雨消塵,羅刹持帚掃除穢物。

中唐 榆25 北壁

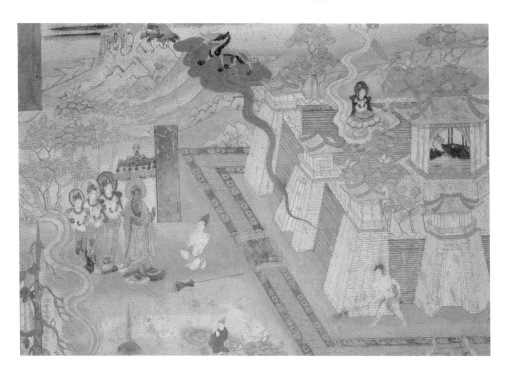

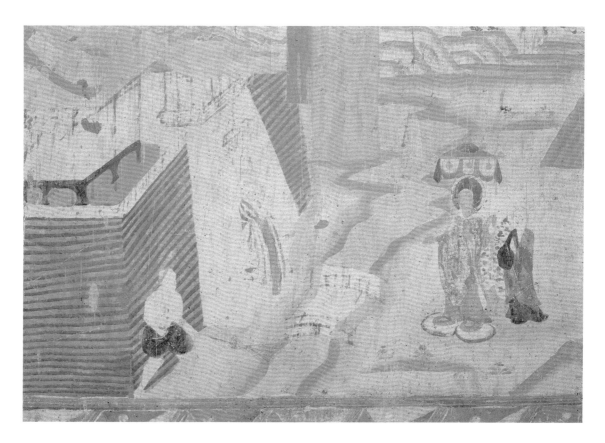

231　掃街、降雨

城上雲端龍佈雨，羅剎鬼手握茇茇草大
掃把將城中大街小巷打掃得乾乾淨淨。
中唐　莫202　南壁

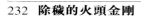

232　除穢的火頭金剛

火頭金剛是淨化環境的神，又稱除穢。
其形憤怒，毛孔出水，常被敬放在廁
所。此像狐面圓眼，咬下唇，露犬齒，
怒髮上衝，手握金剛杵，正用全力對付
足下的障礙之神毗那夜迦。畫家採用誇
張的手法，繪出火頭金剛凸起的塊狀肌
肉和猙獰的面目。
元　莫3　北壁

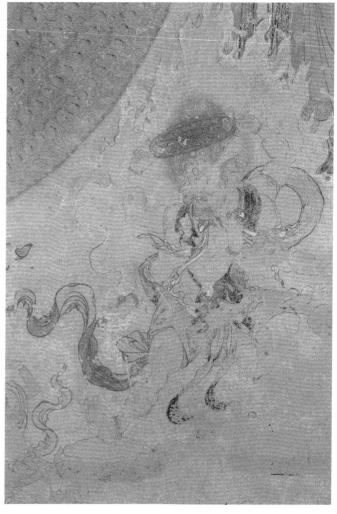

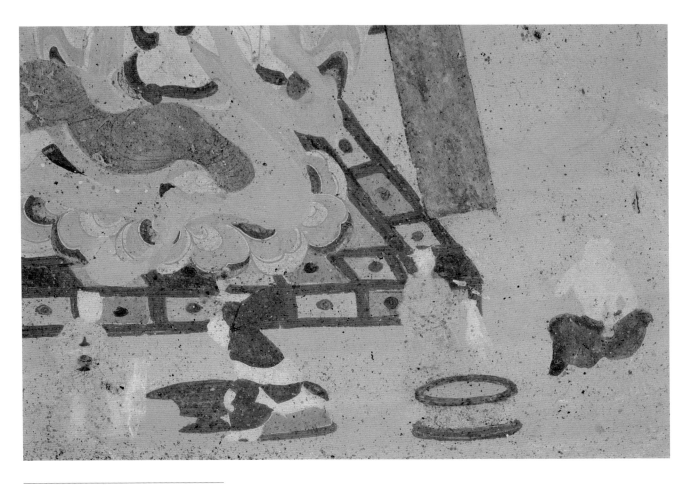

233 揩齒、洗頭

左側一人坐於圓形矮凳上,在面前的高
圈足大盆內洗頭,左側立一人。中間一
人立於大盆前。右側一受戒者光頭,蹲
在地上,左手拿着漱口的水瓶,並用右
手指揩他的前齒。

中唐 莫186 西坡

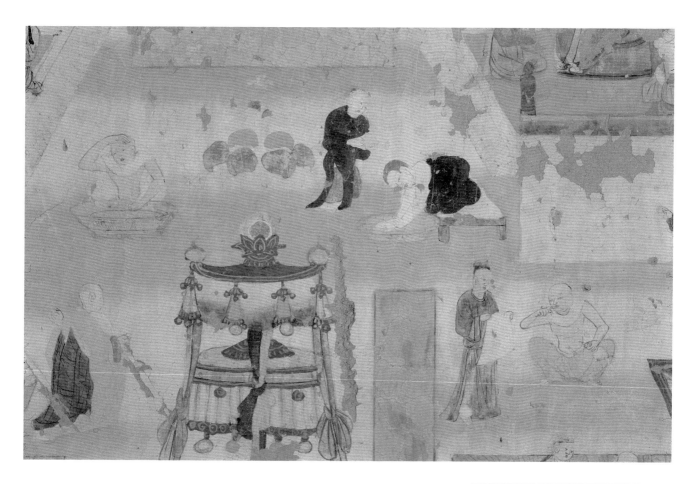

234 和尚刷牙

右側一和尚脖子上圍着圍巾,蹲在地
上,右手二指伸在口內,左手持淨瓶;
淨瓶內放着一物,外露部分類似現代牙
刷柄。旁邊一人展開毛巾,準備遞給
他。畫面所表現的是先用手指點藥,再
用牙刷刷牙的過程。左側一人脖子上的
長浴巾披於身後,一手伸在大浴盆中,
一手洗頭。中上方一人坐在矮凳上低頭
在大盆內洗,旁立一人捧衣服。

中唐 莫159 南壁

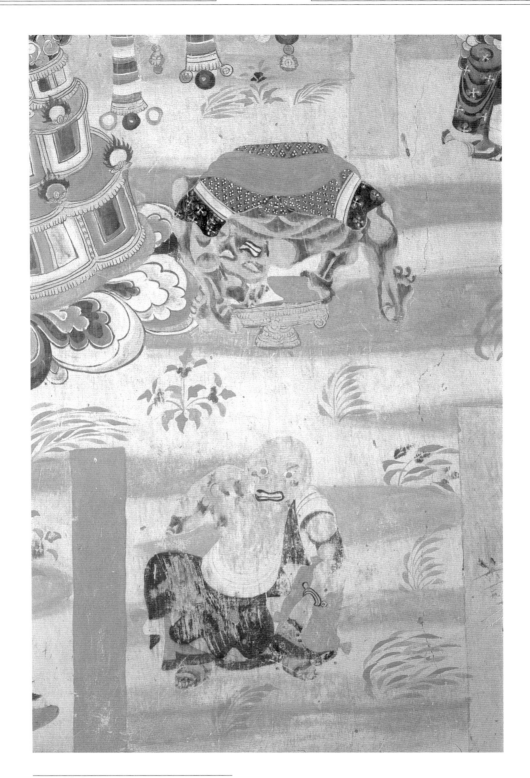

235 揩齒

一個受戒者剃光了頭,蹲在地上,左手
拿着漱口的水瓶,用右手中指揩齒。

晚唐 莫196 西壁

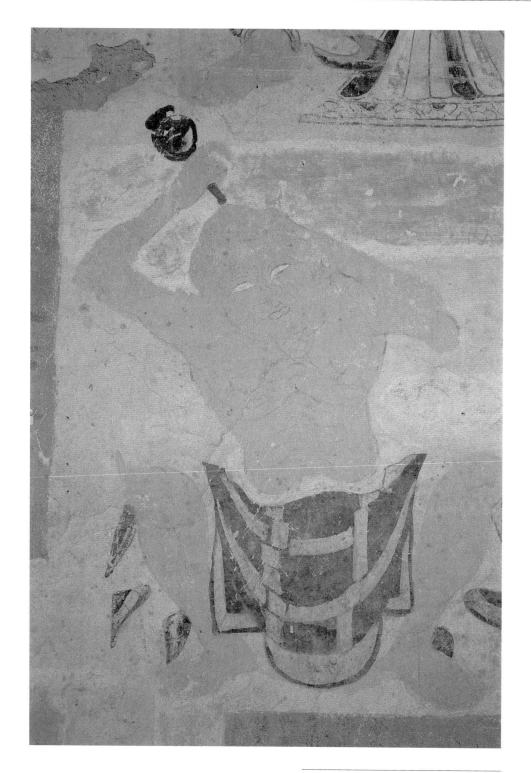

236　洗頭

一受戒者上身裸體，右手持淨瓶在頭上
澆水，左手在頭上搓洗頭。該圖的四周
還有洗澡、洗頭、剃頭等畫面。

五代　莫98　西壁

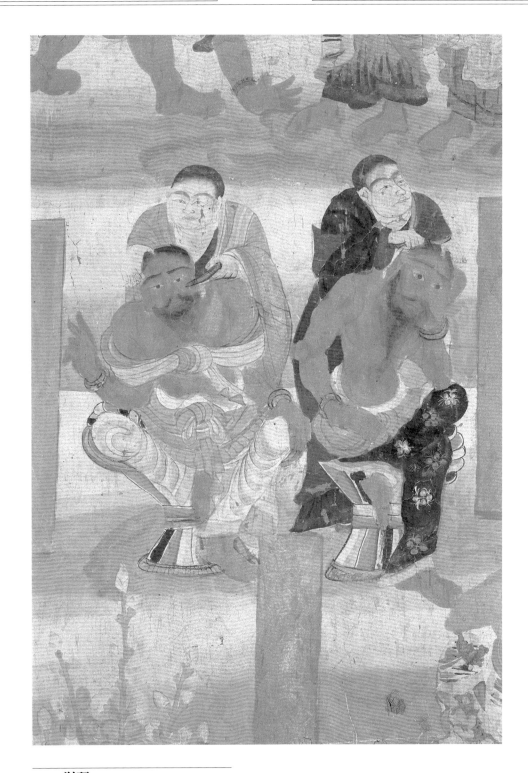

237 剃頭

兩人坐於腰鼓形圓凳上,裸上身,各有
一人為其剃度。該圖的四周還有洗澡、
洗頭、剃頭等畫面。

五代 榆16 東壁

第二節　診療疾病

　　敦煌壁畫作為一部藝術地反映現實生活的歷史畫冊，有不少醫療衛生的畫面。雖然這些畫面只是圍繞佛教內容所畫的一些小品，但它們展示了當時醫療衛生的實況及其已達到的水平，成為祖國醫學的珍貴資料。

　　唐時敦煌設立了專門的醫藥學校，並有了醫生：醫學博士和醫學生。當時的醫藥學校地址在"州學院內，於北牆別構屋安置"，沙洲都督府《圖經》對此有記載。唐代各都督府都設"醫學博士"，根據史書和敦煌遺書，當時敦煌也設有"醫學博士"。《唐六典》記載，下州置"醫學博士二人，從九品下，學生一十人"；《新唐書·百官志》四下云："貞觀三年置醫學……（開元）二十七年復置醫學生，掌州境巡療"。可見當時敦煌已有為數相當多的醫學博士和醫學生，他們專門從事行醫之道，"以百藥救療平人有疾者"。敦煌藏經洞遺書《天寶十載敦煌郡敦煌縣差科簿》載："令狐思珍，載（即年齡）五十一、翊衛（三衛色役），醫學博士。"這位令狐思珍就是天寶年間敦煌的醫學博士。

　　敦煌壁畫留下許多醫學博士和民間醫師療救眾病的真實形象，盛唐第217窟"得醫圖"是根據《妙法蓮花經》的"如病得醫"四個字描繪的。在華麗的內室，床上盤坐着一位青年貴婦人，一個抱着嬰兒的少年婢女弓腿坐在床沿上。畫的左面，另一婢女請進一位手扶拐杖的老醫生，醫童抱着醫療器具緊跟其後。醫生在登堂入室之前，兩眼就注視着床上的病人，神態活現。"拯道貴速"的高尚醫德躍然壁上，給人以親切感。

　　唐代敦煌寺院裏還有僧醫。南朝僧佑《弘明集》提到當時的沙門："或墾殖田圃，與農夫齊流；或商旅博易，與眾人競利；或矜持醫道，輕作寒暑"；隋唐時期敦煌寺院僧尼，也並非終日誦經念佛，而是也要務農、經商、習武、行醫等。敦煌遺書登載了通醫知藥的索法律和尚，索法律為唐沙州金光明寺僧醫，精通《神農本草》及八種醫術。一些敦煌遺書記載了他的事跡。藏經洞大量醫學文獻中的一部分也是當時社會和寺院醫生們的用書。在敦煌中醫藥學著作中還有圖文並茂的灸療專著，如其中的一本針灸圖，原卷裂為多塊，作者不詳。約為唐代寫繪本，無傳世本。首尾及中間均有殘缺，亦缺書名，經將六個殘片拼接復原，獲十八圖及主治文字，據其內容名之。主要記述各類病症名稱、主治穴位及灸療等。每段記文後均繪有人體正面或背面全身圖，圖上點記穴位，圖左右兩側標明穴位名稱。治療配穴多有獨到之處，似多為撰者臨床經驗或收集民間驗方而成。文中還記載部分未見於現存針灸書的穴名，如"板眉"、"腳五舟"、"天門"、"聶俞"等，說明唐代灸療取穴範圍甚廣。此書為現知最早的灸療圖譜。盛唐第31窟"如病得醫"，就是僧醫行醫的實錄。畫一僧醫，懷抱病嬰診治，戴冠長者主訴患兒病史，旁站一家人拱手求神醫救治。

內症與外傷的治療方法各不相同，敦煌壁畫對此有形象描繪。隋第302窟施醫藥圖分兩組，上組畫一病人裸臥蓆上，醫生施行正骨復位手法。唐代孫思邈《千金要方》載下頜關節復位方法："一人以手指牽其頤以漸推之，則復入矣，推當疾出指，恐誤齒傷人指也。"這是世界上最早記載的下頜關節脫位復位法，壁畫與此相符。下組畫患者由家人扶着，醫生調藥劑。這兩個醫療場景顯示出，醫生針對病人的外傷與內症，對症下藥的高超醫術。

對酒精中毒的危害至少在唐時已有一定認識。"東方藥師變"告誡人有九橫死，第三為"擔淫貪酒放逸而死"。"東方藥師變"在唐代很流行，莫高窟藥師經變將九橫死等以獨立的形式繪入壁畫和龕內的屏風中，如第55、76窟的"九橫死"榜題；藏經洞所出絹畫也有這類題記。從上知道：古人將"貪酒放逸而死"列入九橫死之內，說明當時對酒精中毒危害有一定程度的認識。

現代對健康下的定義還包括完整的生理、心理狀態和社會適應能力。心理疾病的救治在敦煌壁畫中也有描繪。第61窟南壁的場面為：良醫想方設法為中毒甚深、失去治療信心、拒絕服藥的孩童留方治病。這一故事取材於《法華經》的"良醫喻"，始見於中唐。第45等窟的"觀音普門品"描繪了愚痴病患者求觀音得救的畫面，雖然宗教色彩很濃，但反映出當時社會對精神病及其心理療法已有認識。佛教的諸佛之一藥師佛，

全名藥師琉璃光如來，能夠治療人的心理疾病和生理疾病，使人具有一定的社會適應能力，因此，成為理想中的大醫王。敦煌壁畫出現了大量他的形象。鹿頭梵志也是深明醫學、天文的神，北朝至唐代眾多壁畫都畫了這位神醫的形象。

敦煌壁畫中還有性醫學方面的資料，如學者認為，藏密第465窟的雙身像——歡喜佛，有重要的性醫學研究價值。壁畫中還有一些間接反映醫療技術的畫面。如第148窟的佛口拔牙，第257窟西壁"鹿王本生故事"的溺水可救及惡瘡等。西魏第285窟南壁"五百羣賊成佛"故事畫，被挖去眼珠的戰俘，悲聲大慟，佛聞其聲，"以水香藥物吹眼中，即痛止重見光明"。西魏第461窟西壁龕楣的"睒子故事"，描繪了神以仙藥解救睒子箭傷，使睒子父母雙目復明的情景。

五代時對食療法和食品衛生有較明確的認識，敦煌壁畫也留下珍貴資料。牛乳，中醫認為有補虛羸、止渴、養心肺、解熱毒、潤皮膚等功效，可治胃痛、虛損病、腳氣等，屬中醫食療法。如何服用效果最好，李時珍在《本草綱目》中引陳藏器的話説："黑牛乳勝黃牛乳。凡服乳，必煮一二沸，停冷食之，熱食即壅。"五代第61窟"佛傳故事"中的擠奶煮奶圖。這幅畫富有生活氣息，説明當時已有飲用熟奶的衛生習慣，是研究五代時期食品衛生和食療法的珍貴資料。

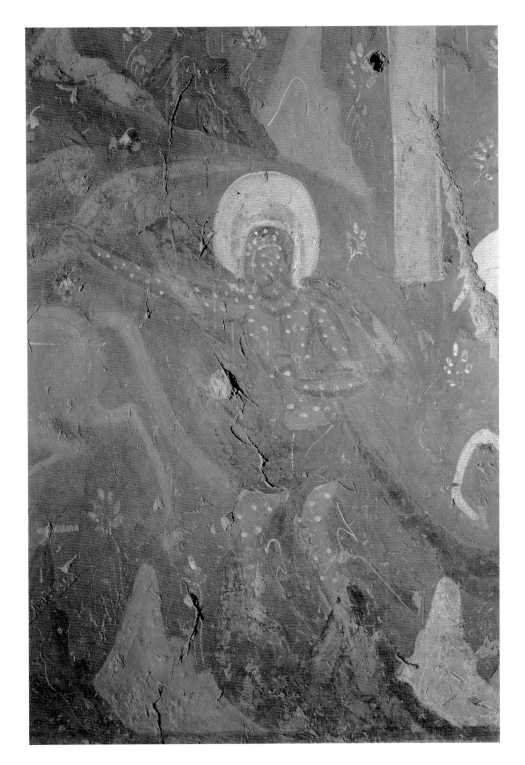

238 生瘡病人

忘恩負義，出賣救他性命的九色鹿而遭
到報應的人，周身遍出毒瘡。

北魏 莫257 西壁下部

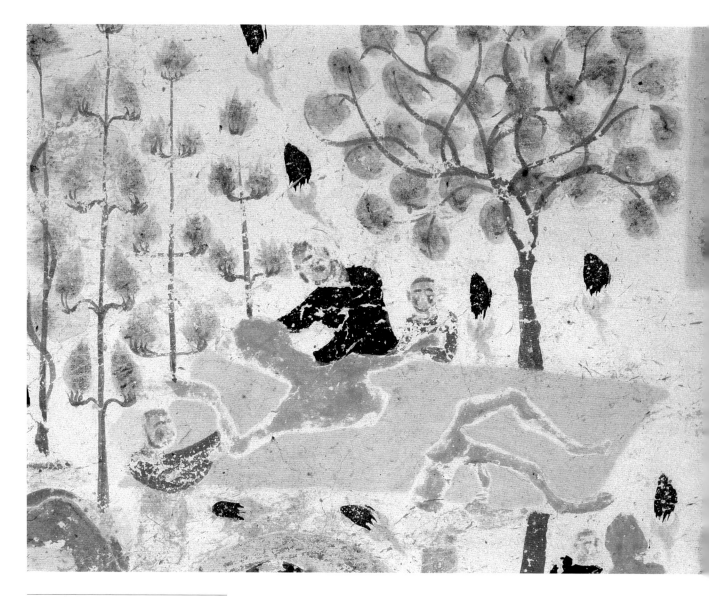

239 治病

一病人裸體臥蓆上，左右兩人各執其
手。醫生施行正骨復位手法，從患者疼
痛表情及醫生的姿勢推測，患者可能患
了下頜關節脫位病。

隋 莫302 人字坡西坡

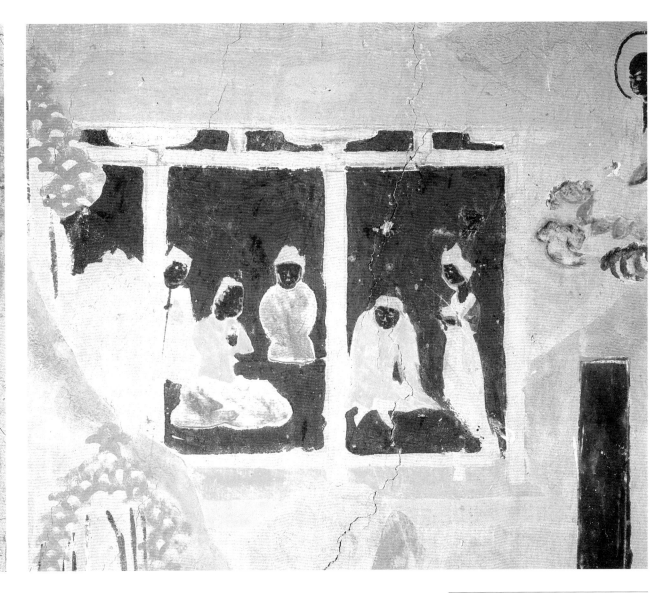

240 病人得醫服藥

四柱起脊的房屋，屋內床上坐男女四
人，一男子作嘔吐狀；床旁立一侍女，
手執藥缽；屋外上空，雲端飄來一結跏
坐佛。此即"寶雨經""菩薩成就十種
法"的"於諸有情病患之者，能施醫
藥"。

初唐 莫321 南壁

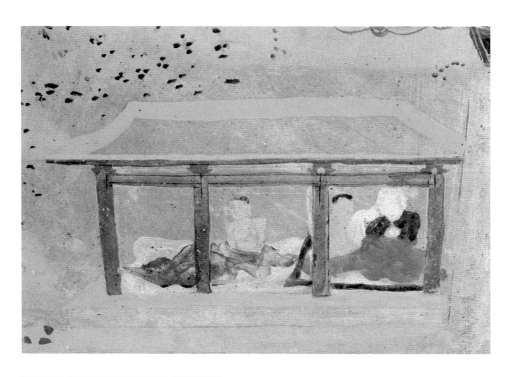

241 病人服藥
一病人睡在床上,旁邊一人扶病人服
藥,另一人坐在床上。
晚唐 莫85 東坡

242 病人服藥
一病人睡在床上,旁邊一人扶病人服
藥,另一人站在床尾,雙手扶病人。
五代 莫454 南壁

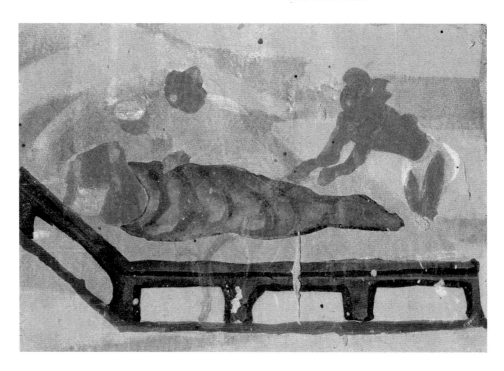

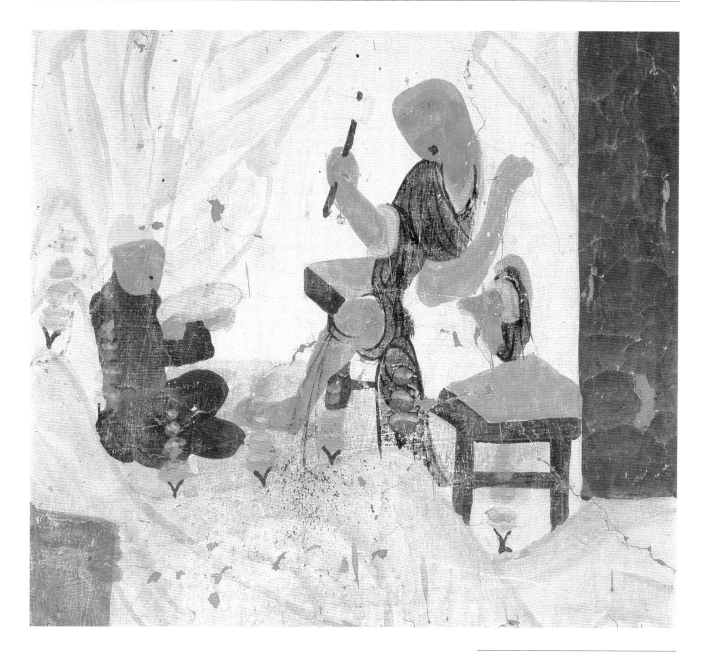

243 包紮腿傷

一人用斧頭砍腿，旁邊一人雙手端盛物品的盆，準備給其包紮傷口。佛經的意思雖然是講砍腿，但在畫面中所表現的卻是治病救人的場面。

五代 榆32 西壁

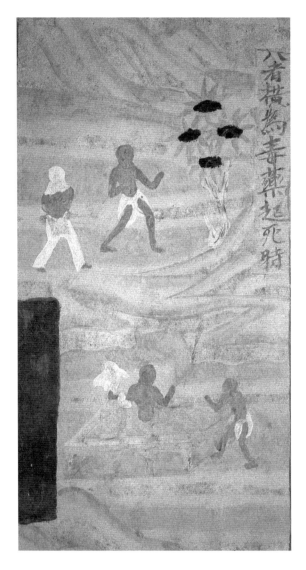

八者橫為毒藥起死時

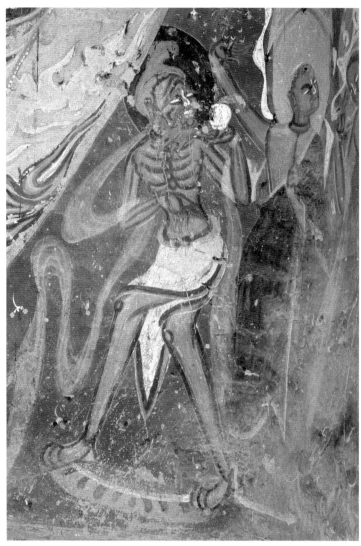

244 九橫死

下面為一床，一人躺在床上，站在床下
的人扶着病人，床的另一頭有一人。
有榜題"八者橫為毒藥起死時"。
北宋 莫55 南壁

245 鹿頭梵志

椎髻濃髯、半裸着裙、手持一個白色骷
髏者為鹿頭梵志，梵志是佛教稱非佛教
的信徒。鹿頭梵志原為婆羅門，後從
佛，他精於醫學，能療治眾病。從北魏
到初唐石窟都畫有這個題材。
初唐 莫329 西壁龕內頂

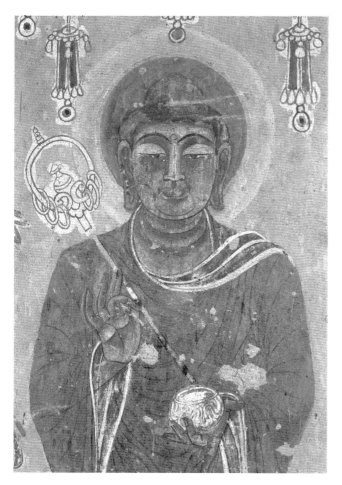

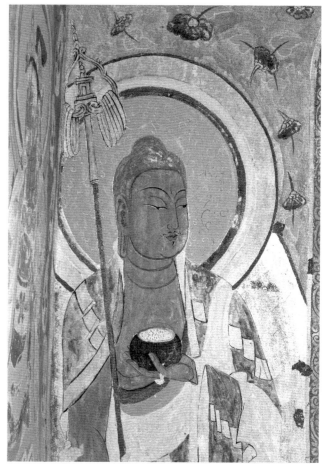

246　藥師佛

藥師佛全名藥師琉璃光如來，又名大醫王佛。藥師佛着通肩袈裟，一手持錫杖，一手托藥缽，站在蓮花台上。藥師佛是為人醫治無明痼疾、解除病苦、令人身心安樂的醫生，他曾發十二大願，要掃除人間病痛之苦。唐代以來深受崇拜。"東方藥師變"在唐代很流行。

初唐　莫322　東壁南側

247　藥師佛

藥師佛托藥缸舉於胸前，右手自然下垂，持禪杖。佛像面形長圓，腮部突出，柳葉形眼，修鼻，小唇，身材頎長。造型具有西夏黨項民族的特點。

藥師佛題材在西夏中期比較流行，出現這類單幅畫像是西夏石窟的一大特點。

宋　莫310　西壁南側

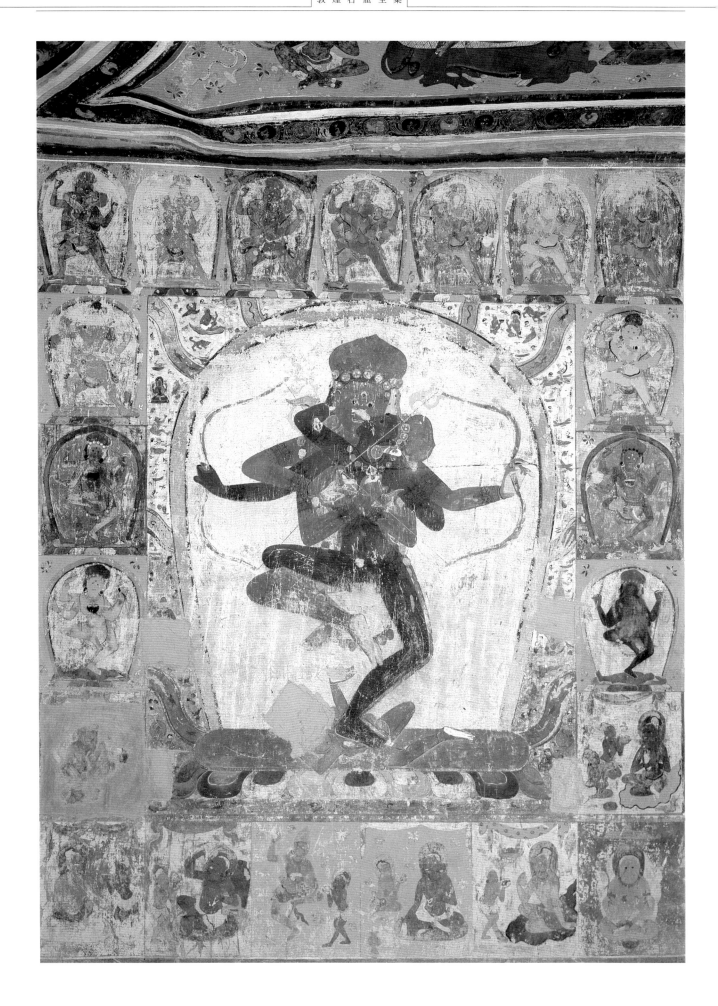

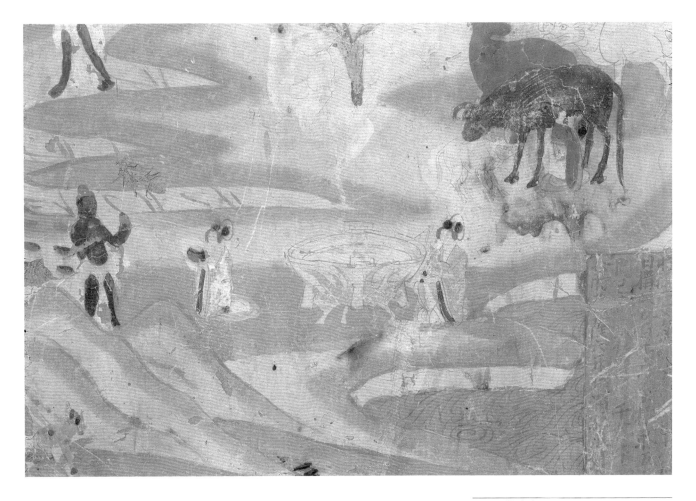

249 煮牛奶

奶牛在旁，兩婦女在煮奶，煮鍋上熱氣
直冒。圖旁題記中"二女煮乳"的字樣
清晰可辨。

五代 莫61 北壁屏風

248 歡喜佛

由裸體男女結合而成。畫家採用散點式
畫法和淺色繪製背景，利用展示法和深
濃色繪製人物軀體，使之形成既有彩緞
般的背景，又有十分清晰的影像，突出
了主題人物，色彩鮮艷富麗，裝飾性
強。人物形象優美，凹凸有變，陰陽向
背明晰。

元 莫465 南壁東側

敦煌石窟分佈圖

本全集所用洞窟簡稱：莫即莫高窟，榆即榆林窟，東即東千佛洞，西即西千佛洞，五即五個廟石窟。

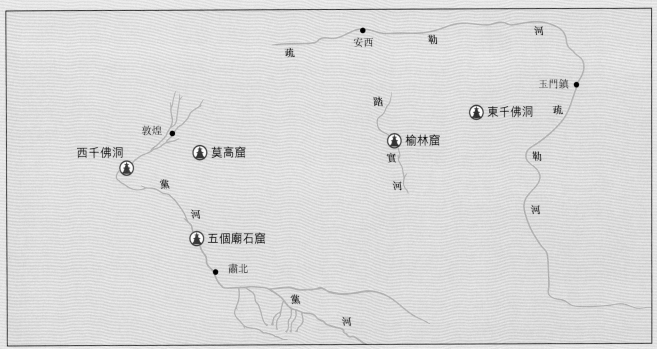

敦煌歷史年表

歷史時代	起止年代	統治王朝及年代	行政建置	備　注
漢	公元前 111～公元 219	西漢 公元前 111～公元 8 新 公元 9～23 東漢 公元 23～219	敦煌郡敦煌縣 敦德郡敦德亭 敦煌郡	公元前 111 年敦煌始設郡 公元 23 年隗囂反新莽；公元 25 年竇融據河西復敦煌郡名
三國	公元 220～265	曹魏 公元 220～265	敦煌郡	
西晉	公元 266～316	西晉 公元 266～316	敦煌郡	
十六國	公元 317～439	前涼 公元 317～376 前秦 公元 376～385 後涼 公元 386～400 西涼 公元 400～421 北涼 公元 421～439	沙州、敦煌郡 敦煌郡 敦煌郡 敦煌郡 敦煌郡	公元 336 年始置沙州； 公元 366 年敦煌莫高窟始建窟 公元 400 至 405 年為西涼國都
北朝	公元 439～581	北魏 公元 439～535 西魏 公元 535～557 北周 公元 557～581	沙州、敦煌鎮、 義州、瓜州 瓜州 沙州鳴沙縣	公元 444 年置鎮，公元 516 年 罷，為義州；公元 524 年復瓜州 公元 563 年改鳴沙縣，至北周末
隋	公元 581～618	隋 公元 581～618	瓜州敦煌郡	
唐	公元 619～781	唐 公元 619～781	沙州、敦煌郡	公元 622 年設西沙州，公元 633 年改沙州；公元 740 年改郡， 公元 758 年復為沙洲
吐蕃	公元 781～848	吐蕃 公元 781～848	沙州敦煌縣	
張氏歸義軍	公元 848～910	唐 公元 848～907	沙州敦煌縣	公元 907 年唐亡後，張氏 歸義軍仍奉唐正朔
西漢金山國	公元 910～914		國都	
曹氏歸義軍	公元 914～1036	後梁 公元 914～923 後唐 公元 923～936 後晉 公元 936～946 後漢 公元 947～950 後周 公元 951～960 宋 公元 960～1036	沙州敦煌縣 沙州敦煌縣 沙州敦煌縣 沙州敦煌縣 沙州敦煌縣 沙州敦煌縣	
西夏	公元 1036～1227	西夏 公元 1036～1227 蒙古 公元 1227～1271	沙州 沙州路	
蒙元	公元 1227～1402	元 公元 1271～1368 北元 公元 1368～1402	沙州路 沙州路	
明	公元 1402～1644	明 公元 1404～1524	沙州衛、罕東街	公元 1516 年吐魯番佔；公元 1524 年關閉嘉峪關後，敦煌凋零
清	公元 1644～1911	清 公元 1715～1911	敦煌縣	公元 1715 年清兵出嘉峪關收 復敦煌一帶，公元 1724 年 築城置縣

資料來源：史葦湘《敦煌歷史大事年表》等；製表：《敦煌石窟全集》編輯委員會（馬德執筆）